LE PROFESSEUR

DE

MUSIQUE

OU

L'ENSEIGNEMENT DE CET ART

MIS A LA PORTÉE DE CHACUN

AU MOYEN

D'UN INSTRUMENT A SONS FIXES ET DU MÉTRONOME DE MAELZEL

Ouvrage formant une encyclopédie musicale par ordre de matières
Et renfermant des notions suffisamment développées
Sur la théorie, les moyens d'action, les éléments pratiques et la critique de ce bel art

OFFERT A LA JEUNESSE DES COLLÈGES ET PENSIONS

PAR

DAUPRAT

Ancien Professeur au Conservatoire, Membre de l'Académie impériale de Musique, &c.

PRIX NET : 20 FR.

PARIS

CHEZ A. QUINZARD, ÉDITEUR ET MARCHAND DE MUSIQUE

RUE DU DAUPHIN, 9 ET 11, PRÈS LES TUILERIES

1857

MUSIQUE TYPOGRAPHIQUE

DE TANTENSTEIN ET CORDEL,

92, rue de la Harpe.

Imp. Moquet, 92, r. de la Harpe.

TABLE DES MATIÈRES

CONTENUES DANS LE PRÉSENT OUVRAGE.

PREMIÈRE PARTIE.

THÉORIE DE LA MUSIQUE.

DEUXIÈME PARTIE.

PARTIE SUPPLÉMENTAIRE,

OU NOTIONS TRÈS SUCCINCTES D'HARMONIE.

(CHAPITRE UNIQUE.)

ERRATA.

Page VII, dernier §: la durée de son, *lisez:* la durée du son.
— VIII, 4e §, dernière ligne: la grace de la nature, *lisez:* de nature.
— 8, de la 3e à la 4e ligne: à l'application, *lisez:* à l'appellation.
— 9, Chap. IX, 3e §, 1re ligne: permettant de produire, *lisez:* de reproduire.
— 14, 2e ligne, pages 11 et 12 des planches, *lisez:* pages 15, 16 et 17, etc.
— 17, 11e ligne, *au lieu de:* page 9, *lisez:* pages 10.
— *id.*, note (1), *au lieu de:* pages 7, 8 et 9, *lisez:* pages 10, 11, 12, 13 et 14.
— 21, 1re ligne: pages 1, 2 et 3, *lisez:* pages 3, 4 et 5.
— *id.*, 10e ligne: page 2 du premier Tableau, *lisez:* page 4, etc.
— *id.*, note (C), 3e ligne: mesure à $\frac{3}{4}$, *lisez:* mesure à $\frac{5}{4}$.
— 28, avant-dernière ligne, *au lieu de:* pages 13 et 14, *lisez:* pages 17, 18 et 19.
— 31, deuxième exemple musical: *ut* à la partie aiguë.
— 42, dernière ligne: au-dessus, *lisez:* au-dessous.
— 47, note (B), 6e ligne: du premier degré, *lisez:* du second degré.
— 51, dernier §, 2e ligne, *au lieu de:* Chap. XXIV, *lisez:* Chap. XXVI.
— 71, note (B), 7e ligne: leur imposait de transcrire, *lisez:* leur imposait l'obligation de transcrire.
— 87, 3e §, 5e ligne: où ils sont admis, *ajoutez:* comme auditeurs.
— 102, 9e §, 1re ligne: les autres portées, *lisez:* les autres parties.
— 122, 11e ligne: la partie supérieure, *lisez:* la partie inférieure.
— 152, 4e ligne: les divisions du Monocorde, *lisez:* les résultats des divisions, etc.

AVERTISSEMENT.

Plusieurs voyages de l'auteur et de longs séjours en Orient, pour cause de santé, ont retardé de dix années la publication de cet ouvrage, dont un certain nombre de chapitres a été inséré, par M. **Alexis Azevédo**, dans le journal *La Critique musicale*, en janvier, février et mars 1847.

PRÉFACE

L'enseignement pratique de la Musique, sans les secours réunis d'un maître, de livres *ad hoc* et des moyens employés communément, serait un projet chimérique, une absurdité manifeste. Aussi n'est-il question, dans ce livre, que de la *Théorie musicale,* et des exemples élémentaires propres à appuyer les préceptes donnés, et faire d'autant mieux comprendre cette théorie. Nous n'avons pas eu d'autre prétention. Mais, pour celle-ci, nous la croyons fondée, autant qu'a dû l'être chez tous les auteurs de manuels d'art, de science ou de métier, la certitude d'écrire utilement pour les hommes d'étude en général, aussi bien que pour les hommes spéciaux en particulier; et personne, que nous sachions, n'a mis en doute l'efficacité de ces ouvrages, dont le nôtre a pris à peu près la forme.

Si néanmoins on demandait pour ce dernier une sorte de garantie de ce qu'il aura de profitable à qui s'en servira; s'il fallait persuader aux plus incrédules qu'on ne leur avance rien que de vrai, d'incontestable, et que justifieront les essais que l'on fera de notre livre, nous nous bornerions à la simple exposition de nos procédés, la jugeant susceptible de porter la conviction dans tous les esprits.

Et, d'abord, on reconnaîtra comme indubitable que, sur un instrument à sons fixes, le *piano,* par exemple, il suffit d'en frapper les touches pour faire résonner les cordes correspondantes, et qu'ainsi chacun est apte à tirer des sons d'un *piano.*

Or, si l'on présente au lecteur une image du *clavier* conforme à celui d'un piano ordinaire; si l'on numérote ses touches, et, qu'en outre, l'on marque chacune d'elles du nom que la pratique lui assigne; si, de plus, le lecteur reproduit ou suppose les mêmes noms et chiffres sur l'instrument qu'il aura dû se procurer, ne lui deviendra-t-il pas facile, après cette opération préliminaire, de concevoir les démonstrations par lesquelles nous l'initions successivement : 1° à l'effet et au diapason des sons, en tant qu'ils sont graves, aigus ou intermédiaires à différents degrés; 2° à l'ordre dans lequel ils se succèdent pour la construction de ce qu'on appelle *gamme majeure, gamme mineure, genre diatonique, genre chromatique,* ces éléments de toute *mélodie;* 3° au rapport des mêmes sons conjoints ou disjoints, quant aux intervalles qui les séparent; et aux impressions diverses que ces intervalles produisent sur l'organe auditif, quand on en frappe alternativement ou simultanément les deux sons; 4° aux résonnances que laisse entendre le son principal d'une corde grave mise en vibration, expérience que chacun peut faire, et qui a le double avantage de former l'oreille en la rendant attentive, et de donner une connaissance de plus, savoir: que la nature elle-même a posé les bases de l'*harmonie,* ou de la simultanéité des sons.

Maintenant, quel est l'individu qui, au moyen d'un métronome et des oscillations de son balancier, ne s'habituerait pas, avec plus ou moins de promptitude, au partage du temps ou de la durée en parties égales, ainsi qu'à donner à chaque figure de note, ou à celle d'un silence équivalent, sa valeur relative par rapport à l'une de ces figures prise pour l'unité.

Ces deux moyens matériels suffisent en effet pour que l'étude théorique de la musique soit parfaitement comprise, et pour qu'elle profite à tous et à chacun.

Quant à la tenue des mains sur le piano et au jeu des doigts sur son clavier, cela paraît moins aisé au premier abord; et pourtant il y a si peu à s'en inquiéter, qu'on a cru devoir se borner à quelques conseils à ce sujet, ainsi qu'à une douzaine de ces exercices élémentaires que l'on présente aux commençants. Car, ici, l'*à-peu-près* est tout ce qu'il faut: s'agit-il du *doigté?* chaque note est précédée du chiffre qui indique le doigt à poser; du *mouvement?* le signe métronomique le désigne. D'ailleurs, les exemples musicaux s'écartent peu de cette simplicité dont on s'est fait une loi, et le mouvement, partout, sera pris sans inconvénient avec plus ou moins de lenteur.

Malgré ces précautions et cette tolérance, il est impossible qu'il n'y ait pas d'abord du tâtonnement; mais, en redisant plusieurs fois le même exemple, on parviendra promptement à s'en rendre l'exécution assez familière pour concevoir son effet, ce qui est l'essentiel; et même pour le rendre dans un mouvement approximatif suffisant, s'il n'est pas tout à fait le plus convenable. Et puis, c'est à la jeunesse studieuse que cet ouvrage est particulièrement adressé, et son désir d'instruction, si manifeste dans le siècle où nous sommes, est un sûr garant de la ferme volonté qu'elle apportera à vaincre les premiers obstacles.

Il est notoire que, sans une suite de leçons pratiques et un guide qui en dirige l'étude, on ne saurait devenir *bon lecteur,* musicalement parlant. Tel n'a pas été du reste notre but : nous n'avons pas écrit pour former des solfégistes, des chanteurs, des instrumentistes, des compositeurs; mais pour offrir l'abrégé de tout ce qu'il faut apprendre quand on aspire à l'un de ces titres; pour exposer une théorie complète, où l'exemple est toujours joint au précepte; pour faire connaître dans son ensemble et dans ses détails ce que c'est que la musique en général, en donnant des notions claires, justes, précises sur les nombreux matériaux dont elle se compose. Or, il n'y a personne qui ne puisse recevoir ces notions; entendre parfaitement tout ce que renferme ce livre; s'initier jusqu'à un certain point à la partie artistique, et même à la partie scientifique de la musique; et le profit moral qu'on en devra recueillir n'est pas non plus à dédaigner.

Nous appelons profit moral cette augmentation de jouissances que procure l'audition de l'art des sons, quand, au préalable, on a appris à connaître ses procédés et ses ressources. Devenu, par cette connaissance, plus apte à en juger comme à s'y plaire, le jeune homme, à son entrée dans le monde, appréciera mieux le talent des artistes et le mérite de leurs œuvres, il saura parler plus pertinemment des uns et des autres s'il se mêle aux conversations établies sur les diverses compositions et sur leurs interprètes; outre qu'il aura ajouté une instruction de plus à la somme de ses connaissances acquises.

C'est surtout en considérant combien sont incomplètes et peu fructueuses, pour les écoliers autant que pour les maîtres, les études musicales faites dans les colléges et pensions, que nous avons senti de quelle utilité serait un ouvrage du genre de celui-ci. C'est bien là que la musique n'est plus l'art des sons, mais celui des *noires*, des *blanches*, des *doubles-croches*, comme dit J.-J. Rousseau.

Sans doute il ne dépend pas des professeurs attachés à ces établissements que les élèves ne profitent mieux de leurs soins; mais des leçons d'une demi-heure deux fois la semaine, prises sur ces moments de récréations si agréables, si nécessaires à la jeunesse, sont par trop insuffisantes: la présence de celui qui vient ainsi troubler les jeux n'est vue de la plupart qu'avec chagrin ou dépit. De là mille distractions pendant la durée de ce nouveau travail. Ensuite, les longs intervalles qui s'écoulent entre chaque leçon, pendant lesquels les élèves ne peuvent s'exercer, ou négligent de le faire, rendent les progrès sinon nuls, du moins fort lents. Ce n'est donc qu'après avoir quitté les bancs, comme on dit, qu'ils peuvent se livrer à une étude plus suivie et plus sérieuse de la musique pratique, si tel est leur goût, ou s'ils en ont la possibilité; et les études spéciales qu'ils ont faites d'ailleurs les rendent d'autant plus capables de comprendre et de raisonner tout ce qui tient à la théorie musicale. Celle-ci, en les délassant de travaux plus importants ou d'études plus ardues, suppléera à ce dont leur professeur, pressé de les captiver par le plaisir de l'exécution, n'avait pas jugé à propos de les instruire; ou bien, elle rectifiera les fausses idées qu'ils auraient pu recevoir de maîtres peu habiles. (*Voir* la note **A**, à la fin de la Préface.)

Pour ne pas grossir inutilement ce volume, pour ne pas charger la mémoire de détails superflus, on s'est abstenu de parler de la musique des siècles précédents : on ne dit pas quels changements s'y sont opérés, quelles réformes elle a subies selon les temps, les lieux, les systèmes. On s'est contenté de parler de la musique telle qu'elle existe de nos jours, n'usant qu'avec réserve et sobriété de ce qui, trop étendu, aurait ressemblé à un vain étalage d'érudition. C'est même pour ne pas tomber dans ce défaut que l'on a présenté les faits dans l'ordre logique plutôt que dans l'ordre historique : en ne voulant pas s'écarter de la stricte vérité, l'on devenait prolixe; au lieu qu'en la pliant tant soit peu au besoin, sans préjudice pour l'instruction, il devenait facile d'abréger le texte, en même temps que l'on mettait plus de méthode dans le classement des matériaux; qu'ils se liaient mieux entre eux, et que l'on cheminait peu à peu vers le but, sans s'écarter de la voie, ni revenir sur ses pas.

Ce n'est point l'ouvrage éloquent d'une plume brillante que nous présentons au lecteur, qui s'en apercevra de reste, et voudra bien ne considérer ici que le fonds, non la forme. Après trente années environ de travaux dans l'une des spécialités de l'art musical, nous n'avons pas cru que l'âge de la retraite nous dispensait de rendre de nouveaux services dans une ou deux autres spécialités du même art, et nous l'avons entrepris. Puissions-nous n'être pas resté au-dessous de notre tâche.

NOTE DE LA PREFACE.

(A) Le praticien remarquera que nous n'adoptons pas sans restrictions certaines expressions consacrées dans les livres élémentaires. La langue musicale est pauvre; ses mots techniques, souvent impropres et équivoques, présentent parfois une double, une triple signification. C'est pourquoi, dans plusieurs parties de cet ouvrage, nous avons tâché de faire ressortir les défauts de la terminologie musicale, en montrant la confusion et l'embarras qui résultent d'un même mot entendu dans diverses acceptions.

Il nous a semblé qu'on mettrait fin à ces embarras en ramenant chacun de ces mots à sa signification essentielle, et en ne l'employant que dans le sens de cette signification unique.

Ainsi, dans ce livre, le mot GAMME remplace celui de TON, lorsqu'il s'agit d'indiquer le point de départ d'une échelle ou série de sons quelconques, comme *gamme de sol*, de *ré* et de *si* ♭, etc. Nous n'appliquons le terme si expressif de MODE qu'à la manière d'être, *majeure* ou *mineure*, d'une gamme désignée. MODALITÉ exprime l'effet particulier, l'impression différente de chacun des deux modes; et, s'il en était besoin, nous appellerions INTERVALLES MODAUX la *tierce* et la *sixte*, dont la nature, pareillement *majeure* ou *mineure*, constitue les modes de même espèce. Enfin, le mot MODALE, dont l'utilité se fait sentir quelquefois, se dira du premier degré d'une gamme principale ou initiale (1). Par là, à la vérité, les termes de TONIQUE, de TONALITÉ, d'INTERVALLES TONALS, et quelques autres, se trouvent supprimés; mais on doit sentir qu'ils n'étaient que des dérivés du mot *ton*, pris dans une mauvaise acception.

Lorsque ce dernier désigne un intervalle, il doit être conservé, sa signification alors étant convenable; encore n'est-il pas indispensable, comme on le fera voir; mais si le mot SON peut lui être substitué avantageusement, dans le sens par lequel on fait signifier au mot *ton* une NOTE, un *son* quelconque, pourquoi ne ferait-on pas cette substitution? (2).

Enfin, nous ne confondons pas davantage les mots ETENDUE et DIAPASON, ainsi qu'on l'a fait dans quelques méthodes et vocabulaires de musique; car, si le premier se conçoit tout d'abord comme la somme des sons que parcourt une voix ou un instrument, le deuxième a pour seul et vrai sens de signifier le degré d'élévation ou d'abaissement d'un son, d'une série de sons, ou même de ce qu'on appelle CLEFS, dont l'office, on le sait, est de placer au grave ou à l'aigu, ou bien entre les deux, tous les sons compris dans la PORTÉE, soit par la figure de ces *clefs*, soit par leurs positions.

En arrêtant ainsi la signification exacte des principaux termes techniques de la musique, les démonstrations deviennent d'autant plus faciles et compréhensibles; outre que tout le monde s'entend, parce qu'il n'y a plus d'équivoques, de contradictions, d'emploi multiple du même mot.

Ce n'est donc point par singularité, par esprit d'opposition ou de système que nous avons cru devoir apporter ces changements à la terminologie musicale, sans nous flatter pourtant qu'ils seront adoptés par les praticiens, tant l'habitude a d'empire sur les hommes.

N.B. On a renvoyé à la fin des chapitres les notes trop étendues pour être écrites au bas des pages. Celles-ci sont indiquées par des chiffres, celles-là par des lettres capitales. Les unes et les autres sont explicatives, historiques, anecdotiques quelquefois, mais toujours instructives.

---

(1) Ces mots, au surplus, ne sont pas nouveaux. Perne et d'autres théoriciens les ont employés avant nous.

(2) Nous faisons observer dans notre ouvrage intitulé : *Nouveau Traité théorique et pratique des Accords*, que les mots *ton* et *demi-ton* sont bien moins significatifs et explicites que ceux de *seconde majeure* et *seconde mineure*, lesquels commencent la série de tous les intervalles usités, dont chacun, ainsi que les précédents, ne prend son nom que du nombre de degrés qu'il embrasse.

INTRODUCTION

DE LA THÉORIE DU SON

L'acoustique, cette partie de la physique qui a rapport aux sons, n'est pas traitée et n'a pas besoin de l'être dans les livres élémentaires de la musique pratique, lesquels ne s'adressent presque toujours qu'à la seconde enfance.

Mais, dans cet ouvrage, c'est à la jeunesse déjà instruite que l'on parle ; et, pour remplir la promesse qu'on a faite de ne procéder que logiquement dans l'exposition et l'enchaînement des faits, il est évident que l'on doit traiter de la nature du SON, des manières dont il se produit, de ses propriétés et qualités, avant de dire comment le musicien se représente des *sons*, et de quelle façon il les met en œuvre.

Cette introduction est donc, en quelque sorte, la façade de l'édifice où, plus tard, devra pénétrer le lecteur.

SECTION I.

DE L'AIR COMME PRINCIPE DU BRUIT ET DU SON.

Le fluide que nous respirons, l'air atmosphérique peut être mis en mouvement par des corps quelconques sortis de l'état de repos ; et l'ébranlement de l'air, quelle qu'en soit la cause, donne lieu à différents effets qui tiennent à la nature du corps qui le frappe ou l'agite. Dans tous les cas, le mouvement de l'air se communique à l'organe auditif, et produit sur celui-ci des impressions agréables ou désagréables, appréciables ou inappréciables.

Si la cause qui agite l'air provient de corps compactes, volumineux, pesants, peu élastiques, en d'autres termes, si leurs parties sont hétérogènes, soit entre elles, soit par rapport à l'air, l'effet qui en résulte, inappréciable pour l'oreille, se nomme BRUIT. Si, au contraire, les corps agissants sont légers, déliés, élastiques surtout ; comme dans l'action qui leur est imprimée ils rencontrent nécessairement l'air qui, par lui-même, est l'un des corps les plus élastiques, il s'établit entre eux un mouvement alternatif d'impulsion et de répulsion, ou d'oscillations réciproques, qui est ce qu'on a appelé proprement VIBRATIONS. Or, quand les oscillations sont égales en nombre et en durée de part et d'autre, c'est-à-dire quand l'air et les corps qui agissent sur lui font chacun un même nombre de vibrations dans un temps donné, il en résulte pour l'oreille cet effet appréciable, sous plus d'un rapport, qu'on appelle SON, *son distinct, son musical.*

Enfin, il est démontré que l'air est non seulement le principe productif du son, mais qu'il en est aussi le véhicule ou conducteur. En effet, c'est par l'air seul que les sons nous parviennent, nous n'avons pas d'autre moyen de les percevoir. (*Voir* la note *A*, à la fin de cette Introduction.)

SECTION II.

DES CORPS SONORES.

L'objet, quel qu'il soit, susceptible d'entrer en contact avec l'air et à force égale pour produire le son, prend le nom de CORPS SONORE. On sait déjà que cette force ne devient égale que par les rapports de qualités communes entre l'air et le corps qui l'ébranlent, et que le rapport le plus essentiel est celui d'une égale élasticité.

Les *corps sonores* étant de plusieurs sortes, ils deviennent élastiques de plusieurs manières, savoir : par *tension*, par *compression* et par *rigidité interne*.

1° Les corps élastiques par *tension* sont les cordes de soie, de boyau ou de métal, ainsi que les membranes tendues sur les tambours, les timbales, etc.

2° L'air renfermé dans les instruments à vent, les gaz dans les tubes ou tuyaux, deviennent élastiques par *compression*.

3° Les lames, anneaux, fourches; les plaques, les vases, les cloches; le triangle, les cymbales, le tamtam, et tant d'autres objets dont les uns sont de verre, les autres de métal, quelquefois de simple bois, sont élastiques par *rigidité interne*, mots qui signifient *ténuité des parties*.

Ces explications feront sentir que ce n'est pas l'instrument qui par lui-même rend des sons, qui devient sonore; mais les cordes tendues sur les uns, l'air comprimé dans les autres, l'élasticité des agents producteurs excitée dans tous. L'instrument ne fait que réfléchir le son; mais il lui donne plus d'intensité, à cause de l'ébranlement de ses parois ou de sa surface interne par les vibrations. Car, puisque tous les corps ne sont que des agrégations de molécules avec plus ou moins d'affinité, les parois de l'instrument étant ébranlées, leurs molécules s'écartent, rencontrent celles de l'air, en reçoivent l'impression, le mouvement, et cette double cause augmente nécessairement la force du son. En effet, une corde tendue sur une pièce de bois plein ne rendra qu'un son faible et sourd, très approchant du bruit. Il en serait de même de cordes tendues avec des poids, sans être appuyées à un corps d'instrument. Il faut que ces cordes soient supportées par une caisse en bois mince, poreux, léger, qui offre une surface proportionnée à la longueur et au diamètre des cordes; et que la partie de cette caisse où les cordes sont tendues, et qu'on nomme *table d'harmonie*, soit percée d'une ou deux ouvertures appelées *ouïes*, afin que l'air pénètre et remplisse le corps de l'instrument.

On répétera que dans les instruments à vent, lesquels ne sont que des tubes ou des tuyaux bouchés par un bout, comme la flûte et le basson, ou bien ouverts par les deux bouts, comme le hautbois, la trompette, etc., l'air lui-même devient le corps sonore, le corps vibrant. C'est-à-dire que le souffle de l'exécutant, en s'introduisant dans le tube par un passage étroit (l'embouchure, quelle que soit sa forme), acquiert assez de force et de vivacité pour ébranler la colonne d'air contenue dans le tube; et cette collision, ce choc de l'air contre l'air même, ce mouvement alternatif de compression et de dilatation du fluide, tant que le souffle de l'exécutant ne discontinue pas, fait naître les vibrations dont le son est encore le résultat.

Dans les cors et trompettes, c'est la seule action des lèvres qui, en s'écartant ou en se resserrant plus ou moins, détermine l'air du tuyau à produire le nombre de vibrations voulues pour la production de tel ou tel son. (Note *B*.)

Dans la flûte et les autres instruments dont elle paraît être l'origine, l'air est également mis en mouvement par le souffle de l'exécutant; mais ce sont les ouvertures pratiquées de distance en distance le long du tube, qui allongent ou raccourcissent la colonne d'air intérieur, et déterminent la production des différents sons.

Ces ébranlements de l'air et du corps sonore, les vibrations, ont été soumises au calcul, et l'on a trouvé que leur nombre était en raison inverse de la longueur et du diamètre des cordes. C'est-à-dire que plus une corde a de longueur et de volume, plus le son qu'elle rend a de gravité, par la raison qu'elle fait moins de vibrations, dans un temps donné, qu'une corde plus courte et plus déliée. Il en est de même de la colonne d'air dans les instruments à vent, selon leur dimension. D'ailleurs, il est une mesure au-delà de laquelle le corps sonore ne rend plus de sons appréciables, soit qu'on le tende trop ou trop peu, si c'est une corde; soit que la longueur ou le raccourcissement en soient exagérées, s'il s'agit d'un tube.

SECTION III.

DES QUALITÉS DU SON.

On distingue plusieurs qualités dans le son, savoir : le **Diapason**, la **Durée**, l'**Intensité**, la **Plénitude** et le **Timbre**.

1° DU DIAPASON.

C'est le degré d'élévation donné au son, depuis le plus grave jusqu'au plus aigu, ce qu'on a improprement appelé le **Ton**. (*Voir* la note *A* de la Préface.)

Le *diapason* des sons dépend, sur les instruments à archet, de la place occupée par les doigts, qui s'avancent vers le **Chevalet** (1) pour faire monter le son, et s'en éloignent pour le faire descendre. On conçoit que le premier mouvement raccourcissant la corde, l'acuite du son augmente; et qu'il acquiert au contraire plus de gravité, dans le mouvement qui rapproche les doigts du **Sillet** (2).

Sur les instruments à vent percés de trous et munis de clefs ou soupapes, le diapason des sons dépend d'abord du degré de pression des lèvres qui, en se resserrant, rétrécissent l'ouverture par laquelle le souffle s'échappe, ce qui le rend plus aigu, en augmentant le nombre de ses vibrations. On conçoit comment l'action contraire produit un effet opposé. Ensuite les doigts, en ouvrant ou fermant les ouvertures longitudinales, modifient la colonne d'air renfermée dans le tube, autrement dit l'allongent ou la raccourcissent, comme on l'a déjà dit.

Dans le cor, dépourvu de trous et de clefs, et qui n'a qu'un nombre assez restreint de *sons naturels*, c'est-à-dire inhérents à l'instrument, tels que ceux qu'on obtient de la Trompe de chasse, c'est la main qui, par son interposition dans le pavillon de l'instrument, maîtrise la colonne d'air et lui fait rendre d'autres sons qu'on nomme *factices*, par opposition aux précédents. On use aussi de ce moyen sur la *Trompette courbe* (**B**). Enfin, les sons graves, intermédiaires et aigus de la voix, véritable instrument à vent et à anche, proviennent de l'ouverture modifiée de la **Glotte**, formée de deux membranes adhérentes aux parois du larynx : plus la glotte est resserrée par la tension de ses ligaments, plus le son est aigu, *et vice versâ*.

2° DE LA DURÉE.

La *durée de son* n'est autre chose que sa propagation par voie de génération. Sur les instruments à archet, elle dépend du temps pendant lequel le frottement s'opère sur la corde; dans les instruments à vent, de la continuité du souffle de l'exécutant. Sur la harpe, le piano, la guitare, etc., les sons n'ont de *durée* qu'autant que les vibrations se font sentir à l'oreille; mais elles s'affaiblissent promptement; et pour redonner de la force au son, il faut que la corde soit ébranlée de nouveau. Voilà pourquoi ces instruments sont impropres aux chants larges, aux mouvements lents qui exigent la prolongation des sons.

---

(1) Support des cordes placé au milieu de la *table d'harmonie*, entre les *ouïes*, sur les instruments à archet.

(2) Petit filet d'ivoire en saillie à la partie supérieure du manche, pour en écarter les cordes.

3° DE L'INTENSITÉ.

L'*intensité* est le degré de force que l'on donne aux sons. Elle provient, sur les instruments à cordes, des excursions plus ou moins grandes de celles-ci, c'est-à-dire de leur éloignement, de leur écartement au-delà et en deçà du point de départ ou de la ligne de repos. Avec les instruments à vent, l'*intensité* des sons augmente à mesure que la compression et la dilatation deviennent plus énergiques. Elle ne tient pas moins à la dimension de l'instrument.

4° DE LA PLÉNITUDE (1).

« La *plénitude* ou rondeur est cette qualité moelleuse, flatteuse, qui est opposée à la dureté, à l'âpreté, à « la sécheresse des sons. La *plénitude* peut appartenir aux sons forts ainsi qu'aux sons faibles. Ceux-ci, néan- « moins, en sont plus facilement doués que les premiers. Le talent de l'exécutant consiste à la répandre sur « tous les sons. Quand il y est parvenu, on dit de lui qu'il a une belle qualité de son. Cette acception du mot « qualité, en langage musical, n'est plus la même que dans le langage métaphysique. » **(D)**

5° DU TIMBRE.

Le *timbre* est encore une qualité particulière du son, mais propre à chaque instrument selon sa nature, son volume, sa construction, ses moyens d'exécution ; et qui fait que le même son, à un degré pareil d'élévation, donné par le violon, le violoncelle, la flûte, le hautbois, le cor, le basson, etc., produit un effet différent à l'oreille, et comme une voix à part sur chacun de ces instruments, bien que le nombre de vibrations nécessaires à ce son unique soit le même pour tous. De là des sons doux ou aigres, secs ou moelleux, sourds ou éclatants, mais dont les uns et les autres servent également, et, sous la plume du compositeur habile, varient, modifient les couleurs, les nuances, les oppositions des tableaux imitatifs qu'il retrace avec des sons, ainsi que des sensations qu'il fait naître à son gré.

Outre cette qualité de *timbre* provenant de l'instrument et de son mécanisme, il y a encore dans le son une nuance particulière propre à l'individu ; car, de même qu'en parlant chacun est reconnu à sa voix orale, de même aussi chaque exécutant a sa nuance, sa couleur de son, s'il est permis de le dire, que savent distinguer ceux qui ont l'habitude d'entendre et de comparer. Facile à remarquer dans les voix de même nature, cette nuance est plus difficile quelquefois à saisir, s'aperçoit moins promptement dans les instruments à vent, à archet surtout, et pourtant elle existe. Bien plus, un instrument à sons fixes, harpe ou piano, ne rend pas des sons parfaitement identiques sous les doigts d'individus différents : un certain tact, une façon particulière de pincer la corde ou d'imprimer le mouvement à la touche ; la disposition du système nerveux, le sentiment intérieur, donnent aux uns cette plénitude, cette rondeur dans les sons que l'on demanderait en vain à d'autres. L'école du maître peut mettre sur la voie ; mais le travail patient, la recherche obstinée, sans la grace de la nature, n'y peuvent rien.

SECTION IV.

DES SOURDINES.

Dans quelques occasions, on atténue la force des sons au moyen de corps étrangers appelés Sourdines, lesquels ont la propriété d'affaiblir et de voiler le son. Pour les instruments à cordes de l'orchestre, ce sont de petits appareils de bois que l'on enchâsse sur le chevalet. Dans le piano, l'une des pédales fait mouvoir une réglette recouverte de peau, laquelle s'applique contre une des extrémités de la corde ; on

(1) Ce paragraphe est extrait d'une lettre confidentielle de feu Morel, inspecteur des études à l'Ecole Polytechnique, auteur de plusieurs ouvrages estimables sur la Musique. Le même article se trouve inséré dans notre *Méthode de Cor*, publiée en 1824.

bien, cette pédale fait glisser le clavier de gauche à droite, de façon à ce que chaque marteau ne frappe plus qu'une seule des trois cordes appartenant à la même note.

Les cors et trompettes, avant les progrès faits dans l'exécution, avaient leurs *sourdines*, que l'on introduisait dans le pavillon de l'instrument : c'étaient des boîtes de carton en forme de cônes tronqués au sommet, et percés à la base. Des tampons de coton se plaçaient pareillement dans la clarinette et le hautbois. Mais ces interpositions de corps étrangers ayant le double inconvénient d'altérer le timbre et le diapason de l'instrument, on a dû y renoncer.

Un voile noir étendu sur la peau du tambour fait l'office de sourdine.

Les timbaliers se servent pour le même objet de baguettes dont le champignon est garni de peau, de liége ou d'éponge.

Tous ces moyens enfin, qui gênent et contrarient le son, lui donnent une teinte sombre, mystérieuse, lugubre même, propre à certaines situations théâtrales ; ou bien, dans la musique instrumentale, pour un effet particulier, mais qui n'est propre alors qu'aux instruments à cordes, les autres ne pouvant y coopérer que par un grand adoucissement de leurs sons.

CONCLUSION.

Lorsqu'une suite de sons, en flattant l'oreille, excite en nous des émotions quelconques, on peut remarquer que ces sons, alternativement graves, aigus ou intermédiaires à différents degrés ; tantôt longs, tantôt brefs, nuancés du doux au fort ou du fort au doux, affectent des mouvements tels, que leur ensemble présente un caractère de lenteur ou de vitesse, de gravité ou de légèreté, de gaîté ou de tristesse en rapport avec les sensations qu'on a voulu produire. On s'aperçoit aussi que chacun de ces mouvements est déterminé, mesuré régulièrement ; et que des repos, placés à des distances symétriquement calculées, donnent à ces successions de sons le rhythme, la césure, la cadence. Cette opération de l'esprit n'est autre chose que l'art de combiner des sons, et cet art a pris le nom de MUSIQUE.

Il y a deux manières de combiner des sons : par la première, les sons, ainsi qu'on vient de le dire, variés dans leur durée et leur intonation ; soumis à la régularité de mesures et de mouvements déterminés, ainsi qu'à la symétrie du rhythme, se succèdent par degrés conjoints ou disjoints, ascendants ou descendants. Cette première et principale combinaison se nomme CHANT ou MÉLODIE. Elle est le fruit de l'imagination, une invention.

La deuxième sorte de combinaison consiste dans la réunion de plusieurs sons choisis et frappés simultanément. L'effet de cette simultanéité prend le nom d'ACCORD, et une succession d'accords s'appelle HARMONIE, comme une succession de sons simples s'est appelée MELODIE (1).

L'origine de la *mélodie* doit se perdre dans la nuit des temps, puisque l'homme, au nombre des dons que lui a faits le Créateur, a reçu deux voix distinctes, l'une pour parler, l'autre pour chanter ; la première susceptible d'articuler des mots, la deuxième de moduler des sons, et distinguées à cause de cela en VOIX ORALE et en VOIX CHANTANTE.

Mais l'*harmonie*, quant à l'usage que nous en faisons, est d'invention humaine, on peut même dire d'invention moderne ; car, il paraît certain que si les anciens l'ont connue, ils ne l'ont point pratiquée. Les Asiatiques, les Africains, les sauvages des deux mondes qui, tous, ont des chants tels quels, n'ont point

(1) Le mot *harmonie* est encore l'un de ceux qui ont reçu plusieurs acceptions, et tout aussi mal à propos. Il en sera question dans la deuxième partie de cet ouvrage, où l'on traite des instruments à vent.

d'*harmonie ;* et, quand on leur fait entendre de la musique à plusieurs parties simultanées, ils en sont désagréablement affectés, et n'en peuvent supporter l'effet (1).

Les peuples civilisés, au contraire, considèrent l'*harmonie* comme l'auxiliaire obligée de la *mélodie.* Pour nous, en effet, ce n'est que par cette réunion de la double combinaison des sons que la musique acquiert tout son prix, qu'elle exerce sur nos sens un véritable empire.

NOTES.

(A) C'est ce que prouve la machine pneumatique, sous le récipient de laquelle le son d'un petit carillon, dont le marteau ne cesse de frapper le timbre, perd peu à peu de sa force à mesure qu'on opère le vide, et finit par s'éteindre totalement; tandis que l'intensité du même son augmente, au contraire, dès que l'air pénètre de nouveau sous le récipient.

(B) Bien des gens s'étonnent de ce que le Cor est entendu au moment même où l'exécutant l'embouche, malgré la multiplicité de ses contours; mais l'étonnement cesse quand on sait que l'air exerce la même élasticité dans tous les sens, indépendamment de l'extrême vitesse avec laquelle il se propage. Il est donc indifférent que des tubes soient courbes, contournés en spirale, ou déployés en ligne droite. C'est, en un mot, par ces qualités particulières au son, qu'il se répand dans l'espace avec la même spontanéité que celle d'une lumière qui, apparaissant tout à coup, éclaire au même moment tout ce qui l'environne.

(C) Lorsque le bruit n'était pas encore de mode en musique, on se servait à l'orchestre de trompettes courbes, c'est-à-dire légèrement cintrées, dont les sons avaient autant de douceur et de moelleux que ceux des trompettes droites ont de force et d'âpreté. Pour produire les *sons factices* avec ces dernières, il faut allonger le bras dans le sens de l'instrument, afin que la main puisse atteindre au pavillon ; mais, outre que cette pose a peu de grâce, et que le moyen mécanique est par trop ostensible, l'émission de ces sons est moins sûre et facile que sur les trompettes courbes. Au surplus, l'instrumentiste n'use des *sons factices* que dans les solos qu'il compose pour témoigner de son habileté. Rare en France, cette habileté est commune en Allemagne.

(D) De longues observations nous ont prouvé jusqu'à l'évidence qu'une bonne constitution physique, ainsi que la parfaite conformation des organes vocaux, contribuaient puissamment à la belle qualité du son sur les instruments à vent. Il en est autrement parmi ceux qui jouent les instruments à archet, quant au volume du son joint à sa beauté, parce qu'ici, où c'est le système nerveux surtout qui est mis en action, l'homme aux apparences athlétiques peut être vaincu par l'énergie d'un individu frêle et délicat en apparence. Dans une *concertante* à deux violons, Rode s'élevait au-dessus de Kreutzer aîné par la puissance de ses sons; et l'habileté supérieure de ce dernier, comme grand musicien, ne pouvait suppléer les avantages de son émule en exécution. Ceux qui ont pu voir à Paris le savant compositeur Spohr, et l'entendre sur le violon, sauraient dire si sa haute stature et sa charpente herculéenne étaient en rapport avec le *filet de son* qu'il tirait de son instrument.

(1) *Voir,* à la Bibliothèque du Conservatoire, l'intéressant ouvrage de Villoteau, l'un des membres de la *Commission d'Egypte,* sur la musique des Arabes et des Egyptiens modernes.

FIN DE L'INTRODUCTION.

LE

PROFESSEUR DE MUSIQUE

PREMIÈRE PARTIE

THÉORIE DE LA MUSIQUE

PREMIÈRE PARTIE.

CHAPITRE IER.

DES SIGNES REPRÉSENTATIFS DES SONS.

Ces signes, ou lettres de l'alphabet musical, s'appellent NOTES. Chacune de ces notes ayant reçu, conventionnellement, une valeur double de celle qui la suit, dans l'ordre qui leur est assigné ci-dessous, il en résulte que toutes représentent à la fois le son et sa valeur proportionnelle dans la durée.

Il y a sept figures de *notes*, qui sont : la *ronde*, la *blanche*, la *noire*, la *croche*, la *double-croche*, la *triple-croche* et la *quadruple-croche*.

OBSERVATION.

Ces termes de *double*, de *triple*, de *quadruple-croche* renferment un vice manifeste, puisqu'ils doivent être entendus en sens inverse de l'idée qu'ils expriment. En effet, ils signifient *demie*, *quart*, *huitième de croche*. C'est donc à cause du nombre de crochets ajoutés à la queue de ces figures de notes, qu'on leur a donné des noms qui disent précisément le contraire de ce qu'on a voulu leur faire dire.

A la vérité, c'eût été un autre inconvénient de ne partir que de la *croche* pour compter par $\frac{1}{2}$, $\frac{1}{4}$ et $\frac{1}{8}$; et comme les noms des quatre premières figures ont le mérite de la brièveté et de la précision, on a passé sur le reste, et l'on a conservé jusqu'à présent les termes reçus, malgré ce qu'ils ont de contradictoire.

Quoi qu'il en soit, voici les sept figures de notes, avec le nom donné à chacune.

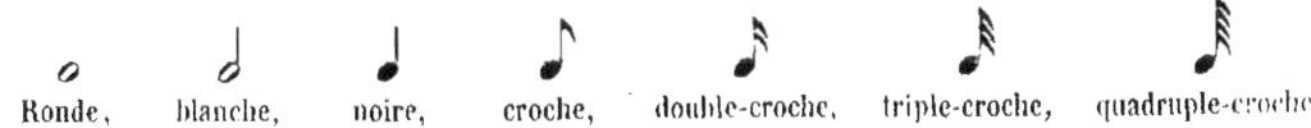

La RONDE est l'unité, ou la plus grande valeur parmi les *notes* de la musique moderne. Néanmoins cette valeur est doublée quelquefois au moyen de petites lignes verticales tracées de chaque côté de la *ronde*, comme ceci : |o|, ou bien en lui donnant la forme carrée, de cette façon : ▭.

Cette dernière figure n'est guère d'usage que dans la musique d'école, ou du style religieux ; c'est le reste d'une notation antérieure ; car tous les signes musicaux ont varié selon les époques. Ils paraissent fixés maintenant, et leur simplicité doit faire présumer qu'ils changeront d'autant moins que, devenus communs à tous les peuples qui cultivent la musique, ils forment pour eux une sorte de langue universelle.

La BLANCHE ne vaut en durée que la moitié de la *ronde* ; ou, ce qui revient au même, deux *blanches* se font dans le même espace de temps accordé pour la durée d'une *ronde*. Il en est ainsi des autres valeurs de notes : la NOIRE ne vaut que la moitié d'une *blanche*, ou le quart, la quatrième partie de la *ronde*. Cette *noire*, à son tour, vaut deux croches ; la *croche* est par conséquent la huitième partie de la *ronde*, comme la *double-croche* en est la seizième partie, la *triple-croche* la trente-deuxième partie, et la *quadruple-croche* la soixante-quatrième partie.

RÉFLEXION.

On conviendra que l'indication des valeurs de notes par l'unité et ses fractions était un moyen tout à la fois simple, commode et rationnel. Ce moyen n'a pas même le mérite de la nouveauté, puisqu'il est en usage chez quelques peuples voisins. Il le sera pareillement dans cet ouvrage.

TABLEAU DE LA VALEUR COMPARATIVE DES FIGURES DE NOTES

TEL, A-PEU-PRÈS, QU'IL SE RENCONTRE DANS LES LIVRES ÉLÉMENTAIRES DE LA MUSIQUE.

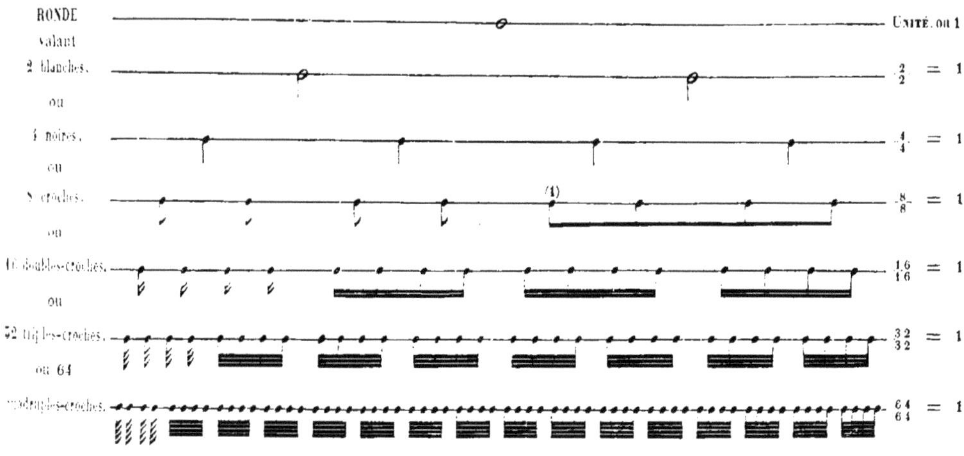

D'après ce Tableau, on voit que l'unité, ou *ronde*, vaut également *deux blanches*, ou *quatre noires*, ou *huit croches*, ou *seize doubles-croches*, ou *trente-deux triples-croches*, ou *soixante-quatre quadruples-croches*. Autrement dit, des $\frac{1}{2}$, des $\frac{1}{4}$, des $\frac{1}{8}$, des $\frac{1}{16}$, des $\frac{1}{32}$, ou des $\frac{1}{64}$ de l'unité, ou *ronde*.

Par le fait même de ces divisions et de leur coïncidence, chacune des figures placées au-dessous de la *ronde* a, pour valeurs relatives, les unes et les autres de celles qui lui sont inférieures dans ce Tableau.

N. B. On rencontre parfois dans la musique de PIANO, où la rapidité est si facile, des *quintuples* et même des *sextuples-croches*, selon la manière habituelle de s'exprimer : ces notes extra-brèves sont, les unes, des $\frac{1}{128}$; les autres, des $\frac{1}{256}$ par rapport à la plus grande valeur de note, à l'unité.

1 A partir des *croches*, il est d'usage, pour abréger l'écriture musicale, de réunir deux, quatre et plus de ces notes de valeurs semblables, au moyen d'une barre pour les *croches*, de deux barres pour les *demi-croches*, et ainsi de suite.

CHAPITRE II.

DU POINT D'ACCROISSEMENT.

La durée de chaque note peut être augmentée de la moitié de sa valeur propre, par l'effet d'un point placé à sa droite, et que l'on nomme *point d'accroissement*.

Dans ce cas, la *ronde pointée* vaut *trois blanches ;* la *blanche pointée, trois noires ;* la *noire pointée, trois croches ;* et ainsi des autres valeurs ; ou, si l'on veut : la *blanche* ne vaut plus que le tiers de la *ronde pointée ;* la *noire* n'en est que la sixième partie ; la *croche*, la douzième partie, etc.

EXEMPLE : La 𝅝 . équivaut à 𝅗𝅥 𝅗𝅥 𝅗𝅥 ; (1) la 𝅗𝅥 . à 𝅘𝅥 𝅘𝅥 𝅘𝅥 ; la 𝅘𝅥 . à 𝅘𝅥𝅮 𝅘𝅥𝅮 𝅘𝅥𝅮

Quelquefois un second point est joint au premier. Alors la note qui reçoit ces deux points est augmentée, non seulement de la moitié de sa valeur ordinaire, mais encore d'un quart en sus, le deuxième point ne valant que la moitié du premier.

Voici l'effet de cette sur-augmentation :

La *blanche* doublement pointée,		𝅗𝅥 . .	équivaut à	𝅗𝅥 𝅘𝅥 𝅘𝅥𝅮
La *noire*	*idem.*	𝅘𝅥 . .	*idem.*	𝅘𝅥 𝅘𝅥𝅮 𝅘𝅥𝅯
La *croche*	*idem.*	𝅘𝅥𝅮 . .	*idem.*	𝅘𝅥𝅮 𝅘𝅥𝅯 𝅘𝅥𝅰

Par une proportion inverse de la précédente, il arrive que l'on diminue la valeur des notes, en donnant à trois figures semblables la durée que l'on ne donne ordinairement qu'à deux de ces mêmes figures. Cet assemblage de trois notes prises pour deux, et qui ne part guère que de la *noire*, s'appelle TRIOLET. On a aussi des *six pour quatre*, ou *sextolets ;* des *douze pour huit*, sans autre dénomination ; mais, en définitive, toutes ces réductions ne sont, en général, que des suites de *triolets*.

Les chiffres 3, 6, 12, placés sur les notes dont la valeur est ainsi diminuée, avertissent l'exécutant de l'accélération proportionnelle qu'il doit observer pour que la durée prescrite reste la même dans les deux circonstances.

La rapidité d'exécution qu'on a dit être permise sur certains instruments, fait que l'on rencontre des notes en nombres impairs, substituées à d'autres de nombres pairs ; comme, par exemple, *cinq pour quatre, sept pour six, neuf pour huit*, etc. Mais le chiffre indicateur est toujours là pour avertir le musicien de ce qu'il doit faire dans ces cas peu fréquents.

(1) Ce signe : ⁀ ou ‿ se nomme *liaison*. Il indique qu'il faut soutenir les trois sons comme s'ils n'en faisaient qu'un seul, et non les frapper successivement.

CHAPITRE III.

DES SIGNES REPRÉSENTATIFS DES SILENCES.

Le silence, en musique, a plusieurs propriétés : 1° il sépare les sons entre eux, à cette fin de les rendre plus ou moins secs et brefs ; 2° il fait taire pendant un temps une ou plusieurs parties exécutantes ; 3° il sépare souvent les périodes, les phrases et membres de phrases du discours musical ; 4° enfin le silence est par fois un effet, même en musique.

Comme les silences doivent être mesurés aussi bien que les sons, et dans les mêmes proportions de durée, on a inventé autant de signes de silences qu'il y a de figures de notes. En voici le tableau comparatif :

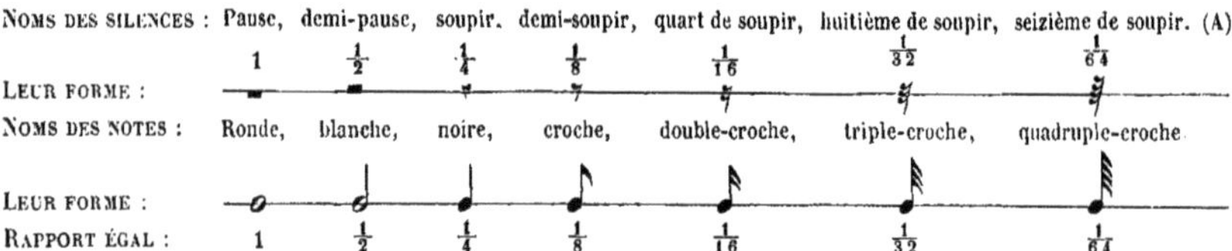

Le point d'accroissement, simple et double, se place après les silences aussi bien qu'après les notes, pour en augmenter la durée dans les mêmes proportions ; mais ce moyen n'est mis en usage qu'à partir du *quart de pause.*

Il y a aussi ce qu'on appelle des *bâtons* de deux et de quatre pauses, dont voici la figure : (2 pauses. 4 pauses.) On commence à se passer de ces deux signes, d'ailleurs assez inutiles, en indiquant le nombre de pauses à compter par le chiffre correspondant. Cette réforme, due aux compositeurs, a été adoptée par les copistes et suivie par les graveurs.

Toutes ces valeurs de notes et de silences sont relatives, quoique en proportions égales, à un mouvement déterminé, donné régulièrement à l'ensemble d'*un morceau*, d'*une pièce de musique,* selon les expressions reçues, dont les degrés de lenteur ou de vitesse sont indiqués approximativement par des mots italiens, souvent modifiés les uns par les autres.

Plus tard on fera connaître ces mots, en même temps que l'on parlera de l'instrument inventé par Maelzel, pour mesurer le temps par rapport à la musique.

NOTES DU CHAPITRE III.

(A) Voilà encore une expression aussi bizarre qu'elle est peu significative, quant à la valeur de note dont le signe de repos indique l'absence. Quelle similitude peut-il y avoir entre un *silence* et un *soupir ?* et puisque l'on avait trouvé les termes assez convenables de *pause* et de *demi-pause*, pourquoi ne suivait-on pas dès lors l'ordre naturel des sous-divisions de l'unité de ces silences ? En comparant cet ordre à celui qu'on a donné aux valeurs de notes, on voit qu'il y a identité parfaite entre les expressions de : $\frac{1}{2}$, $\frac{1}{4}$, $\frac{1}{8}$, $\frac{1}{16}$, $\frac{1}{32}$ et $\frac{1}{64}$ de *pause,* et celles de $\frac{1}{2}$, $\frac{1}{4}$, $\frac{1}{8}$, $\frac{1}{16}$, $\frac{1}{32}$ et $\frac{1}{64}$ de *ronde.*

Nous pensons que chacun peut, dès à présent, prendre l'initiative dans les deux circonstances.

CHAPITRE IV.

DE LA PORTÉE.

Après avoir trouvé le moyen de rendre les sons visibles, pour ainsi dire, et de déterminer leurs durées respectives, il fallait fixer le degré d'élévation ou d'abaissement, d'acuité ou de gravité de chacun d'eux. C'est pour cela qu'on a imaginé de tracer cinq lignes parallèles et horizontales, et qu'on a placé les notes sur ces lignes et dans leurs espaces.

La note écrite sur la première ligne, l'inférieure, suppose un son plus grave que celui de la note qui vient immédiatement au-dessus, et ainsi des autres notes posées sur les 2e, 3e, 4e et 5e lignes, ou dans les interlignes.

Ces cinq lignes ne suffisent pas toujours, même à l'étendue commune des voix, soit au grave, soit à l'aigu. Dans ce cas, on ajoute de petites lignes supplémentaires, des fragments de lignes, tant au-dessus qu'au-dessous des cinq lignes permanentes. Ces lignes postiches n'ont que la longueur nécessaire pour faire distinguer les notes qu'elles reçoivent, et pour qu'on ne puisse les confondre avec les cinq lignes toujours présentes, auxquelles on a donné le nom de PORTÉE.

1er EXEMPLE.

Lignes et interlignes supplémentaires à l'aigu.

5e ligne . . . .
4e interligne.
4e ligne . . . .
3e interligne.
3e ligne . . . .
2e interligne.
2e ligne . . . .
1re interligne.
1re ligne . . . .

Lignes et interlignes supplémentaires au grave.

Voici une seconde figure de la *portée*, telle qu'elle est communément en usage dans la gravure et la copie. Pour rendre son objet plus sensible, on a écrit la première figure de note sur chaque ligne et dans chaque interligne, et l'on y a joint les figures de silences aux places précises qu'elles doivent occuper dans les lignes de la *portée*.

2e EXEMPLE.

Pause. $\frac{1}{2}$ $\frac{1}{4}$ $\frac{1}{8}$ $\frac{1}{16}$ $\frac{1}{32}$ $\frac{1}{64}$

Mais la *portée* et les *notes* ne signifieraient rien, sans un signe propre à déterminer le diapason de ces notes, c'est-à-dire le degré d'intonation qu'on doit leur donner. C'est l'objet du chapitre suivant.

CHAPITRE V.

DES TROIS CLEFS.

Cependant on entendait des voix plus ou moins aiguës, celles des femmes et des adolescents; d'autres plus ou moins graves, celles des hommes faits. On remarquait, en outre, que les instruments avaient presque tous plus d'étendue qu'aucune des voix. Il était donc évident, d'une part, que la somme des sons donnés par ces instruments, ou par l'ensemble des voix graves, intermédiaires et aiguës réunies, ne pouvait être contenue dans la portée; que, d'autre part, un trop grand nombre de lignes supplémentaires rendrait la lecture musicale fort embarrassante, et sa notation par trop confuse.

Pour obvier à ces inconvénients, on imagina de nouveaux signes propres à modifier l'élévation des sons écrits sur la portée; c'est-à-dire à les hausser ou à les baisser autant qu'il serait nécessaire, en raison des voix ou des instruments employés. En conséquence, ces nouveaux signes ayant pour but de faire connaître le degré d'intonation que l'on devait donner aux notes, ils ouvraient en quelque sorte la porte au chant; et, par suite de cette métaphore, on leur donna le nom de *clefs* (**A**).

Au nombre de trois, ces *clefs* se posent sur une ou plusieurs des lignes de la portée.

En voici la forme et le nom [(1)] :

1° Clef de *fa* pour les sons graves . . . .

2° Clef d'*ut* pour les sons intermédiaires . . . .

3° Clef de *sol* pour les sons aigus . . . . (**B**)

N. B. Ces noms de *fa, ut* et *sol* sont ceux de trois notes prises parmi les sept dont se compose le *diagramme* ou système de sons des modernes, et qui fait dire, comme règle invariable, que *la note placée sur la même ligne qu'une clef en prend toujours le nom.*

NOTES DU CHAPITRE V.

(A) C'est dans le même sens que, pendant longtemps, on a appelé *clefs* les touches de l'orgue, attendu que ces *clefs*, en ouvrant les soupapes des tuyaux, permettent à l'air d'y pénétrer, et aux sons de se produire au dehors.

Le nom de *clef* est encore appliqué aux petites soupapes de cuivre ou d'argent qui ouvrent et ferment alternativement les trous de la FLUTE, de la CLARINETTE, etc. Enfin le mot CLAVIER n'a pas d'autre origine.

(B) Les deux points qui se voyent à la première des trois *clefs*, et que traverse la ligne sur laquelle elle est posée, semblent avoir eu pour objet de corriger ce que la promptitude de la copie pourrait avoir d'incorrect dans le placement de cette figure. Comme une incorrection pareille peut aussi bien avoir lieu pour les deux autres *clefs*, on devrait peut-être, à l'exemple de quelques compositeurs, adopter l'usage des points, au moins à l'égard de la *clef* d'*ut*, laquelle se place sur quatre lignes différentes, tandis que la *clef* de *sol* ne se pose plus aujourd'hui que sur la deuxième ligne [(2)].

CHAPITRE VI.

DE CE QU'ON APPELLE INTERVALLE, TON ET DEMI-TON.

On nomme INTERVALLE l'espace compris entre deux sons quelconques, mais à des diapasons différents; car il peut y avoir *intervalle* entre deux sons placés au même degré, c'est-à-dire sur la même ligne ou dans le même interligne, attendu que des signes d'altération, dont il sera bientôt parlé, les peuvent modifier assez pour rendre leur intonation différente, quoique très rapprochée.

---

(1) Quand on dit qu'une *clef* est posée sur telle ou telle ligne, on entend que cette ligne traverse la clef, qu'elle passe par son centre, comme on le fait voir ici par un fragment de ligne.

(2) Au temps de *Rameau* et de ses contemporains, une clef de *sol* placée sur la première ligne servait aux seconds violons de l'orchestre; mais elle était l'équivalent d'une clef de *fa* sur la quatrième ligne, au diapason supposé de deux octaves supérieures d'élévation. Elle ne tarda pas à être supprimée comme inutile et faisant double emploi.

L'*intervalle* existant entre deux sons aussi voisins se nomme DEMI-TON, Celui qui vient immédiatement après dans son degré d'écartement se nomme TON. Il est le double du précédent, Autrement dit, le *ton* se partage en deux *demi-tons*, et ces termes suffisent pour mesurer tous les *intervalles*. Ceux-ci, de même que les *degrés*, se comptent de bas en haut, ou du grave à l'aigu ; et l'on dit que, de tel à tel son, de tel degré à tel autre il y a tant de *tons* et de *demi-tons*, s'il faut des fractions, ou bien l'on ne compte que par *demi-tons*.

En partant d'un son quelconque, soit que l'on montât du grave à l'aigu, soit que l'on descendît de l'aigu au grave par les *intervalles* les plus rapprochés, les *demi-tons*, on s'aperçût que le treizième son était semblable au premier d'où l'on était parti ; qu'il était de même nature, une sorte d'équivalent ou de réplique de ce premier son, sauf son diapason, nécessairement plus aigu ou plus grave, selon qu'on procédait par ascendance ou par descendance. On put voir aussi qu'il en était de même à l'égard de chacun de ces treize sons, pris tour à tour pour point de départ ; c'est-à-dire que chacun d'eux trouvait sa réplique douze demi-tons plus haut ou plus bas.

Ne devait-on pas conclure de cette découverte, que tout le système musical pouvait être basé sur une série de treize sons ou de douze demi-tons, en comptant la réplique ; et que ce système, invariable dans toute l'étendue des sons appréciables, convenait également à tous les genres de voix et d'instruments ? La conclusion fut donc adoptée et devint un principe stable.

CHAPITRE VII.

DE LA GAMME, OU DU DIAGRAMME DES MODERNES.

On ne pouvait établir la pratique élémentaire des sons sur les seuls intervalles de *demi-tons ;* l'exécution en eût été difficile à cause de la délicatesse d'intonation qu'elle exige, et qui suppose une oreille déjà exercée. En outre, le résultat présentait dès l'abord un caractère de mollesse et de monotonie qu'on ne devait pas moins éviter. Celui des *tons* entiers parut plus franc, plus naturel, et on l'employa de préférence, tout en y introduisant deux *demi-tons*, afin de renfermer toujours chaque diagramme entre un son donné et sa réplique (1).

De là est venu ce qu'on a appelé ECHELLE OU GAMME DIATONIQUE : *échelle*, à cause des degrés ou échelons que présentaient les lignes de la portée, plus nombreuses dans les premiers temps (2) ; *gamme*, parce que son inventeur, GUI L'ARÉTIN, ou GUIDO D'AREZZO (3), avant d'avoir donné un nom particulier à chacune des notes de son HEXACORDE (système de six cordes ou sons), les indiquait par des lettres de l'alphabet grec, dont la troisième, on le sait, est le Γ ou *gamma*.

Quant au mot *diatonique*, il signifie qui procède *par tons*. Mais puisque, parmi ces tons, il a fallu intercaler deux *demi-tons*, on ne doit pas entendre, dans cette circonstance seulement, le mot *ton* comme intervalle, mais comme degré conjoint de la *gamme*, avec la différence d'intonation voulue pour chacun (4).

---

(1) Pure hypothèse de notre part, nous l'avouons franchement, et ce ne sera pas la seule ; mais devons-nous répéter qu'ici l'ordre des faits est purement logique ? Nous résumons, nous présentons ces faits en prenant l'art où il est parvenu de nos jours, et en classant ses matériaux aussi méthodiquement que possible, sans nous préoccuper autrement de la partie historico-musicale.

(2) On commença par placer les notes sur les lignes seulement, laissant les interlignes vides.

(3) Savant Bénédictin du monastère de *Pomposa*, né à Arezzo en Toscane, vers 990. *Gui* écrivait en 1022, époque à laquelle il donna à l'échelle musicale la forme qu'elle a conservée depuis, du moins quant aux six premiers degrés.

(4) C'est sans doute de cette exception dans la seule et bonne acception du mot *ton* en musique, celle d'*intervalle*, que l'on a assimilé ce mot à ceux de *son*, de *gamme* et de *diapason*, quoique tous diffèrent entre eux.

On se sert peu du mot *échelle*. Celui de *gamme*, non seulement est barbare, mais d'après son origine même il n'a pour nous aucun sens. Pourtant, il est consacré par un si long usage, que l'on ne peut guère essayer de le changer, même en lui substituant le terme plus rationnel de *diagramme*.

Enfin cette *gamme*, puisqu'il faut ainsi dire, a donné son surnom de *diatonique* au premier des trois genres de la musique. La succession de ses sons présente, dans son entier, ou d'un son donné à sa réplique supérieure ou inférieure inclusivement, *cinq tons* et *deux demi-tons*. Ces derniers, placés chacun après deux tons consécutifs, divisent la *gamme* en deux Tétracordes égaux; c'est-à-dire en deux séries de quatre sons chacune, ainsi qu'on le verra plus tard.

CHAPITRE VIII.

DE L'APPELLATION DES NOTES OU SONS DE LA GAMMEE.

Les Allemands et quelques autres peuples du Nord imitent en partie les anciens, en donnant à chacun des sept sons de la gamme le nom d'une lettre de leur alphabet, variant sa prononciation d'après les modifications dont la même note est susceptible sans changer de position.

Nous répéterons, après tant d'autres, que *Gui* commença ainsi; mais un jour qu'il chantait l'hymne à *saint Jean*, où la première syllabe des hémistiches de chaque vers offre dans l'intonation une succession de six degrés conjoints et ascendants, l'idée vint au bon moine de faire servir ces premières syllabes à l'application des notes de son hexacorde. C'est ainsi que les monosyllabes *ut*, *ré*, *mi*, *fa*, *sol* et *la* sont venus de :

UT *queant laxis* RE*sonare fibris*,
MI*ra gestorum* FA*muli tuorum*,
SOL*ve polluti* LA*bii reatum*,
Sancte Joannes.

Avant qu'on eût proposé le monosyllabe *si* pour le septième degré, les six de Guido se transposaient à plusieurs diapasons, restaient dans le même ordre pour des gammes à différents degrés d'élévation. Ces transpositions s'appelaient *muances*, mot dérivé de *mutation*. Mais cette manière de chanter par *muances* offrait plus d'un inconvénient. L'adjonction du *si*, ou d'un septième degré, suivi de la réplique du premier fit époque, et, à dater de ce moment, le diagramme musical n'a plus changé.

OBSERVATION.

Le monosyllabe *ut*, dont on s'est servi longtemps, même en Italie, dans l'appellation des notes, donne par lui-même un son sourd à la voix et fait grimacer la bouche. C'est ce double vice qui aura sans doute engagé Doni, noble florentin et savant musicien (1503 à 1574), à lui substituer la syllabe *do*, prise évidemment de son nom. Naguère les professeurs français ont adopté cette réforme, et, dans l'étude du solfége ou des leçons élémentaires chantées, les sons de la gamme ne prennent plus d'autres noms que *do*, *ré*, *mi*, *fa*, *sol*, *la*, *si*, *do* en montant, et *do*, *si*, *la*, *sol*, *fa*, *mi*, *ré*, *do* en descendant.

N. B. On voit ici que la gamme est complète, c'est-à-dire qu'elle a sa réplique à l'aigu ainsi qu'au grave. Par une conséquence naturelle, la clef d'*ut* est appelée par quelques-uns clef de *do*. C'est sans inconvénient dans la pratique, mais non dans d'autres circonstances. On ne dit pas encore qu'un morceau de musique est en *do*, mais en *ut*. On avertit toujours les cors, trompettes, clarinettes et tymbales que ces instruments doivent se mettre au diapason d'*ut*, non à celui de *do*. En définitive, l'ancienne appellation est conservée en théorie.

Voici un premier aperçu de cette gamme diatonique avec ses huit sons, notes ou degrés; les noms qu'on leur donne, et ceux des intervalles qui les séparent.

GAMME MODÈLE, ÉCRITE SUR LA CLEF D'UT 1re LIGNE.

N. B. Si l'on a écrit cet exemple sur la clef d'*ut* première ligne, c'est parce qu'elle a le double avantage de donner son nom à la première note de la gamme modèle, et d'en renfermer les huit sons dans la portée.

CHAPITRE IX.

DES SIGNES ALTÉRATIFS DES SONS.

La septième note suivie de la réplique du premier son ayant donné à la gamme diatonique une forme arrêtée et satisfaisante, il fallait aviser au moyen d'en varier le diapason autrement que par les *muances* dont il a été parlé. Le moyen se présentait de lui-même : c'était de considérer tour à tour chacun des degrés de la gamme modèle comme premier son d'une gamme semblable, c'est-à-dire dont les *tons* et les *demi-tons* occuperaient les mêmes places.

Il devenait évident alors que, tantôt un, tantôt plusieurs sons de la gamme modèle auraient besoin d'être altérés; autrement dit, qu'il faudrait les hausser ou les baisser, conformément aux données de la gamme primitive. Dans ce cas, et pour ne pas multiplier les noms des sons à l'égard de ceux qu'on devait altérer, ainsi qu'on avait fait d'abord (1), on imagina de placer devant ces notes des signes particuliers que l'on nomma *dièse*, *bémol* et *bécarre*, dont voici la figure : ♯ (dièse), ♭ (bémol), ♮ (bécarre), et l'on convint que le ♯ hausserait d'un demi-ton la note devant laquelle il serait placé; que le ♭ la baisserait d'autant; et que le ♮ aurait la double propriété d'effacer l'effet des deux premiers, en abaissant d'un demi-ton la note haussée par le ♯, et en élevant d'un même intervalle celle que le ♭ aurait abaissée (A).

L'emploi de ces nouveaux signes permettant de produire la gamme diatonique, non seulement sur chacun de ses degrés naturels ou primitifs, mais aussi sur ces mêmes degrés altérés, soit par le ♯, soit par le ♭, ces signes d'altération durent être doublés dans certaines gammes, afin de hausser ou de baisser d'un demi-ton de plus les sons déjà altérés par le ♯ ou le ♭ simples.

Le *double bémol* s'indique par le signe ♭♭, que M. *Choron* simplifiait en ajoutant une barre transversale au bémol simple, comme ceci : ♭̶.

Le *double dièse* s'écrit des deux manières que voici: ♯♯ et ×. La première figure est la plus usitée. La seconde abrège la copie; mais elle a l'inconvénient d'introduire un signe de plus, moins significatif que l'autre. On ne s'en servira point dans ce livre, non plus que du bémol barré, lequel n'a pas été adopté.

NOTES DU CHAPITRE IX.

(A) Trompés par cette double propriété, certains professeurs disent mal à propos à leurs élèves que *le bécarre remet la note dans son ton naturel* (2) : oui, si cette note est diésée ou bémolisée accidentellement; non, si elle

(1) On disait *za* pour *si* ♭, *ma* pour *mi* ♭, *fis* pour *fa* ♯, etc.

(2) Conforme à la gamme initiale du morceau. C'est ce que l'on veut dire.

est telle par la nature de la gamme. Car alors le bécarre, loin de rendre la note à son ton naturel, l'en fait sortir au contraire. D'où il résulte qu'un son peut être altéré par le *bécarre* aussi bien que par le *bémol* ou le *dièse*. En outre, le mot *ton* reçoit encore ici une mauvaise application, d'après ce qui a été dit précédemment.

CHAPITRE X.

DU GENRE ET DE LA GAMME CHROMATIQUES.

L'invention des signes altératifs (♯, ♭ et ♮) rendit plus facile, du moins plus compréhensibles la pratique ou l'exécution des intervalles de *demi-tons*. On vit aussi que, par leur emploi mêlé à ceux des *tons*, on enrichissait l'art musical, en lui donnant un intérêt et une variété qu'il n'avait pas auparavant.

Il semblerait naturel de consacrer le ♯ aux sons ascendants et le ♭ aux sons descendants, puisque l'un sert à les hausser, l'autre à les baisser ; mais, dans la pratique, on les entremêle à peu près indifféremment. On y joint même le ♮, ne suivant en cela que l'idée du moment, si toutefois la nature de la gamme n'exige pas l'un de ces signes de préférence à l'autre.

La progression ascendante ou descendante par *demi-tons* a été nommée Gamme chromatique, du grec *chroma*, couleur, parce que, a-t-on dit, le mélange fréquent des *demi-tons* avec les *tons* entiers dans les phrases musicales du *genre chromatique*, y produit le même effet que la variété des couleurs en peinture.

Quand il sera question du Genre enharmonique, le troisième des genres de la musique, on fera connaître le véritable rapport des sons.

Voici des exemples à lire, à examiner, sur la composition d'une *gamme chromatique* ascendante et descendante, avec ses treize sons ou ses douze demi-tons, entre un son donné et sa réplique.

1er Exemple.

Quand on emploie le *bécarre* dans le *chromatique*, c'est qu'alors les *bémols* se trouvent en progression ascendante, et les dièses en progression descendante, contrairement à l'exemple précédent. Au surplus, cela ne change rien au nombre des sons et à ceux des demi-tons contenus dans les deux séries qu'on vient de voir.

2e Exemple.

En retranchant par la pensée les notes affectées d'un signe altératif dans l'un ou l'autre des exemples précédents, on retrouve la *gamme diatonique* avec ses *huit sons*, ses *cinq tons* et ses *deux demi-tons*. Ces derniers prennent aussi le nom de *diatoniques* tant qu'ils existent entre deux degrés conjoints. Par opposition, on nomme *demi-tons chromatiques* ceux qui ont lieu entre deux notes au même degré, mais dont l'une a reçu un signe d'altération quelconque.

On fera observer que dans chacune des *gammes chromatiques* des premier et deuxième exemples, il y a *cinq demi-tons chromatiques* contre *sept demi-tons diatoniques*. Le lecteur ne doit pas négliger cette observation.

CHAPITRE XI.

DE LA POSITION DES TROIS CLEFS.

Pendant longtemps on n'a reconnu que les trois voix du timbre le plus tranché, savoir : le *dessus*, voix aiguë; le *ténor*, voix intermédiaire; et la *basse*, voix grave. Mais, par la suite, une observation plus attentive des voix en général, fit remarquer entre elles des nuances assez prononcées; des variétés de timbre, d'étendue surtout, selon les individus plus ou moins favorisés sous ces rapports, et l'on en vint à reconnaître jusqu'à sept sortes de voix, dont chacune semblait réclamer une clef en rapport avec son diapason et son développement[1]. Néanmoins, pour ne pas augmenter sans raison le nombre des signes propres à hausser ou à baisser le diapason des sons contenus dans la portée, on s'est contenté de placer la même clef sur plusieurs de ses lignes.

C'est ainsi qu'en posant la clef d'*ut* sur les première, deuxième, troisième et quatrième lignes, celle de *fa* sur les troisième et quatrième, et celle de *sol* sur la deuxième, on a pu renfermer à peu près dans la portée l'étendue des sept voix.

On n'en compte que six aujourd'hui, savoir : trois voix d'hommes et trois voix de femmes. En temps et lieu il en sera fait une mention particulière. L'essentiel, pour le moment, est de connaître : 1° le degré d'élévation de la note placée sur la même ligne que la clef dont elle prend le nom : 2° le rapport que ces clefs ont entre elles, dans leur diapason comparatif. Mais comme ces rapports de sons, de clefs, de diapasons se font comprendre à l'oreille plutôt qu'aux yeux et à l'intelligence, c'est donc l'oreille qu'il faut instruire présentement. En conséquence, il est à propos que le lecteur examine le clavier de son piano ; qu'il le compare avec le dessin donné au quatrième Tableau des planches de musique pratique annexées à ce texte et qu'il en prenne une connaissance exacte, d'après les instructions qui suivent, sans négliger d'ailleurs celles qu'on a cru devoir joindre à chaque Tableau.

PREMIER EXAMEN DU CLAVIER POUR LES TOUCHES BLANCHES SEULEMENT.

Que le clavier d'un piano ait une étendue de cinq octaves, de cinq octaves et demie, ou même de six octaves (le premier suffira au lecteur), la note la plus au grave est un *fa*. De cette première note à gauche à la plus élevée à droite, la dernière du clavier, il y a 36 touches blanches, si le piano n'a que cinq octaves; 40 s'il a cinq octaves et demie; 43 s'il a six octaves[2].

(1) Voir la page 6 du Solfége de M. *Chérubini*. (A Paris, chez Troupenas.)

(2) Le mot *octave* s'entend de deux manières ; 1° comme réplique d'un son quelconque, parce que cette réplique se reproduit de huit en huit degrés; 2° comme la série même des huit sons d'une gamme, laquelle se répète pareillement autant de fois que l'étendue générale de l'instrument le permet.

En supposant ici, et pour toutes les explications subséquentes, le clavier de cinq octaves et demie, la première touche à gauche est un *fa*, et la dernière à droite est un *ut*. C'est ainsi du moins que, pour plus de précautions, il faudrait numéroter les touches blanches de **1** à **36**, **40** ou **43**[1].

Ces touches blanches ne donnent que les sons de la gamme modèle, *ut*, *ré*, *mi*, *fa*, *sol*, *la*, *si*, dont aucune n'est altérée par le ♯ ou le ♭, que représentent généralement les touches noires; mais celles-ci nous sont inutiles quant à présent.

Ce point éclarci, et sachant que la clef donne son nom à la note posée sur la ligne qu'elle occupe elle-même, on nomme *fa* la note écrite sur les 3e et 4e lignes aux deux clefs de *fa* que voici :

On voit que c'est la **15**e touche blanche qui donne le son représenté par ces deux *fa*; qu'ils sont au même diapason, à l'unisson, ayant entre eux une parfaite identité de son.

Il en est de même de la clef d'*ut*, posée sur les quatre premières lignes de la portée : les notes écrites sur ces mêmes lignes prennent le nom d'*ut*, et font unisson entre elles. La **19**e touche blanche en donne le son réel.

La clef de *sol* ne se pose que sur la deuxième ligne. Elle donne pareillement son nom à la note écrite sur cette ligne, dont la **23**e touche blanche rend le son vrai. EXEMPLE : sol 23e touche blanche.

Quant aux autres notes, tant supérieures qu'inférieures à celle qui reçoit son nom de la clef, elles se succèdent dans l'ordre assigné à celles de la gamme connue; c'est-à-dire qu'en partant d'une clef de *fa*, on aura *fa*, *sol*, *la*, *si*, *ut*, *ré*, *mi*, *fa* en montant, et *fa*, *mi*, *ré*, *ut*, *si*, *la*, *sol*, *fa* en descendant. De même, si l'on part de la clef de *sol*, on a, en montant, *sol*, *la*, *si*, *ut*, *ré*, *mi*, *fa*, *sol*; en descendant, *sol*, *fa*, *mi*, *ré*, *ut*, *si*, *la*, *sol*.

La manière la plus simple de représenter le rapport des sept clefs, quant à leur diapason, est la suivante, où tous les *ut* sont à l'unisson :

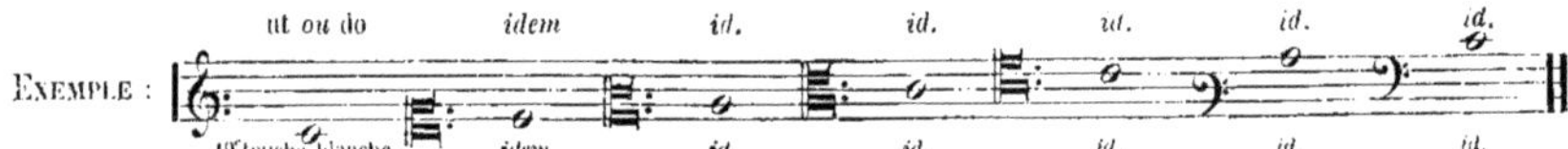

Pour revenir maintenant à l'exemple du chapitre VIII, et pour en retirer quelque fruit, en se rendant compte de l'effet produit par l'exécution de la gamme modèle avec ses huit sons ascendants et descendants, il est indispensable de continuer les instructions concernant le clavier, la position des mains et le jeu des doigts sur les touches.

---

(1) Les facteurs de pianos fabriquent aussi des appareils fort simples, avec lesquels on peut borner l'étendue du clavier, tant en grave qu'à l'aigu.

A ce sujet, on ne peut mieux faire que de transcrire ce qu'en a écrit l'un de nos plus grands maîtres, l'illustre marquise de *Montgeroult*, dans son *Cours complet pour l'enseignement du Piano* (1).

« On fera observer, dit l'auteur, que le pouce doit être en entier étendu sous l'index, et non seulement « aucune de ses phalanges ne doit produire d'angle saillant, mais, au contraire, le pouce doit décrire « dans son milieu une légère courbe rentrante, ce qui en fera gracieusement ressortir le bout en dehors de « la main, qui sera légèrement arrondie, mais point bombée comme dans l'ancienne méthode.

« Les doigts ne décriront pas un demi-cercle, mais ils seront légèrement allongés; la seconde phalange « seulement sera un peu arrondie, afin que ce soit la partie charnue du bout du doigt et non l'ongle qui « pose sur la touche.

« Le cinquième doigt, l'auriculaire, étant le moins long, sera le plus étendu, puisqu'il lui faut non-« seulement atteindre à la longueur des autres doigts, mais encore former avec le pouce le double point « d'appui de la main.

« Le poignet ne décrira de courbe ni convexe ni concave, et restera dans sa position naturelle qui, si « l'on tirait une ligne horizontale appuyée sur les premières phalanges de la main, placerait le poignet six « ou sept lignes plus bas que ces phalanges.

« Pour bien faire la gamme, il faut que le pouce passe sous les autres doigts de manière à ce que la « position de la main n'en soit pas changée, et que l'espace de temps qui doit s'écouler entre les notes où « le pouce doit passer ne soit pas prolongé par l'effet de ce mouvement; qu'enfin ce doigt, malgré ses « proportions et sa position différentes, se meuve d'une manière égale aux autres.

« On aura soin, dans une gamme de main droite, de tenir le troisième doigt sur la note, jusqu'à ce que « le pouce ait frappé celle qui la suit; et, dans une gamme de main gauche, le pouce ne quittera la note qu'il « a frappée qu'après que le troisième aura touché la sienne.

« Le meilleur doigté, dit encore l'auteur, est toujours celui qui conserve aux belles mains la grace que la « nature leur a donnée, et qui embellit les autres. »

Nous ne prétendons pas astreindre notre lecteur à l'observation rigoureuse de ces conseils, dont il prendra ce qu'il pourra; mais lui faire connaître ce qu'un excellent professeur de piano exige de ses élèves dès les premiers exercices, et ce à quoi il veille avec une constante sollicitude, tant qu'il le croit nécessaire.

Ajoutons que le pouce est compté comme *premier doigt* à chaque main. Les autres suivent dans l'ordre numérique de 2e, 3e, 4e et 5e. Ces chiffres, placés à côté des notes, indiquent les doigts qui doivent fonctionner. D'ailleurs, lorsque, dans une succession par degrés conjoints, les doigts se suivent naturellement, on n'écrit que les chiffres nécessaires.

On répète que le plus ou moins de durée dans la tenue des sons ne tire pas à conséquence, tant qu'il n'y a pas de mesure et de mouvement déterminés.

Voici la reproduction de l'exemple du chapitre VIII. Il est écrit sur la clef de *sol* deuxième ligne pour la main droite, et sur celle de *fa* quatrième ligne pour la main gauche. Ces deux clefs sont les seules qu'on emploiera dans les exemples pratiques qui seront donnés dans cet ouvrage, ainsi que dans les planches de musique qu'on y a jointes. Ce sont aussi les seules clefs en usage pour le piano.

---

(1) A Paris, chez la veuve *Launer*, successeur de *Carulli*, boulevart Montmartre. *N. B.* Mme De Montgeroult, née à Versailles en mai 1767, est morte à Florence en avril 1836.

1er EXERCICE.

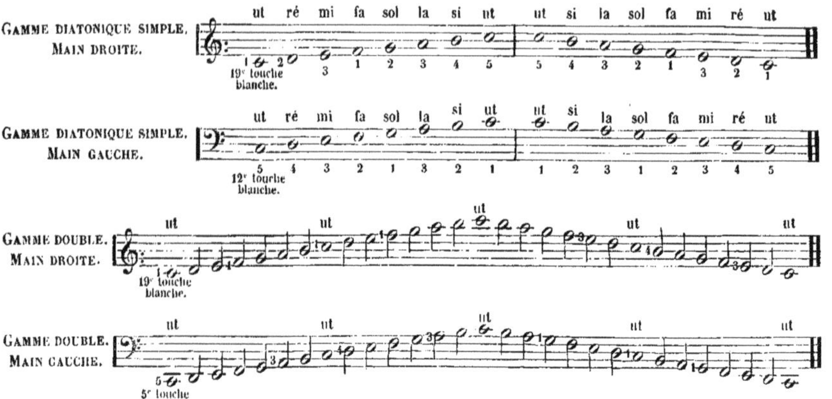

N. B. A partir d'ici, l'on se reposera du texte en étudiant les deux premiers exercices du quatrième Tableau, pages **11** et **12** des planches de musique. Ces repos alternatifs du texte par les exercices, et réciproquement, sont placés de distance en distance dans la première partie de cet ouvrage.

Avant d'essayer l'effet des gammes chromatiques, il faut terminer l'examen du clavier, afin de connaître les touches noires dans leur rapport avec les touches blanches.

On remarquera d'abord que parmi les touches blanches il y en a qui, de distance en distance, ne sont point séparées par une touche noire. Ces deux touches blanches ainsi rapprochées donnent les deux *demi-tons mi-fa* et *si-ut* qui existent du 3e au 4e et du 7e au 8e degrés de la gamme diatonique modèle. *Il est à propos de frapper alternativement et plusieurs fois ces deux touches, pour habituer l'oreille à l'effet du demi-ton.*

Ce même intervalle existe dans toute l'étendue du clavier, d'une touche blanche à la touche noire la plus voisine, et réciproquement, sans touche intermédiaire entre elles.

Les *tons entiers* se trouvent : 1° entre deux touches blanches séparées par une seule touche noire ; 2° entre deux touches noires séparées par une seule touche blanche ; 3° de l'une des deux touches blanches non séparées à la touche noire supérieure ou inférieure, laissant entre elles, bien entendu, celle des deux touches blanches que l'on ne doit point frapper.

Il est également utile de connaître l'effet du *ton*, et d'y accoutumer l'oreille par la comparaison qu'on en fera avec le *demi-ton*, et réciproquement.

Les diverses altérations que l'on fait subir à la même note font que les touches noires représentent tantôt des notes diésées, tantôt des notes bémolisées. Par exemple, les deux touches noires les plus voisines, et isolées par les deux touches blanches rapprochées, peuvent être *ut*♯ et *ré*♯, ou *ré*♭ et *mi*♭. De même, les trois touches noires successives seront, dans le cas d'ascendance, *fa*♯, *sol*♯ et *la*♯ ; dans le cas contraire, elles seront *si*♭, *la*♭ et *sol*♭.

Enfin, les altérations par le ♯, le ♭ et le ♮ peuvent faire que les touches blanches changent de nom, avec cette différence, qu'entre les deux non séparées, l'inférieure prendra le ♭, et que la supérieure prendra le ♯, comme, par exemple, *ut* ♭ pour *si* ♮, et *si* ♯ pour *ut* ♮; ou bien *fa* ♭ pour *mi* ♮, et *mi* ♯ pour fa ♮.

Quant aux autres touches blanches placées entre deux touches noires, lesquelles ne prennent en général que le ♮, elles reçoivent pourtant dans certaines gammes, d'un usage assez rare à la vérité, le double dièse (𝄪), ou le double bémol (♭♭). Ainsi *ré* deviendra un *ut* 𝄪 ou un *mi* ♭♭; *sol* se transformera en *fa* 𝄪 : ou en *la* ♭♭; *la* sera un *sol* 𝄪 ou un *si* ♭♭.

Le quatrième Tableau, celui du *clavier*, présente nominativement toutes ces variétés.

On va présenter de nouveau les gammes chromatiques du chapitre X, avec *dièses*, *bémols* et *bécarres*, pour que le lecteur s'exerce au moins une fois à leur pratique, et que son oreille connaisse leur effet particulier.

N. B. Ici, les chiffres du doigté sont placés au-dessus des notes, et sont les mêmes pour les deux exemples.

Exemples ajoutés, l'un pour l'emploi assez rare du ♭ devant *ut* et *fa*, et du ♯ devant *si* et *mi*; l'autre pour celui des deux premiers *dièses* et *bémols doubles*, à peu près les seuls usités.

N. B. On croit inutile de répéter désormais que les exemples en clef de *sol* sont pour la main droite, et ceux en clef de *fa* pour la main gauche.

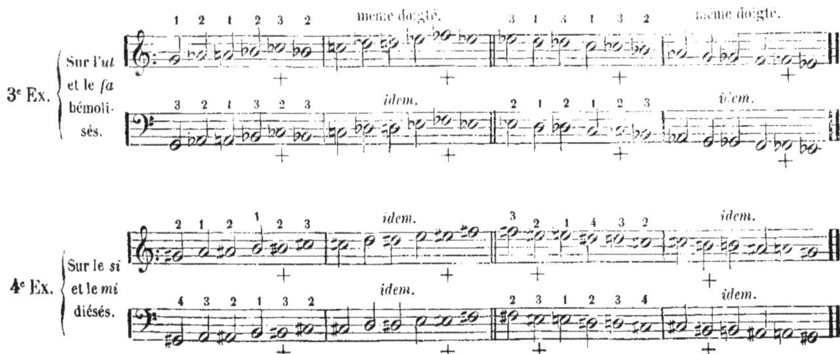

CHAPITRE XII.

DES INTERVALLES SIMPLES ET COMPOSÉS, DIRECTS ET RENVERSÉS.

On sait déjà que les huit sons de la gamme, pris un à un, sont des *degrés*, et que l'espace compris d'un degré à l'autre est un *intervalle* (1).

Maintenant, si du 1er degré d'une gamme on va au 2e, au 3e, au 4e, etc., sans toucher aux degrés intermédiaires, il est clair que l'on a chaque fois un intervalle différent, toujours plus espacé.

Pour distinguer ces intervalles entre eux, on leur a assigné des noms tellement en rapport avec le nombre de degrés qu'ils embrassent, qu'il est aussi facile de les retenir que de les énoncer.

Deux sons au même degré et au même diapason ne font point *intervalle*, et l'on dit qu'ils sont à l'*unisson*, littéralement, unité de son. Mais deux notes à un degré de distance forment un intervalle que l'on nomme *seconde;* trois degrés, en ne prenant que les deux extrêmes, font une *tierce*. De même, quatre degrés donnent une *quarte*, cinq une *quinte*, six une *sixte*, sept une *septième*, huit une *octave*.

N. B. Dans l'écriture courante, on abrége ces mots en les écrivant ainsi qu'il suit : 2de, 3ce, 4te, 5te, 6te, 7me, 8ve.

Ces sept *intervalles*, surnommés *simples*, sont compris dans la gamme; car du 1er au 2e degré il y a une 2de, du 1er au 3e une 3ce, du 1er au 4e une 4te, du 1er au 5e une 5te, du 1er au 6e une 6te, du 1er au 7e une 7me, et du 1er au 8e une 8ve.

1er Exemple.

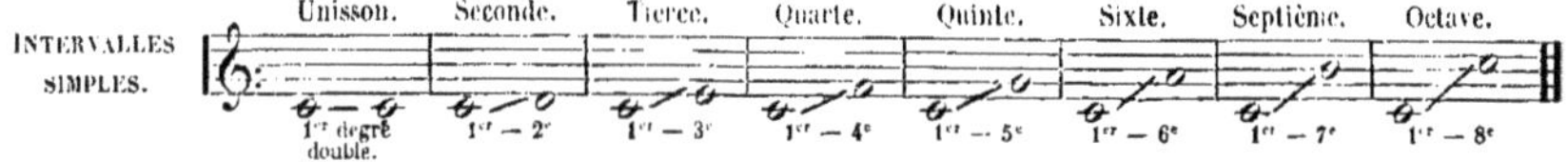

Les intervalles simples ont leurs *redoublés*, qui ne sont que les répliques ou octaves supérieures du deuxième son de chaque intervalle *simple*. Ainsi la *neuvième* est la réplique de la *seconde;* la *dixième* celle de la *tierce*, et ainsi des autres, jusqu'à la *quinzième* ou *double octave*.

(1) Quand on parle des huit sons de la gamme, on y comprend la réplique qui la termine et donne un point d'appui au septième degré. Autrement, le sens mélodique serait suspendu, il y aurait solution de continuité. On doit en dire autant du deuxième degré, lorsqu'on descend du huitième au premier.

2e EXEMPLE.

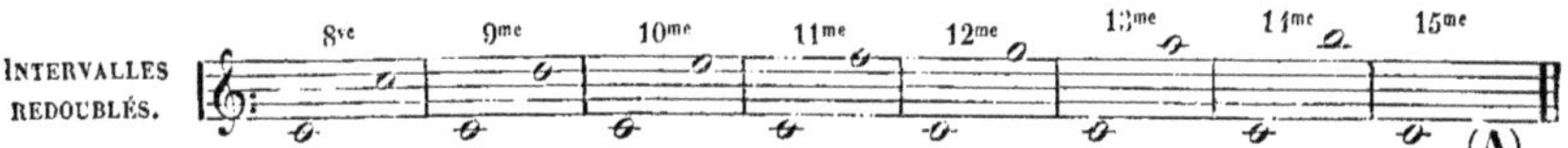

Enfin les intervalles simples se renversent ; c'est-à-dire que, des deux sons dont ils sont formés, le supérieur peut devenir inférieur et réciproquement. Dans ce cas l'*unisson* devient *octave*, la *seconde* devient *septième*, la *tierce* devient *sixte*, la *quarte* devient *quinte*, et réciproquement.

3e EXEMPLE.

Tous les intervalles qu'on vient de voir se modifient au moyen des signes altératifs (♯, ♭ et ♮), et l'on obtient alors trois sortes de secondes, de tierces, de quartes, de quintes, de sixtes, de septièmes et d'octaves, lesquelles ne se renversent pas moins que les mêmes intervalles non modifiés.

Tous diffèrent, et par le nombre de demi-tons qui entrent dans leur composition, et par l'effet particulier de chacun d'eux, effet auquel l'oreille doit encore chercher à s'habituer de bonne heure. — Une qualification, ajoutée à celle de l'intervalle simple, classe les uns et les autres facilement dans la mémoire. Par exemple : deux degrés qu'un seul demi-ton sépare, comme *ut* et *ré*♭, ou *ut*♯ et *ré* ♮, font *seconde mineure*. C'est aussi l'intervalle qui existe entre *mi-fa* et *si-ut* de la gamme diatonique, page 10.

Composée d'*un ton* (ou de deux *demi-tons*), comme d'*ut* à *ré*, d'*ut*♯ à *ré*♯, d'*ut* ♭ à *ré*♭, la *seconde* est *majeure*. Si elle renferme un *ton et demi* (ou trois *demi-tons*), comme d'*ut* à *ré*♯, de *mi*♭ à *fa*♯, d'*ut*♭ à *ré* ♮, etc., la *seconde* est *augmentée*.

La TIERCE est *diminuée*, *mineure* ou *majeure*, selon qu'elle renferme deux, trois ou quatre demi-tons, comme d'*ut*♯ à *mi*♭, d'*ut* ♮ à *mi*♭, d'*ut* à *mi* ♮.

La QUARTE est *diminuée*, *inaltérée* ou *augmentée*, quand ses deux notes sont séparées par quatre, cinq ou six demi-tons, comme d'*ut*♯ à *fa*, d'*ut*♮ à *fa*, d'*ut* à *fa*♯ (**B**).

Les renversements de ces intervalles, c'est-à-dire la septième, la sixte et la quinte, reçoivent les mêmes modifications, mais en sens inverse ; car ce qui est *diminué* dans le direct, est *augmenté* dans le renversement ; le *mineur* devient *majeur* et l'*augmenté* devient *diminué*. Il n'y a que l'intervalle *inaltéré* qui reste tel dans les deux sens. C'est ce que l'on va voir dans l'exemple suivant, celui de tous les intervalles simples, directs et renversés, avec leur triple modification.

N. B. On abrége les mots *diminué*, *mineur*, *majeur*, *augmenté* et *inaltéré*, en n'écrivant que les premières lettres de ces mots. Quant au dernier, qui ne sert qu'à la quarte et à la quinte lorsqu'elles ne sont ni *diminuées* ni *augmentées*, mais *justes*, ainsi que quelques-uns s'expriment (2), il suffit d'énoncer simplement l'intervalle ; et le mot *inaltéré*, ou tout autre, devient parfaitement inutile.

---

(1) Arrivé à ce point, on *lira* les exemples du troisième Tableau, pages 7, 8 et 9 des planches de musique, et l'on s'y exercera en prononçant les notes sans les chanter, afin de s'habituer aux signes de la notation, ainsi qu'aux noms qu'ils prennent selon la clef et la place qu'ils occupent dans la portée.

(2) Ils veulent dire composées de *cinq demi-tons* pour la quarte et de *sept* pour la quinte, telles qu'elles existent dans la gamme modèle et dans le premier des exemples ci-dessus, d'*ut* à *fa* et d'*ut* à *sol*.

4e Exemple.

2de mineure.	2de majeure.	2de augmentée.	3ce diminuée.	3ce mineure.	3ce majeure.
7me majeure.	7me mineure.	7me diminuée.	6te augmentée.	6te majeure.	6te mineure.
4te dimin.	4te	4te augm.	5te dimin.	5te	5te augm.
5te augm.	(1) 5te	4te dimin.	4te augm.	(1) 4te	4te dimin.
6te min.	6te maj.	6te augm.	7me dim.	7me min.	7me maj.
3ce maj.	3ce min.	3ce dimin.	2de augm.	2de maj.	2de min.

En partant d'un son quelconque des gammes chromatiques pour reproduire ce quatrième exemple, on arrive nécessairement au même résultat, si l'on met un nombre semblable de degrés et de demi-tons entre les sons extrêmes de chaque intervalle (**C**).

On ne voit pas figurer dans l'exemple précédent certains intervalles dont plusieurs théoriciens font mention, tels que la tierce augmentée *ut-mi*♯, la sixte diminuée *ut*♯*-la*♭, les octaves diminuée et augmentée, *ut-ut*♭, *ut-ut*♯, etc. La raison est que ces intervalles ne peuvent appartenir à la même gamme, ou qu'ils n'y entrent que comme une de ces variétés accessoires dont on orne la mélodie simple, et qui passent rapidement, ou bien dans l'emploi du genre enharmonique, dont il sera question plus tard.

NOTES DU CHAPITRE XII.

(A) Pour retrouver l'intervalle *simple* d'où provient le *redoublé*, il suffit de retrancher 7 des nombres qui dépassent le chiffre 8, lequel désigne l'octave, et dire : 9—7 = 2 (seconde); 10—7 = 3 (tierce); 11—7 = 4 (quarte), et ainsi des autres.

(B) Les intervalles que l'on nomme aujourd'hui *diminués*, *inaltérés* et *augmentés*, étaient appelés autrefois *faux*, *justes et superflus*. Mais puisqu'il est évident qu'en musique on ne doit admettre que ce qui est *juste* et repousser ce qui est *faux*; que, généralement, le *superflu* est de trop, M. Catel a réformé ces expressions équivoques et vicieuses. En vain, un théoricien du temps a-t-il voulu, pour justifier le mot *superflu*, qu'on l'entendît dans le sens de surabondant; on pouvait lui répondre que là où il n'y a que ce qu'il faut, il ne saurait y avoir surabondance.

(C) Les mots *ton* et *demi-ton* sont d'un usage trop général, trop habituel pour que l'on songe à les remplacer par d'autres expressions; et pourtant il serait plus conforme à la logique du langage musical de se servir, à la place de ces termes, de celui de *seconde* (mineure, majeure ou augmentée), puisque tous les autres intervalles ne sont exprimés que par le nom correspondant au nombre de degrés dont ils sont formés : comme *tierce*, trois degrés ; *quarte*, quatre degrés, etc., ajoutant, quand il y a lieu, le mot qui désigne la modification.

---

(1) Voir ce qu'on dit de la quarte et de la quinte *inaltérées* dans le *N. B.* ci-dessus.

CHAPITRE XIII.

DES MESURES.

Pour donner aux sept figures de notes une valeur relative bien déterminée et toujours exacte, il a fallu partager le temps ou la durée en parties égales. C'est ce qu'on a appelé *mesure*. Celle-ci, à son tour, se divise en d'autres parties plus courtes, mais toujours égales entre elles, qu'on nomme *temps*.

Une *mesure* entière est renfermée entre deux petites barres verticales, lesquelles divisent la portée en autant de mesures qu'elle en peut contenir, et tout le discours musical est ainsi partagé en mesures de même durée.

Chaque mesure enfin ne peut contenir, soit en notes, soit en silences, que des valeurs qui, additionnées entre elles, soient égales à l'unité choisie pour remplir une mesure quelconque.

Nous disons *unité choisie*, parce que, selon l'espèce de mesure indiquée, la ronde, la noire, la croche, simples, doublées, ou seulement augmentées de moitié par le point d'accroissement, peuvent, chacune à leur tour, servir d'unité à l'une des vingt-et-une mesures connues, toutes pratiquées autrefois, mais peu à peu réduites d'un tiers environ.

Le moyen de concevoir et d'obtenir une mesure exacte, aussi bien que des temps égaux, est fourni par les oscillations du pendule. C'est même ce moteur qui a donné lieu aux recherches qu'on a faites de divers *chronomètres*, et qui eut amené *Maelzel* à l'invention de son *métronome*, aujourd'hui d'un usage commun.

Faute d'un instrument de cette espèce, propre à donner une mesure précise, on indique, ou l'on fait indiquer aussi également que possible, chaque temps de la mesure par un mouvement de la main, mais seulement dans les leçons élémentaires; car le sentiment de la mesure doit, après un peu d'exercice, se former dans l'oreille du musicien, et devenir promptement une faculté inhérente à sa profession (A).

Il y a trois mesures radicales dont toutes les autres dérivent. Ces mesures sont la QUATERNAIRE, à quatre temps; la BINAIRE, à deux temps; et la TERNAIRE, à trois temps. On les indique en tête du morceau, savoir : la première, par la majuscule C; la deuxième, par la même lettre traversée d'une ligne perpendiculaire, comme ceci : C; la troisième, par le chiffre 3, ou par la fraction $\frac{3}{4}$.

Il serait à la fois plus simple et plus significatif d'annoncer les deux premières mesures par 4 et 2, que de conserver ces restes incomplets de la musique d'un autre temps, par lesquels on déterminait moins la mesure (elle s'observait peu alors) que la valeur des notes les unes par rapport aux autres, ce qu'on appelait PROLATIONS, MODES, TEMPS, PROPORTIONS.

La *Ronde* remplit les mesures *quaternaire* et *binaire*, elle en est l'unité; mais, généralement, la deuxième a moins de largeur, de gravité que la première, quoique l'indication du mouvement puisse être la même pour toutes deux. En outre, la mesure binaire n'a qu'un temps fort, le premier; tandis que la quaternaire a deux temps forts, le premier et le troisième; ce qui est à considérer, attendu que les repos du discours musical, ses CADENCES, se font sur les temps forts, non sur les temps faibles de la mesure, sauf quelques exceptions.

La mesure *ternaire* est remplie par une blanche pointée, ou, ce qui revient au même, par trois noires, trois quarts de ronde. La blanche pointée devient alors l'unité de la mesure ternaire simple ou radicale. Dans cette mesure, le temps fort est presque toujours le premier; mais il peut être aussi le second, quelquefois même le troisième (quant à la mélodie), quoique pour des membres de phrases seulement. Cela dépend de la contexture du dessin musical; des notes accessoires ou d'agrément dont on se plait à orner les sons principaux du chant; de l'harmonie surtout qui accompagne ce chant et qui fixe péremptoirement ses repos en leur donnant différents degrés de force, en les rendant plus ou moins concluants.

De ces trois mesures simples ou radicales en proviennent d'autres qu'on appelle **Dérivées.** Celles-ci sont doubles des premières, ou sous-doubles, ou triples, ou bien augmentées de moitié par le point d'accroissement ajouté à l'unité de chacune. Or, comme toutes ces mesures sont indiquées par des nombres fractionnaires se rapportant à la *Ronde*, il est à propos de dire que le numérateur indique en combien de parties on a divisé l'unité; et le dénominateur, combien l'on a pris de ces parties pour remplir la mesure.

TABLEAU DES MESURES SIMPLES ET DE LEURS DÉRIVÉES (1).

A quatre temps :	+ $\frac{4}{1}$,	$\frac{4}{2}$,	$\frac{4}{4}$ mesure simple ou 4 ;	+ $\frac{4}{8}$,	+ $\frac{12}{4}$,	$\frac{12}{8}$,	+ $\frac{12}{16}$.
A deux temps :	$\frac{2}{1}$,	$\frac{2}{2}$ mesure simple ou 2,	$\frac{2}{4}$;	+ $\frac{2}{8}$,	$\frac{6}{4}$,	$\frac{6}{8}$,	+ $\frac{6}{16}$.
A trois temps :	+ $\frac{3}{1}$,	$\frac{3}{2}$,	$\frac{3}{4}$ mesure simple ou 3 ;	$\frac{3}{8}$,	$\frac{9}{4}$,	$\frac{9}{8}$,	+ $\frac{9}{16}$. **(B)**

Les mesures marquées d'une croix ne sont plus usitées. On ne devait pourtant pas les omettre, puisque les anciens auteurs qui les ont employées sont encore consultés. Ceux qui étudient les œuvres de piano de Sébastien Bach, de Hændel, et autres maîtres de leur temps (du XVIIe au XVIIIe siècle), y rencontrent surtout la dernière mesure de chacune des trois séries; et d'anciennes Messes présentent des doubles et des triples de la *carrée* et de la *ronde.*

Le recueil des solfèges du Conservatoire est terminé par une Fugue de M. Catel, dans une mesure à *cinq temps,* ou cinq quarts de ronde ($\frac{5}{4}$).

En mettant à part le mérite éminent et incontestable de ce maître, on se demande de quelle utilité pouvait être une telle bizarrerie.

Depuis, on a fait entendre de loin en loin quelques mélodies légères, de peu de durée, dans cette singulière mesure; comme, par exemple, celle de Georges dans l'opéra La Dame blanche : *Déjà la nuit plus sombre,* etc., où l'auteur ne tarde pas à abandonner cette mesure pour celle à $\frac{3}{4}$, dès qu'il veut donner à son chanteur les traits de la *Coda* qui termine sa *Cavatine.*

La mesure à $\frac{5}{4}$ étant la réunion de celles à $\frac{3}{4}$ et à $\frac{2}{4}$ alternant, son rhythme indéterminé ne peut être saisi de prime abord; ses temps, ne revenant pas à des distances égales et symétriques, ont quelque chose de boiteux, d'incertain qui laisse l'auditeur dans le vague. Les bons musiciens eux-mêmes ont besoin d'une attention soutenue pour ne se point embarrasser dans ce conflit. Aussi n'est-on pas surpris d'entendre plus d'un chanteur de société (faible amateur si l'on veut) doubler la durée du quatrième temps de chaque mesure, et l'accompagnateur complaisant se prêter à cette innocente supercherie, laquelle, d'une mesure à $\frac{5}{4}$ en fait deux à $\frac{3}{4}$. Ce moyen si simple, qui n'altère pas la mélodie, lui donne un rhythme plus naturel, plus marqué, et que l'oreille saisit mieux par cette raison. On peut l'essayer sur le morceau de Boïeldieu, celui qu'on vient de citer, et certes, ce joli chant n'y perdra rien de son caractère ni de sa grâce. En définitive, la mesure à *cinq-quatre* ne paraît pas devoir s'établir jamais d'une manière stable **(C).**

---

(1) Que notre classification des mesures diffère de celle des autres théoriciens, qu'importe si elle les renferme toutes, et si elle offre un ordre qui les rangent facilement dans l'esprit et la mémoire du lecteur.

Avis. Ici, le lecteur devra copier fidèlement les signes musicaux du premier Tableau, pages 1, 2 et 3 des planches de musique, sans négliger de lire les explications et instructions jointes à ces figures de notes, de clefs, etc. Ensuite, passant au deuxième Tableau, lequel offre les 21 mesures dont il vient d'être parlé, on les examinera toutes avec soin, mais on ne s'exercera d'abord que sur les trois mesures radicales, remettant à un temps plus éloigné le même exercice sur les mesures composées ou dérivées d'un usage habituel, et qui sont les mesures à $\frac{12}{8}$, à $\frac{6}{8}$ et à $\frac{3}{8}$.

Nous devons ajouter qu'avant decommencer ces exercices, il est indispensable de lire le chapitre III de la deuxième partie de ce livre, intitulé : *Du métronome et de son emploi dans les leçons préliminaires*, puisque le lecteur devra se servir de ce moteur pour s'accoutumer au partage égal du temps ou de la durée. Si d'ailleurs il veut y joindre les mouvements de la main, la page 2 du premier Tableau les lui indique. Il est clair que chacun de ces mouvements correspond à une oscillation du balancier, toujours rendue sensible à l'oreille par le bruit de l'échappement.

NOTES DU CHAPITRE XIII.

(A) L'usage du métronome, qui force à diviser les mesures et les temps avec une exactitude rigoureuse d'égalité, vaut mieux, pour le commençant, que de battre les unes et les autres avec la main, ou le pied s'il joue d'un instrument, et quelquefois par un balancement du corps. Cela ne tarde pas à devenir une habitude qui ne se perd pas facilement, malgré l'aplomb que devrait donner la pratique ; et l'on voit encore des musiciens de profession dont le pied ou la tête ne cesse de marquer les temps de la mesure d'un bout à l'autre du morceau qu'ils exécutent.

(B) Il est essentiel de se rappeler que la *ronde* est l'unité de laquelle on part pour calculer le rapport de toutes les autres valeurs de notes ; que ce sont ses divisions, subdivisions et augmentations qui donnent lieu aux diverses combinaisons par lesquelles on varie les trois mesures simples ; que par conséquent les fractions $\frac{2}{1}$, $\frac{3}{2}$, $\frac{6}{4}$, $\frac{12}{8}$, $\frac{9}{16}$, par exemple, ne signifient pas autre chose que deux unités ou rondes ; trois moitiés de rondes ou blanches ; six quarts ou noires ; douze huitièmes ou croches ; neuf seizièmes ou demi-croches, etc.

(C) Un auteur contemporain qui aimait à se créer des difficultés en matière de composition, pour se donner ensuite le plaisir, facile pour lui, de les vaincre toutes, Reicha, a écrit une ouverture à grand orchestre dans la mesure à $\frac{3}{2}$. Mais s'il a pu trouver à Paris des musiciens d'élite pour jouer ce morceau, et braver heureusement les embarras de son exécution, peut-être eût-il cherché vainement dans toute autre ville de nos départements un nombre suffisant d'artistes capables d'apprécier et de faire valoir une pareille innovation.

CHAPITRE XIV.

DES DEUX MODES ET DE LEURS GAMMES.

Mode, pris ici pour manière d'être, signifie l'arrangement particulier des sons de la gamme par rapport à la place que les demi-tons y occupent. Cet arrangement, dont l'oreille est avertie d'abord, la met dans une certaine disposition qui s'entretient par le retour fréquent des sons qui l'ont fait naître.

Les premier, deuxième, quatrième, cinquième et septième degrés de la gamme ne varient guère, quelle que soit la nature du *mode ;* mais l'impression de celui-ci est reçue par l'oreille, lorsqu'elle entend le troisième ou le sixième degré, et qu'elle les compare au premier ; car l'intervalle de ce dernier aux deux autres est variable d'un *demi-ton*, ce qui donne deux natures différentes de modes, que l'on distingue par les qualifications de *majeur* et de *mineur*.

Si du premier au troisième degré de la gamme l'intervalle est de *deux tons*, il fait entendre une tierce *majeure*, et le mode est *majeur*. Si, au contraire, cet intervalle n'est que d'*un ton et demi*, la tierce est mineure ainsi que le *mode*.

Dans les deux cas, la sixte, ou l'intervalle du premier au sixième degré de la gamme, est semblable à la tierce, c'est-à-dire *majeure* dans le mode majeur ; *mineure* dans le mode mineur (**A**). Ce dernier possède sa gamme modèle aussi bien que l'autre. En voici les six premiers degrés, comparés à ceux de la gamme majeure.

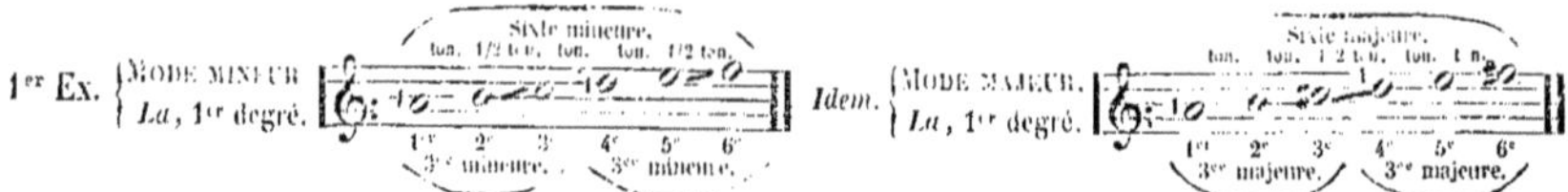

L'exemple suivant commence par le mode majeur, suivi du mineur, et partant du même degré.

En analysant ces deux exemples, on remarquera, dans le premier, que la série de gauche renferme *deux tierces* consécutives et semblables, c'est-à-dire *mineures*, étant composées chacune d'*un ton et demi*, comme du premier au troisième degré (*la-ut*), et du quatrième au sixième (*ré-fa*). Les sons extrêmes de cette série, premier et sixième (*la-fa*) font *sixte mineure*; car si l'on renverse ces mêmes sons, on trouve la tierce majeure *fa-la*, composée de deux tons; tandis que la tierce mineure *fa♯-la* ne renferme qu'un ton et demi. C'est un moyen commode, comme on voit, d'apprécier promptement les grands intervalles.

Dans la série de droite du même exemple (le premier), chacune des deux tierces consécutives est majeure. Un seul demi-ton se voit dans la série entière, et ses sons extrêmes (*la-fa♯*) font une sixte majeure. On s'en convaincra par le même procédé, c'est-à-dire en renversant cette sixte majeure *la-fa♯* en tierce *fa♯-la*, où l'on ne verra qu'un demi-ton suivi d'un ton, une tierce mineure enfin.

Le deuxième exemple, pour être majeur d'abord, mineur ensuite, n'est pas moins semblable de tout point au premier.

De ces différences, si grandes pour l'oreille, naissent celles de caractère, d'effet et d'impression entre les deux modes.

Il sera utile de reproduire ces exemples sur le piano. Les trois premiers doigts y suffiront. On devra répéter plusieurs fois les deux *tierces*, ainsi que leurs sons extrêmes; puis on montera jusqu'à la *sixte*, dont on répétera pareillement les premier et sixième degrés, avec les doigts 1 et 5. On fera les mêmes essais sur les autres séries, comparant toujours le majeur au mineur, et réciproquement, afin de se pénétrer de l'effet des sons caractéristiques de chacun des deux *modes*.

Que ce *mode* soit majeur ou mineur, il prend le nom du premier degré de sa gamme; et l'on dit qu'un chant, une pièce de musique est en *ut*, en *la*, en *mi♭* majeur, par exemple, ou en *la*, en *fa♯*, en *ut* mineur, parce que le premier degré de ces modes est *ut*, *la* ou *mi♭* dans le premier cas, et qu'il est *la*, *fa♯* ou *ut* dans le second.

Ceci doit rappeler ce qu'on a dit chapitre IX, savoir : que la gamme diatonique pouvait se reproduire sur chacun de ses degrés naturels ou altérés; ce qu'on doit entendre présentement de la gamme mineure aussi bien que de la gamme majeure, dont il était seulement question alors.

C'est un grand moyen de variété en musique que ces différences de diapasons de la gamme et de son mode inévitablement liés l'une à l'autre. C'est aussi cette variété dans le degré d'élévation d'une gamme, à laquelle les théoriciens, nos maîtres, ont donné assez improprement le nom de TON, malgré l'équivoque qu'il présentait à l'égard des autres acceptions du même mot.

Une fois engagé dans cette voie, on y a marché sans regarder en arrière, confondant l'idée abstraite du mot *ton* donné à la voix parlante, avec le sens positif qu'il avait reçu pour la voix chantante (1).

C'est ainsi que, voulant donner assez inutilement un nom particulier à chacun des sons de la gamme, ils ont appelé TONIQUE le premier degré ; le deuxième ils l'ont nommé SUS-TONIQUE ; le troisième MÉDIANTE ; le quatrième SOUS-DOMINANTE ; le cinquième DOMINANTE ; le sixième SUS-DOMINANTE ; et le septième NOTE SENSIBLE.

Puis, ils ont appelé *tonalité* l'établissement de la gamme et de son mode, *force-tonale* l'effet et l'impression de l'une et de l'autre ; *intervalles tonals* la tierce et la sixte, ou les troisième et sixième degrés comparés au premier.

Ceux qui, plus tard, ont substitué à ces expressions celles de MODALE, *modalité, force modale, intervalles modaux*, ont eu certainement l'intention de suivre l'analogie et d'éviter les équivoques. En adoptant ces mêmes expressions, si nous en avions besoin pour nos explications ultérieures, on ne pourrait pas dire que nous proposons une nouveauté.

Le nom de *note sensible* paraît avoir été donné au septième degré à cause de la propriété qu'il a de faire pressentir la réplique ou octave du premier degré, d'en donner en quelque façon une impression anticipée. En effet, par une extension qui semble être naturelle à cette note, elle se rapproche de la réplique, comme si elle l'appelait à lui succéder immédiatement. Cependant l'expression est-elle mieux choisie? est-elle plus vraie? ne serait-ce pas plutôt l'octave, ce complément de la gamme, que le septième degré rendrait *sensible* par l'effet attractif qui lui est particulier?

Quoi qu'il en soit, plus d'un maître, écartant tous ces mots dont la mémoire devait se charger autrefois, pense, non sans raison, se faire mieux comprendre de tous, en se servant des seuls termes de *premier, troisième, cinquième, septième degrés*, etc., qui, de fait, répondent à tous les besoins. Ils seront employés exclusivement dans cet ouvrage, à la seule exception du mot *modale*, utile pour désigner, dans certaines circonstances, le premier degré de la gamme principale ou initiale, celle par laquelle tout morceau de musique commence et termine.

NOTE DU CHAPITRE XIV.

(A) En harmonie, le premier des accords employés est précisément composé des sons qui font connaître le mode, savoir : ceux des premier, troisième et cinquième degrés. Cet accord repose sur le premier degré de la gamme. Ainsi, dans le mode majeur d'*ut*, par exemple, il sera [musical notation], et si ce mode est mineur, il sera [musical notation]. De même, l'accord du quatrième degré, lequel contient le sixième, est majeur ou mineur selon le mode. En *ut* majeur il fait [musical notation]; en mineur [musical notation].

Quant à l'accord du cinquième degré, qui renferme le septième, il varie peu, faisant presque toujours [musical notation] en *ut* mineur comme en *ut* majeur, le *si*♮ étant septième degré indispensable de la gamme d'*ut*, quel que soit son mode. A cet égard toutes les gammes se ressemblent, comme on le verra.

---

(1) Encore une fois, la première de ces voix articule des mots sans intonations bien précises ; la deuxième module des sons à des diapasons fixes.

CHAPITRE XV.

DE LA GAMME MAJEURE ET DES DIVERSES CONSTRUCTIONS DE LA GAMME MINEURE.

DE LA GAMME MAJEURE.

On remarquera, dans la construction de la gamme majeure modèle, un ordre, une symétrie qui en fait tout le naturel et la simplicité, ce qui n'existe pas dans la gamme mineure. Par exemple, la première se divise fort bien en deux TÉTRACORDES égaux (système de quatre cordes), composés chacun de *deux tons* consécutifs suivis d'un *demi-ton*, ceux-ci placés du troisième au quatrième degré, et du septième au huitième, ou réplique.

EXEMPLE :

Dans la pratique élémentaire, la gamme ne se divise pas d'abord; et, comme il y a *un ton* du quatrième au cinquième degré, elle se trouve composée de *cinq tons* et de deux *demi-tons*, ce qui fait bien les *douze demi-tons* du système des modernes.

EXEMPLE :

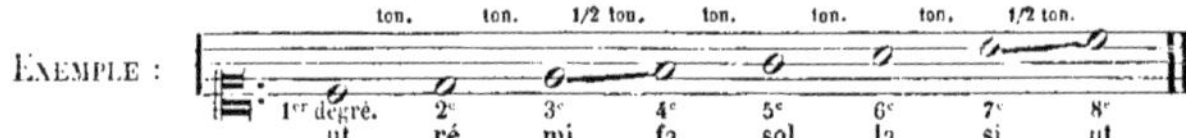

Quoique la gamme majeure soit plus franche, plus naturelle que la gamme mineure, ce que l'on reconnaîtra bientôt en les comparant, la première renferme néanmoins une série de *trois tons* consécutifs, du quatrième au septième degré inclusivement, lesquels, si l'on va de l'un à l'autre immédiatement, donnent un intervalle de *quarte augmentée*, d'une intonation difficile, qui gène, arrête les commençants, et même des voix plus exercées.

On évitait avec soin cet intervalle, ainsi que quelques autres, dans l'ancienne musique vocale[1].

L'HEXACORDE de Guido, enrichi d'un septième son, n'avait pas cet inconvénient, cette quarte augmentée : borné en montant aux six degrés primitifs, on descendait ensuite jusqu'au son ajouté (*si*) que l'on avait eu la précaution de placer au-dessous du premier degré, au lieu de l'employer comme septième degré suivi du huitième ou octave.

EXEMPLE :

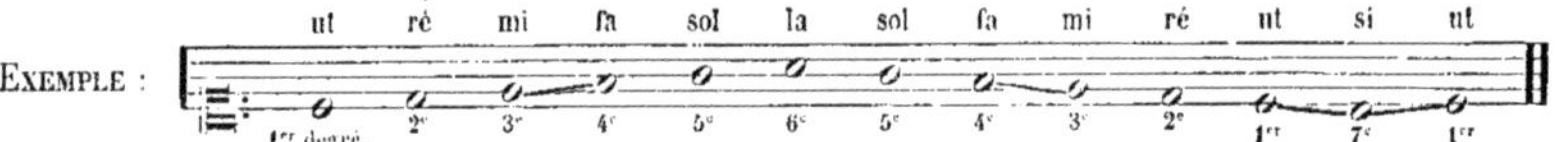

Cette précaution était louable; peut-être devait-on la prendre en considération pour la composition des premières leçons destinées à la pratique des sons. Quelques maîtres s'en sont avisés, mais sans donner suite à cette idée. D'autres, considérant comme simple et facile, ce qui n'est chez le praticien que l'effet d'une habitude acquise; trouvant d'ailleurs la besogne toute préparée dans les ouvrages élémentaires, la plupart s'occupent peu d'aplanir les difficultés à leurs élèves. Ces professeurs trouveront donc nos réflexions au moins singulières, si non superflues. Nous croyons néanmoins qu'ils auront tort : ce qui peut être indifférent sur un instrument tel que le *Piano*, où les sons, tout formés, résonnent par la seule pression des touches, paraîtra dur, bizarre, embarrassant, si ce n'est faux, à l'oreille de tout commençant qui chantera la gamme de

(1) M. Chérubini, à l'exemple des anciens maîtres, a rangé la *quarte augmentée* au nombre des *fausses relations*, dans son *Cours de Contrepoint et de Fugue*. (A Paris, chez Troupenas.)

construction moderne; et l'intervalle dont il vient d'être parlé, celui de quarte augmentée, sentira plus ou moins la gêne, l'effort ou l'incertitude, surtout dans les premiers essais.

Pour s'en convaincre, il suffit d'exécuter ce qui suit, d'abord sur le piano, puis avec la voix (à l'octave inférieure pour le ténor et la basse). Ensuite, frappant de nouveau les mêmes touches, on s'assurera que l'on n'a pas dévié de la justesse dans l'intonation de ces sons, tant conjoints que disjoints.

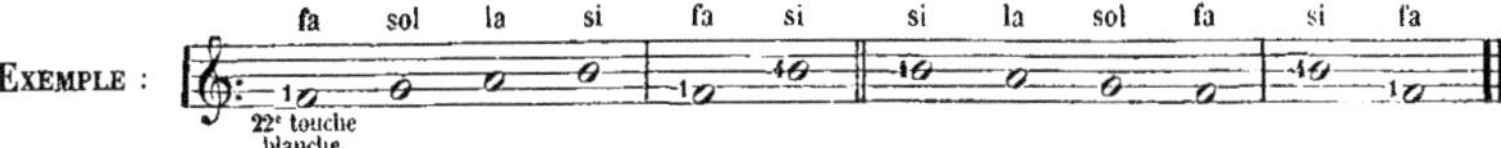

DE LA GAMME MINEURE.

Sous quelque rapport qu'on envisage celle-ci, dans les deux versions que les modernes lui ont données, elle paraît réellement défectueuse en plusieurs points.

1° Si l'on veut qu'il y ait toujours une sixte mineure du premier au sixième degré, ce qu'exigerait le mode et l'impression qu'il doit produire, une nouvelle difficulté d'intonation se présente de ce sixième degré au septième, dont l'intervalle donne une *seconde augmentée* composée d'un *ton et demi;* intonation tellement contre nature que les chanteurs lui préfèrent la septième diminuée, son renversement, composée de *neuf demi-tons.* De même, il leur est plus aisé d'entonner l'intervalle de *quinte diminuée* que celui de *quarte augmentée.* L'exemple qui suit est encore à essayer sous les mêmes rapports que le précédent.

2° Pour éviter cet intervalle de seconde augmentée dans la gamme mineure, on a imaginé de hausser d'un demi-ton le sixième degré en montant; mais il en résulte deux inconvénients, qui sont : premièrement, une nouvelle *quarte augmentée* du troisième au sixième degré; deuxièmement, l'annulation de l'un des intervalles caractéristiques du mode, c'est-à-dire la sixte mineure, rendue majeure par cette altération.

3° Pour effacer pareillement l'intervalle de seconde augmentée en descendant la gamme, on baisse le septième degré d'un demi-ton, et l'on supprime le signe altératif par lequel le sixième degré était haussé en montant. Alors la sixte redevient mineure, mais le septième degré, étant à *un ton* du huitième, a perdu son caractère.

Frescobaldi, compositeur du dix-septième siècle, et quelques autres, ont eu l'idée de n'altérer aucun des sons de la gamme mineure, ascendante ou descendante (1). Tous ces essais ne font que témoigner l'embarras de ceux qui auraient voulu construire cette gamme sur un plan raisonnable et satisfaisant.

Encore une fois, et pour ne pas donner d'abord des intonations trop gênantes aux commençants, il serait à désirer que les gammes de Guido, ou selon sa manière, leur fussent présentées; la majeure d'abord,

(1) De nos jours encore, la gamme mineure descendante est presque toujours semblable à celle de Frescobaldi.

la mineure ensuite. Construites dans le même système, elles sont identiques, sauf la place que le mode assigne à leurs *demi-tons ;* elles sont franches, naturelles, commodes à chanter (**A**).

Des intervalles et des exercices élémentaires, disposés dans l'esprit de ces gammes leur succéderaient : ils amèneraient progressivement les élèves aux gammes modernes et aux intervalles qu'on en déduit [1].

Voici l'Hexacorde de Guido, avec le septième degré ajouté, formant les Heptacordes de ses successeurs :

N. B. De quelque façon que la gamme mineure soit exécutée, le sentiment et l'oreille s'unissent pour reconnaître dans ses *trois demi-tons,* ainsi que dans sa tierce et sa sixte mineures, une sorte de langueur, de tristesse même qui n'existe pas dans la gamme majeure. C'est aussi de ce grand contraste que proviennent les impressions si différentes de l'un et de l'autre mode.

NOTES DU CHAPITRE XV.

(A) MM. *Ferrari* et *Garaudé* père, dans leurs méthodes de chant, s'accordent à dire ceci : « Quelque défectueuse que soit la gamme mineure, les progrès de la musique et ceux de l'éducation de l'oreille doivent la faire adopter de suite. »

On conçoit cette éducation dans ceux qui fréquentent les concerts et les théâtres lyriques, l'oreille se formant par l'habitude d'entendre et de comparer ; mais on ne la conçoit pas aussi bien dans l'enfant novice à l'art des sons, pour qui toute chose est nouvelle, qui ne voit et n'entend qu'avec les distractions de son âge, et dont les premiers essais en tout sont plus machinals que réfléchis. D'ailleurs il s'agit de l'exercice des organes de la voix, autant pour le moins que de celui des facultés auditives, et nous pensons qu'on ne doit y procéder qu'avec les précautions qui assurent le mieux les progrès présents et les succès à venir.

(1) Ces idées recevront de nouveaux développements dans la seconde partie, au chapitre qui traite du *Solfége.*

CHAPITRE XVI.

DU PLACEMENT A LA CLEF DES SIGNES ALTÉRATIFS, DE L'ORDRE QU'ILS Y AFFECTENT ET DES DIAPASONS QU'ILS DONNENT AUX GAMMES.

On a vu que chacune des sept notes de la gamme majeure modèle pouvait devenir premier degré d'une nouvelle gamme de même mode. Elle peut devenir également premier degré d'une gamme mineure, puisque cela dépend de la place occupée par les demi-tons. On sait de plus qu'au moyen des signes altératifs, le diapason de toutes ces gammes est varié en raison du nombre de ces signes.

Pour simplifier le placement des *dièses* et des *bémols*, c'est-à-dire pour n'avoir pas à les reproduire devant les notes qui les reçoivent, chaque fois que celles-ci reviennent dans le courant du discours musical, on les rend permanents en les écrivant immédiatement après la clef et à chaque portée du morceau. Par là, on est continuellement averti du nom et du nombre des notes diésées ou bémolisées qui entrent dans la gamme principale ou initiale du morceau.

Le septième degré de la gamme mineure reçoit seul, et chaque fois qu'il se présente, le signe d'altération qui lui est propre. Ce signe est le ♯ dans les gammes mineures qui n'ont pas plus de quatre dièses, ou plus de deux bémols à la clef. Il est le 𝄪 dans celles qui ont cinq, six et sept dièses, fort rarement employés. Enfin, on écrit le ♮ devant le septième degré des gammes qui ont plus de deux bémols. Dans celles-ci, il n'est pas moins rare de voir plus de quatre bémols à la clef (**A**).

Les dièses, bémols et bécarres placés dans le courant des morceaux, sont, et peuvent être qualifiés d'*accidentels*. De là est venu qu'on les a généralement nommés *accidents*. Pourtant ils ne sont pas tels dans tous les cas. Sans doute le signe altératif, quel qu'il soit, devient accidentel, s'il est employé momentanément, pour passer d'une gamme dans une autre; ou bien pour une expression particulière donnée à certaines notes de la mélodie, etc. Mais il n'en est pas de même des dièses et des bémols placés à la clef : ceux-ci existent parce qu'ils doivent exister; parce que le mode l'exige; parce qu'ils sont inhérents à ce mode et à sa gamme. Par où l'on voit que le mot *accident*, guère plus heureux qu'utile, ne peut convenir sans restriction aux signes altératifs.

Parfois, un ou plusieurs *bécarres* s'écrivent à la clef, ou même sans la clef, dans telle ou telle partie d'un morceau, pour avertir que les bémols ou les dièses placés précédemment et en nombre égal sont tous effacés; comme, par exemple, quand la même gamme, de majeure qu'elle était devient subitement mineure, et réciproquement.

EXEMPLES :

On n'altéra que successivement, une à une, les notes de la gamme modèle pour en former de nouvelles, ou plutôt pour répéter la première à des diapasons différents. Et comme après la MODALE *ut*, c'est-à-dire après le premier degré de cette gamme prise pour initiale, on sentit que sa quinte supérieure *sol* et sa quinte inférieure *fa* étaient des cordes essentielles de cette gamme majeure principale, ces sons furent pris à leur tour pour premiers degrés de deux nouvelles gammes majeures, lesquelles, dans l'arrangement de leurs demi-tons, donnèrent lieu à l'emploi du *premier dièse* (*fa*♯) pour l'une, et du *premier bémol* (*si*♭) pour l'autre.

Chacune de ces gammes ne différant que d'un seul son avec la primitive, toutes trois conservaient entre elles une relation plus que suffisante pour que l'on pût passer de l'initiale aux deux autres, et réciproquement, sans détruire l'impression de la première.

La MODULATION naquit de cette découverte; car *moduler* c'est passer d'une gamme dans une autre, d'un mode à un autre mode.

Si maintenant on considère tour à tour comme principales ou initiales les nouvelles gammes majeures de *sol* et de *fa*, et si l'on essaie sur elles l'opération qu'on a faite sur celle d'*ut*, chacune fournira deux autres gammes, l'une à la quinte supérieure, l'autre à la quinte inférieure. Toutefois cela ne produira en somme que deux gammes nouvelles, non quatre, attendu que la quinte inférieure de *sol* et la quinte supérieure de *fa* sont également *ut*, et font rentrer dans ce mode. Quant à la gamme de la quinte supérieure de *sol*, elle sera *ré*, qui donne lieu au second dièse (*ut*♯); et l'autre, à la quinte inférieure de *fa*, sera *si*♭, qui réclame le second bémol (*mi*♭).

Remarquez que le premier degré de cette dernière gamme est appelé *si bémol*, parce que cette note est déjà bémolisée à la clef dans la gamme de *fa*; car on ne place pas le deuxième bémol sans le premier, le troisième sans les deux précédents, et ainsi des autres, ce qui est réciproque aux dièses.

En suivant ainsi l'ordre des quintes ascendantes, c'est chaque fois un nouveau dièse qui se présente; comme c'est un nouveau bémol quand les quintes sont descendantes (**B**).

Enfin, la série des sons de la gamme modèle est ainsi parcourue, et chacune de ses notes, placées en quinte supérieure ou inférieure l'une de l'autre, est susceptible de recevoir le ♯ ou le ♭, qui, chaque fois aussi donne lieu à une nouvelle gamme, toujours relativement à son diapason comparé à celui de la première, ou gamme modèle.

Quant à ce qui est des dièses et des bémols doubles, leur emploi n'ayant lieu que dans des gammes moins usitées que les autres, ils ne sont jamais qu'accidentels et ne se placent point à la clef.

NOTES DU CHAPITRE XVI.

(A) Il est peu rationnel sans doute de faire revenir comme accidentellement altérée une note aussi essentielle que le septième degré de la gamme mineure, au lieu de rendre permanent le signe altératif qui l'accompagne. Mais ce serait un autre inconvénient que d'effacer ce même signe par un signe contraire dans toutes les modulations en dehors de la gamme principale.

(B) Toutes ces *quintes* sont inaltérées, c'est-à-dire composées chacune de *sept demi-tons*. C'est ainsi qu'on doit l'entendre, soit du placement à la clef des dièses et des bémols, soit des gammes engendrées par les uns et les autres. Il est entendu pareillement que descendre de quarte ou monter de quinte, descendre de quinte ou monter de quarte ont le même résultat, puisque l'un de ces intervalles est le renversé de l'autre, ainsi que le prouve cet extrait d'un exemple général déjà présenté.

N. B. Ici l'on étudiera les troisième, quatrième et cinquième exercices du quatrième Tableau, pages 13 et 14 des planches de musique.

CHAPITRE XVII.

DES QUINZE DIAPASONS DONNÉS A LA GAMME MAJEURE.

Dans le cinquième Tableau, celui des gammes majeures (*voir* les planches), celle d'*ut*, n° 0, tient le milieu et sert de point de départ. De 1 à 7 en montant sont les gammes qui reçoivent les *dièses;* et de 1 à 7 en descendant sont celles qui prennent les *bémols.*

Les deux gammes supérieures, n°s 6 et 7, ainsi que les trois inférieures, 5, 6 et 7, ne sont usitées que très passagèrement, même dans la musique instrumentale. De plus, on s'apercevra, en les jouant au piano, qu'il y a identité de sons entre quelques unes. Telles sont celles dont on donne ici le premier degré seulement. Comparant donc 1° *si* n° 5 à *ut*♭ n° 7; 2° *fa*♯ n° 6 à *sol*♭ même chiffre; 3° *ut*♯ n° 7 à *ré*♭ n° 5, on trouvera que ces six gammes n'en font réellement que trois, à cause de la synonymie de leurs sons, surtout avec les instruments à sons fixes. Par où l'on voit que ce nombre de quinze gammes se réduit à douze; encore n'use-t-on que rarement, dans le chant et même à l'orchestre, de celles qui comptent plus de quatre dièses ou bémols à la clef, ainsi qu'on l'a déjà dit[1].

N. B. On a remarqué que les *gammes diésées* ont un brillant, un éclat qui manque aux *gammes bémolisées*, du moins à l'égard des instruments principaux de l'orchestre. Mais c'est une considération qui sera examinée à part.

CHAPITRE XVIII.

DES QUINZE DIAPASONS DONNÉS A LA GAMME MINEURE.

Tout mode majeur a une relation intime avec un mode mineur qui n'exige de plus, et rigoureusement, qu'un signe d'altération (♮, ♯ ou :♯:) devant le septième degré de sa gamme. Cette relation est telle entre les deux modes qu'ils s'appartiennent pour ainsi dire l'un l'autre.

Le mode mineur relatif est à la tierce mineure inférieure, ou trois degrés au-dessous du mode majeur; et l'on dit tout aussi bien : le mode majeur relatif est à une tierce mineure supérieure, ou trois degrés au-dessus du mode mineur, chacun d'eux pouvant être séparément mode principal ou initial d'un morceau.

Ainsi, par exemple, le mode majeur d'*ut* et le mode mineur de *la,* l'un et l'autre servant de modèles, sont réciproquement relatifs, et ainsi des autres pris deux à deux (*voir* le sixième Tableau, celui des gammes mineures).

Ces gammes du sixième Tableau, toutes mineures, sont écrites, quant à la succession de leurs sons, à la manière de Guido, tant pour épargner au lecteur l'embarras des signes altératifs placés devant les sixième et septième degrés de la gamme ascendante (signes que l'on efface dans la gamme descendante), que pour éviter dans sa construction plus moderne, cette seconde augmentée, intervalle choquant pour toute oreille non exercée, ou non habituée à sa dureté.

On doit dire de ce sixième Tableau comme du précédent, que les gammes des n°s 5, 6 et 7, avec dièses et bémols, sont rares, et même encore moins usitées en mineur qu'en majeur, surtout en qualité d'initiales. Elles ont aussi leur synonymes.

---

(1) On jouera les gammes du cinquième Tableau, en suivant l'ordre des chiffres écrits en tête de chacune. La main droite suffit pour toutes, car il ne s'agit pas ici de s'exercer au jeu du piano, mais seulement de se rendre compte des divers diapasons donnés à la gamme modèle, celle du chiffre 0 que l'on connait déjà.

Malgré l'espèce de communauté ou de relation intime qui existe entre deux modes relatifs l'un de l'autre, on ne peut être à la fois dans tous deux : la mélodie, dès son début, doit prendre d'abord l'un de ces caractères, c'est-à-dire être majeure ou mineure exclusivement. Or, l'embarras des commençants est de faire cette distinction dès les premières mesures du chant ; car les signes altératifs placés à la clef n'y font rien, étant en même nombre dans les deux modes réciproquement relatifs, ou bien également absents. Mais, pour aider à connaître ce qui différencie les deux modes, il est indispensable de parler des CADENCES ou repos, attendu que, dans plusieurs circonstances, c'est par les seules *cadences* que l'on peut être fixé sur le mode réel.

N. B. Avant d'aller plus loin, on fera pour le sixième Tableau ce qu'on a fait pour le cinquième, en se conformant à ce qui est dit dans la note écrite au bas de la page précédente. Ensuite, et tout en prenant connaissance du texte qui suit, on étudiera les troisième, quatrième et cinquième exercices du quatrième Tableau ; à moins que l'on ne préfère se reposer de la théorie par la pratique des susdits exercices, ce que nous laissons à la volonté du lecteur.

CHAPITRE XIX.

DES CADENCES.

Semblable au discours oratoire, le discours musical a ses périodes, ses phrases, ses parties ou membres de phrases, séparées les unes des autres par des repos forts ou faibles, plus ou moins concluants, que l'on nomme CADENCES.

Presque toutes les notes d'une gamme sont propres aux repos de la mélodie, mais les unes leur donnent plus de force que les autres, outre la place qu'elles occupent dans la mesure ; car, ainsi qu'on l'a déjà dit : les notes sur lesquelles se font les cadences doivent tomber sur les temps forts de la mesure.

Les silences musicaux n'indiquent pas toujours des repos ; car, en musique, on a des repos sans silences et des silences sans repos. Ce n'est, encore une fois, que la chûte de la mélodie sur certaines notes de la gamme dans laquelle le chant est composé, ou dans celles où il module, qui fait sentir les diverses cadences, ce dont l'oreille et le sentiment musical, plutôt que les yeux, sont les meilleurs juges. Encore, est-il presque impossible de ne pas entrer quelque peu dans le domaine de l'*harmonie*, à propos des cadences, par la raison que les sons qui servent de repos forts ou faibles à la phrase musicale ne se distinguent les uns des autres qu'autant que les accords dont ils font partie sont ce qu'ils doivent être[1].

Par exemple, le repos qui termine toute période musicale a lieu sur le premier degré d'une gamme bien déterminée, suffisamment établie par ce qui précède. Ce repos prend le nom de *cadence parfaite ;* mais il est entendu en même temps, s'il y a *harmonie,* c'est-à-dire accompagnement de la mélodie par une ou plusieurs parties, que le son de ce premier degré devra se faire entendre à la fois aux deux parties extrêmes, et que les intermédiaires donneront, avec les précédentes, l'*accord parfait* (majeur ou mineur selon le mode), composé de *tierce* et de *quinte,* c'est-à-dire des premier, troisième et cinquième degrés de la gamme du mode établi.

Supposant toujours le mode majeur d'*ut,* cette note sera premier degré de sa gamme. Sur ce degré reposera la *cadence parfaite mélodique,* et, l'accompagnement y étant ajouté, le tout présentera et fera entendre ce qui suit :

(1) On sait qu'un *accord* est une réunion de sons superposés et frappés simultanément.

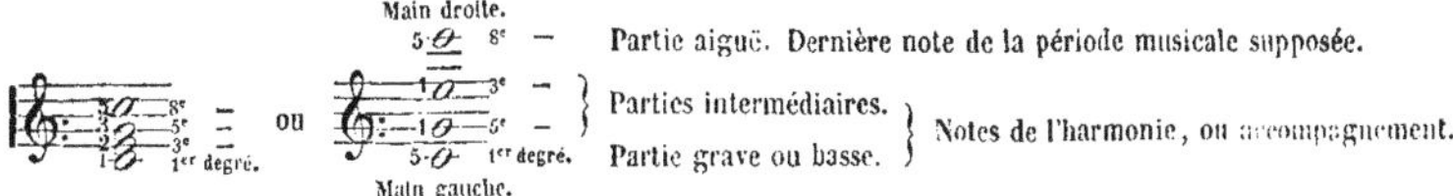

Si la tierce *mi* ou la quinte *sol* est au chant comme partie dominante, ou bien si cette tierce *mi* est à la partie grave, ou basse, alors la cadence parfaite est *affaiblie,* et ne peut plus convenir qu'à un membre de phrase, non à une période.

EXEMPLES de *cadences affaiblies :* mi ou sol ou mi ou mi

Dans la même gamme, la note *ut* fait aussi partie des accords des quatrième et sixième degrés (4e degré. et 6e degré.) qui ne donnent point les repos dont on vient de parler ; mais on peut y être trompé dans quelques cas. Il est donc vrai de dire que l'harmonie, plus que la mélodie, détermine péremptoirement et les cadences et leur degré de force.

On a en outre un repos moins concluant que la *cadence parfaite,* mais plus fort néanmoins que les *cadences affaiblies.* Propre à terminer les phrases, on le nomme *cadence imparfaite.* Mélodiquement, ce repos est pratiqué sur les deuxième, cinquième et septième degrés de la gamme des deux modes : en *ut* majeur ou mineur, sur *ré, sol* et *si ;* et ces mêmes degrés ou sons forment l'accord qui accompagne les *cadences imparfaites* que fait le chant sur l'un ou l'autre de ces trois sons.

Pour ce repos, il importe peu lequel des trois sons est à la partie supérieure, la *cadence imparfaite* n'ayant pas moins de force avec l'un qu'avec l'autre : du moins une force relative, car l'oreille s'aperçoit que le sens musical n'est pas achevé, qu'il lui faut un complément :

EXEMPLES de *cadences imparfaites :* 2e degré. ou 5e degré. ou 7e degré.

N. B. Dans les trois faces de l'accord, la note supérieure est celle du chant supposé. Cette *cadence est affaiblie* dans le cas où le septième degré est placé à la partie grave ou basse, comme : ou 7e degré. *Idem.*

Les quatrième et sixième degrés, dans la gamme des deux modes, ne servent, l'un, qu'à une sorte de prolongement de la *cadence parfaite ;* l'autre, placé à la partie grave, à un repos suspensif de la période. On en parle à la partie supplémentaire celle qui traite succinctement de l'harmonie.

Voici les notes de la gamme sur lesquelles le chant fait ses cadences parfaites et imparfaites, fortes et faibles, dans les deux modes.

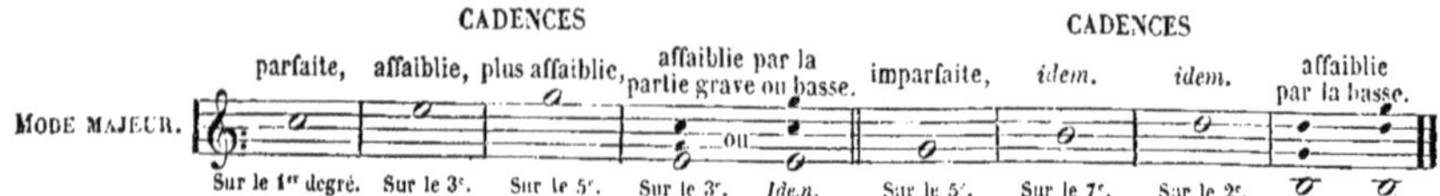

On fera observer que toute note du chant servant à un repos, est souvent précédée immédiatement de l'APPOGIATURA des Italiens, que nous nommons PETITE NOTE en français. Cette *petite note*, liée à la note réelle, étant de pur agrément, un simple ornement tout à fait accessoire, n'empêche pas que l'accord qui accompagne la note de repos ne soit frappée à son temps précis, sous la *petite note* elle-même, tout étrangère qu'elle puisse être à l'accord.

Les manières d'amener ou de formuler les cadences sont très variées : le n° 1 du septième Tableau en présente les derniers sons, avec et sans l'ornement en question, lequel s'écrit tantôt en notes d'un très petit volume, que nous appellerons *minuscules ;* tantôt en notes de volume ordinaire, ou *majuscules.*

CHAPITRE XX.

DES MOYENS DE DISTINGUER LE MODE RÉEL DE SON RELATIF.

Dans les deux modes primitifs (n° 0 des cinquième et sixième Tableaux), il n'y a, à la rigueur, de note affectée accidentellement d'un signe altératif que le septième degré de la gamme mineure, lequel ne doit faire qu'un *demi-ton* avec le huitième degré (*sol*♯-*la* en *la* mineur) ; tandis que les mêmes notes sont à *un ton* de distance (*sol-la*) dans la gamme majeure d'*ut*, exempte de tout signe altératif, positif ou accidentel.

D'après cela, on dit communément à ceux qui commencent la lecture musicale des leçons pratiques : « 1° Quand il n'y a ni dièses ni bémols à la clef, on est en *ut* majeur ou en *la* mineur (1). 2° Si des dièses sont « placés à la clef, le dernier représente le septième degré de la gamme majeure, ou le second de la gamme « mineure relative. 3° Si ce sont des bémols dont la clef est suivie, le dernier répond au quatrième degré de « la gamme majeure, ou au sixième de la gamme mineure relative (2). » Ces explications sont les meilleures qu'on ait trouvées, et disent ce qui est vrai ; néanmoins elles laissent l'élève dans le doute de savoir lequel des deux modes est le positif, et comment il le pourra reconnaître.

A ce sujet, on lui dit encore, supposant le mode majeur comme existant de fait : « Si, dans la première phrase « mélodique, le cinquième degré de la gamme est *naturel* (on veut dire : s'il est conforme au mode, ou à trois « tons et demi du premier degré), le mode est majeur. Si, au contraire, ce cinquième degré est *altéré* (on veut « dire encore : s'il est à quatre tons du premier degré), le mode est mineur. »

Ces explications ne sont pas moins reçues que les précédentes ; mais il s'offre des cas, rares à la vérité, ou ce cinquième degré de la gamme majeure, ou septième de la gamme mineure relative, ne fait pas partie de la première phrase mélodique ; et c'est précisément alors que les cadences principales, la parfaite et l'imparfaite, déterminent seules le mode, et permettent l'affirmative à celui qui en fait la recherche. Car de pareilles phrases peuvent appartenir également aux deux modes, être accompagnées avec des accords pris de l'un ou de l'autre, et qui, seuls, décideront de l'espèce.

Toute mélodie commence par le premier, le troisième ou le cinquième degré de la gamme, non autrement :

(1) On sous-entend dans la gamme majeure d'*ut*, ou mineure de *la*. Il est d'usage d'abréger ainsi l'explication.

(2) Inutile de dire qu'un seul *dièse* ou un seul *bémol* à la clef y est à la fois le premier et le dernier.

en *ut* majeur, par *ut, mi* ou *sol;* en *la* mineur, par *la, ut* ou *mi*. Tout autre son de ces gammes, altéré ou non, ne pourrait être considéré que sous l'aspect de note de goût, inférieure ou supérieure, jointe à l'un des trois sons ci-dessus; et l'une des règles de la mélodie défend positivement de commencer une phrase de chant, initiale surtout, par un ornement quelconque [1].

La même règle est observée par l'accompagnement, dans le cas où une partie instrumentale fait les deux ou trois premières notes d'un dessin musical, lorsque ces notes seraient de trop pour les paroles, ou nuiraient à la prosodie. Alors, il importe peu par quel degré de la gamme la voix fera son entrée, puisque ce degré participera nécessairement de la phrase commencée et continuée par la partie instrumentale. C'est ce qu'on va voir dans l'exemple suivant, où le violon commence la phrase musicale par le cinquième degré de la gamme d'*ut;* après quoi le chant entre par le sixième degré, mais comme *petite note* supérieure du cinquième, bien qu'elle soit écrite en note de copie courante, ou majuscule.

N. B. On se bornera à lire les exemples qu'on ne pourra pas exécuter.

Quand, à l'instar de cet exemple, le cinquième degré de la gamme commence la première phrase, ou qu'il s'y rencontre, on ne peut avoir de doute sur la nature du mode, cela est évident. De plus, parmi toutes les notes qui entourent les sons principaux de la gamme, c'est-à-dire les premier, troisième et cinquième degrés, pour les orner, les varier, etc., ce sont encore ces mêmes sons qui dominent et frappent particulièrement l'oreille. Si bien qu'il serait possible de les disposer de façon à en former une espèce de charpente de la mélodie qu'on vient de voir.

On est donc bien persuadé que cette phrase est en *ut* majeur. Mais si les notes *ut* et *mi* sont ici premier et troisième degrés, elles sont troisième et cinquième dans la gamme mineure relative, dont *la* est premier degré. Or, si la phrase initiale d'une mélodie tournait autour de ces sons, sans toucher au cinquième degré de la gamme majeure (*sol*), ou septième degré de la gamme mineure (*sol*♯), il y aurait incertitude sur le mode réel, et ce cas peut se présenter.

La cadence affaiblie de la dernière mesure ne fait rien préjuger à l'égard du mode, puisque les sons *ut* et *mi* appartiennent aussi bien au majeur qu'à son relatif mineur.

L'harmonie, une simple basse d'accompagnement, on le répète, ne permet aucun doute à l'oreille exercée; mais celle du lecteur n'étant pas supposée telle, ses yeux au moins pourront se convaincre, par

(1) Cette règle, et d'autres encore, sont violées de nos jours; mais partout où nous en avertissons, nous ne parlons que d'après des autorités respectables. (*Voir* la *Méthode de Chant du Conservatoire.*)

la double harmonie dont on a accompagné la phrase précédente, que, sans le secours de cet auxiliaire, on ne pourrait connaître le mode.

La basse suffirait pour qu'on reconnût le mode de la mélodie : 1° parce que les notes *ut* et *mi* du chant ne peuvent et ne doivent être accompagnées d'abord, et dans les deux circonstances, que par le son du premier degré de la gamme du mode réel ; 2° parce que, à la fin de la phrase, la cadence est forcément amenée à la basse par l'accord du cinquième degré, appelant à son tour celui de premier degré.

Les deux cadences mélodiques ne déterminent donc péremptoirement le mode que lorsqu'elles sont tournées à peu près comme dans l'exemple qu'on va voir, c'est-à-dire quand le cinquième degré en majeur, ou le septième en mineur, s'y font remarquer. Autrement, il faut recourir à la cadence parfaite, à la dernière mesure de la période, que le même exemple va présenter ; à moins, encore une fois, qu'on ne rencontre sur son chemin le degré le plus caractéristique du mode, celui qu'on a marqué ici d'une petite croix.

CADENCES MÉLODIQUES

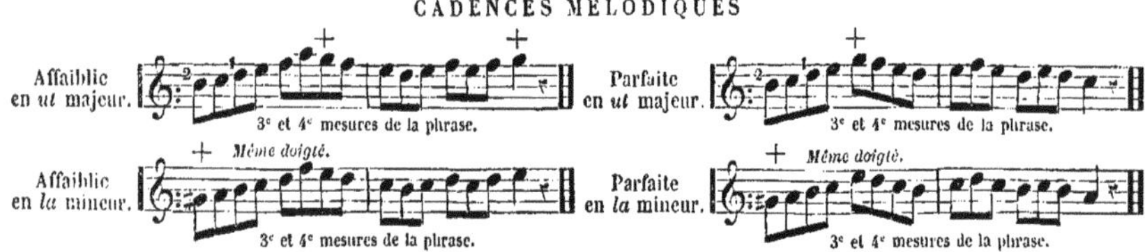

Il reste démontré que, dans certains cas, si les *cadences affaiblies* sont insuffisantes, ce n'est que par la *cadence imparfaite,* et, quand celle-ci ne se présente pas, par la *cadence parfaite,* l'une et l'autre mélodiques, que l'on s'assure de la nature du mode. C'est pourquoi les bons professeurs de solféges accoutument de bonne heure leurs élèves à trouver le mode par la contexture des idées musicales, par l'analyse de leurs sons, et par les cadences qui s'y rencontrent.

On rit de ceux qui donnent comme règle infaillible de regarder *la fin d'un morceau,* la dernière note du chant étant aussi, selon ces professeurs, la première de sa gamme initiale, son premier degré. Mais ce moyen est souvent trompeur, puisque beaucoup de pièces de musique commencent en mineur et finissent en majeur, tout en conservant leur *modale*. On ne connaît alors que le premier degré de la gamme initiale et non son mode.

Rodolphe a proposé et pratiqué dans son petit Solfége un moyen tout à fait commode de connaître d'abord que le mode sera mineur, non majeur; c'est de le dire en quelque sorte, en plaçant *avant la clef* le signe altératif du septième degré de la gamme mineure. Mais on a dit avec raison que c'était placer dans le vide une figure musicale quelconque, que de l'écrire avant la clef qui nomme tout. En outre, c'était par trop aider la paresse des commençants, que de les dispenser de toute recherche à l'égard du mode; recherche qui n'est qu'un jeu, quand on connaît les procédés que nous avons indiqués.

Les bons praticiens ont donc rejeté le moyen par trop naïf de Rodolphe, qui s'est trouvé n'avoir imaginé qu'un non-sens.

CHAPITRE XXI.

DES MODULATIONS.

On sait que *moduler* c'est parcourir différentes gammes, enchaîner des modes divers. Plusieurs périodes successives, avec telle variété de dessins mélodiques qu'il plaira d'imaginer, ne préserveraient pas de la monotonie, si elles restaient constamment dans une seule gamme. Voilà pourquoi l'on module.

La mélodie peut, à la rigueur, moduler sans le secours de l'harmonie, pourvu qu'elle ne sorte pas d'une série de six gammes, en comptant l'initiale, qui ont entre elles une telle parenté, qu'on les considère aussi comme relatives, du moins en harmonie et en composition.

Ces gammes sont celles qui ne diffèrent que d'un signe altératif de plus ou de moins avec le mode principal et son relatif. Autrement dit : en partant d'un mode quelconque, on peut passer dans ceux de ses quintes supérieure et inférieure, ainsi que dans les relatifs de ces trois modes.

Pour mieux s'entendre, on nommera Relatif direct le mode majeur ou mineur appartenant au principal, et les quatre autres seront appelés Relatifs indirects.

Ainsi, en partant du mode majeur d'*ut*, par exemple, on a :

1° Ut majeur, mode principal ou initial supposé;
2° La mineur, mode de la tierce inférieure, ou *relatif direct* du précédent

3° Sol majeur, mode de la quinte supérieure du principal,
4° Mi mineur, mode de la tierce supérieure, et relatif du précédent,
5° Fa majeur, mode de la quinte inférieure du principal,
6° Ré mineur, mode de la seconde supérieure, et relatif du précédent,
} relatifs indirects du principal.

N. B. Si le mode mineur de *la* était ici le principal, il aurait *ut* majeur pour *relatif direct*, et les quatre autres seraient aussi ses *relatifs indirects*.

En composition, on ne suit pas l'ordre dans lequel ces six gammes sont présentées dans le tableau ci-dessus. Ainsi, que l'on parte d'*ut* majeur, la première modulation se fera le plus ordinairement à la quinte supérieure, ou d'*ut* majeur en *sol* majeur, où l'on a la faculté de rester plus ou moins de temps, et même (sauf quelques modulations courtes et passagères) d'y terminer la première partie d'un long morceau.

La première modulation, en partant du majeur, se fait aussi à la tierce supérieure, comme d'*ut* majeur en *mi* mineur; mais ce second mode retourne presque aussitôt à l'initial (1).

Si l'on part du mineur, *la* supposé, la première modulation a lieu au relatif direct, c'est-à-dire de *la* mineur en *ut* majeur, où l'on peut aussi rester et terminer une première partie. Ou bien l'on module d'abord, mais moins fréquemment, à la quinte supérieure, ou de mineur en mineur; comme de *la* en *mi*, modulation qui n'est aussi que momentanée. La note ci-dessous s'y applique pareillement.

La modulation à la gamme majeure de la quinte inférieure ne se fait guère sentir que vers la fin d'un morceau, où elle ne manque jamais de produire de l'effet.

Quant aux manières d'enchaîner les six gammes entre elles, de les quitter, d'y revenir, de rappeler à propos l'initiale dans le courant du discours musical, comme cela dépend de la succession des idées mélodiques due aux caprices de l'imagination, il n'y a rien à prescrire, point de règles à donner à cet égard. Souvent même on franchit les limites générales posées ci-dessus, soit en considérant le premier degré d'une gamme majeure, comme cinquième d'une gamme mineure en dehors des relatives, et en profitant des avantages qu'elle donne; soit en changeant subitement le mode de la gamme initiale. C'est ainsi que le mode majeur d'*ut* est rendu mineur au moyen des trois bémols qui lui appartiennent; ou bien que le mode mineur de *la* devient majeur par l'introduction de ses trois dièses. Alors on a, dans chacun de ces deux cas, six gammes nouvelles à parcourir, trois majeures et trois mineures. Mais il est rare que toutes soient entendues dans le même morceau, quelle que soit son étendue.

Les modulations sont FIXES ou PASSAGÈRES : *fixes*, si l'on y formule une cadence parfaite, un repos concluant sur le premier degré de la nouvelle gamme; *passagères*, si leurs cadences ne sont qu'imparfaites et surtout affaiblies.

En définitive, quoique la mélodie puisse moduler sans le secours de l'harmonie, celle-ci détermine mieux les modulations de l'autre, en ne laissant aucun doute sur la valeur ou la forme variée de ses cadences. Par elle aussi, il y a plus de certitude sur la gamme dont telle ou telle note du chant fait partie, lorsque les accords, pris des sons de cette gamme et qui lui appartiennent plus particulièrement, accompagnent et soutiennent la mélodie.

CHAPITRE XXII,

OU SUPPLÉMENT AU CHAPITRE X, SUR LE GENRE ET LA GAMME CHROMATIQUES.

Le *genre chromatique* n'est usité que passagèrement, pour varier, pour colorer le *genre diatonique*. Sa gamme même, avec ses treize sons ou ses douze demi-tons, n'est en réalité qu'une gamme diatonique modifiée par des altérations. Par elle-même, la gamme chromatique n'est rien; car elle n'a pas de repos, pas de résolution forcée, pas d'unité; et ses sons ne peuvent, comme ceux de la gamme diatonique, servir à la confection d'une mélodie raisonnable. Mais en s'y introduisant, en s'y glissant ils en adoucissent l'expression; ils tendent même à l'amollir, à l'énerver, surtout quand le mode est majeur. Aussi le *chromatique* semble-t-il être mieux à sa place dans le mode mineur, dont il rend l'expression d'autant plus différente de l'autre mode, d'autant plus propre au style pathétique.

(1) L'un des plus célèbres compositeurs de notre époque, M. *Rossini*, a beaucoup et toujours heureusement usé de cette modulation; mais ses imitateurs n'ayant pas manqué d'en abuser, elle est devenue banale.

Ce changement d'expression, si frappant dans les deux cas, provient évidemment du mélange des demi-tons *artificiels*, ainsi que des intervalles modifiés du genre chromatique, en opposition avec les demi-tons *naturels* et les intervalles simples et francs du genre diatonique. (*Voir* le n° **2** du septième Tableau.)

Dans la gamme chromatique il n'y a que des demi-tons, lesquels existent plutôt entre deux notes au même degré qu'entre deux degrés différents à un demi-ton l'un de l'autre. Telle est même, a-t-on déjà dit, la différence du demi-ton chromatique au demi-ton diatonique. (*Voir* le n° **3** du septième Tableau.)

Quant aux gammes chromatiques ascendantes ou descendantes, avec plus ou moins d'étendue, on a fait voir que le choix du signe altératif était à peu près arbitraire. On les écrit donc indifféremment comme aux exemples **4**, **5** ou **6** du septième Tableau, mais non à la manière du n° **7**, quoique cela semble revenir au même sous le rapport des sons produits.

CHAPITRE XXIII.

DU GENRE ENHARMONIQUE.

La nature du *genre enharmonique* s'explique facilement en supposant deux notes à un *ton* de distance, dont l'inférieure est haussée et la supérieure baissée chacune d'un demi-ton ; comme si, entre *ut* et *ré*, par exemple, on plaçait un ♯ devant la première de ces notes, et un ♭ devant la seconde, de cette façon : (**A**). Chacun des intervalles simples, donnés par les degrés de la gamme majeure, devient *enharmonique*, en rapprochant les deux sons dont il se compose par des altérations en sens contraire. (*Voir* l'exemple comparatif, n° **8** du septième Tableau.)

Sur les instruments à sons fixes, tels que l'orgue, le piano ou la harpe, les notes des parties **B**, **C** et **D** de l'exemple **8** sont réciproquement identiques, chacune à la place qu'elle occupe : la même touche les représente, la même corde ou le même tuyau les fait parler, et, sous ce rapport, on a eu raison de les qualifier de Synonymes. Mais sur les instruments de l'orchestre, la synonymie n'a plus lieu, en ce que la note haussée par l'effet du ♯ prend cette extension dont il a été parlé au sujet du septième degré de la gamme majeure ascendante, extension qui le rapproche du huitième degré ou réplique, et semble l'appeler avec une certaine exigence à lui succéder immédiatement ; tandis que la note abaissée par le ♭, et comparée au quatrième degré de la même gamme descendante, d'après une extension pareille, mais en sens inverse, tend au contraire à descendre sur la note qui doit lui succéder, laquelle est son inférieure immédiate. Aussi est-il naturel, autant qu'il est ordinaire, que *ut*♯ monte à *ré*, et que *ré*♭ descende sur *ut*♮.

En conséquence, il doit exister, et il existe en effet entre ces deux notes faisant *enharmonique*, un intervalle, quel qu'il soit, qui les éloigne l'une de l'autre de la quantité dont elles se rapprochent de celles qui sont appelées à les suivre (**B**).

Cet intervalle, aisément appréciable pour toute oreille délicate et exercée, et que nous évaluons à un *tiers de ton* environ, est non seulement praticable mais pratiqué à tout moment sur les instruments à sons mobiles [1]. Ainsi, celui qui joue du violon ne confondra pas *ut*♯, considéré comme troisième degré en *la* majeur, ou septième en *ré*, avec *ré*♭, se rapportant à la gamme majeure de *la*♭ comme quatrième degré, ou à

(1) Nous disons *environ* parce que ce n'est que par le calcul que l'on peut donner une précision rigoureuse à quelque intervalle que ce soit.

celle de *fa* mineur comme sixième degré. Il ne donnera pas le *sol* à vide de sa quatrième corde pour un *fa* 𝄪, ni le *mi* de sa chanterelle pour un *fa* ♭, etc.

Sur les instruments à vent, le doigté ne sera pas le même en pareil cas ; ou si ce doigté est borné par l'imperfection de l'instrument, par l'insuffisance de ses moyens mécaniques, l'artiste y suppléera par la pression des lèvres intelligemment combinée. Les chanteurs eux-mêmes observent les rapports enharmoniques sans y faire attention, bien souvent sans le savoir, parce qu'ils y sont entraînés, contraints à leur insu quand c'est l'orchestre qui les accompagne, au lieu du piano ou de l'orgue. Il est donc naturel au musicien dont l'oreille a de la sensibilité, de modifier le diapason des notes altérées ou autres, en raison de leur tendance. Cependant on ne lui en fait pas assez une obligation ; la théorie du vrai rapport des sons ne lui est point enseignée d'une façon spéciale ; des exercices sur le genre enharmonique ne lui sont point donnés pour le mettre en pratique dans l'occasion ; il n'existe pas enfin d'instrument susceptible de le guider et de l'accompagner dans ces exercices. Ce n'est, en quelque sorte, que pour mémoire, pour se rappeler le mot, non pour s'instruire de la chose, que, dans l'étude du solfége, on lui parle de ce troisième genre de la musique, après quoi il n'en est plus question que dans les classes d'harmonie et de composition, et seulement pour les modulations de ce genre. On verra, au chapitre VIII de la deuxième Partie, que nous avons essayé de remplir cette lacune.

Dans l'exécution musicale, l'enharmonique employé à propos produit des effets surprenants ; et, pour cette raison même, il est rare et momentané dans les ouvrages des bons auteurs : cela doit être, non seulement parce qu'il ne faut abuser de rien, principalement des grands effets, mais parce que l'emploi trop fréquent du genre enharmonique porterait la perturbation dans les modes étrangers au principal et à ses relatifs, et dérouterait l'auditeur le plus attentif, l'oreille la plus subtile à saisir les modulations.

Voici un premier exemple de la disposition des sons d'une *gamme enharmonique*, telle que l'oreille et les deux extensions en sens inverse l'exigent, c'est-à-dire d'après le diapason vrai et comparatif de ces sons et le rapport convenable entre tous. Cette gamme renferme vingt-deux sons dans l'octave entière.

N. B. On se bornera à lire, à examiner et comparer entre eux les exemples qui suivent.

1er Exemple.

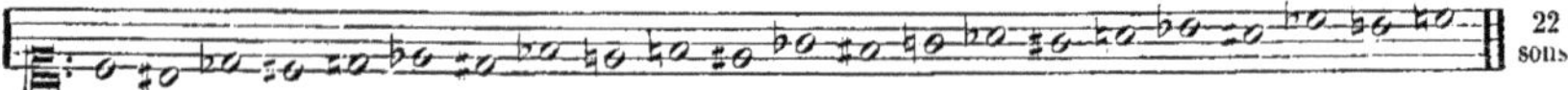

La disposition suivante paraît plus naturelle, mais seulement aux yeux, puisque l'ordre suivi dans la succession des sons d'une mesure à l'autre y est contraire à celui du rapport exact de leur degré d'élévation, comme on en pourra juger par induction, en comparant les deux exemples.

2e Exemple.

Le *diagramme enharmonique* écrit au n° 9 du septième Tableau n'a que dix-huit sons, parce que les cinq premiers dièses ainsi que les cinq premiers bémols y sont seuls admis. En cet état, il suffit aux exemples proposés ensuite pour s'exercer à la pratique de ce genre, considéré mélodiquement : car si les deux derniers signes altératifs de chaque nature venaient à se présenter, et même les deux premiers doubles (dans tel cas que l'on voudra supposer), comme ils auraient eu leurs équivalents dans les exercices donnés pour l'étude du genre, on saurait encore, par analogie, rendre leur diapason conforme au rapport réel des sons, selon les gammes auxquelles ils appartiendraient.

RÉFLEXIONS SUR CE CHAPITRE.

Il est curieux de voir que le système musical des Arabes et des Egyptiens modernes est basé pareillement sur une sorte de diagramme enharmonique qui procède par *tiers de ton*, ainsi que nous l'apprend feu *Villoteau*[1] dans son intéressant ouvrage sur la musique moderne de ces deux peuples.

Employé mélodiquement (ils rejettent encore l'harmonie), ce genre est pour eux ce qu'était pour les Grecs anciens leur diagramme par *quarts de ton*, une manière de conduire le chant sur certaines cordes données.

« Pour nous, dit *J.-J. Rousseau*, en parlant du *genre enharmonique*, c'est une manière de conduire « l'harmonie qui force les parties à suivre les intervalles prescrits par ce genre. De sorte qu'il appartient « plus à l'harmonie qui l'engendre qu'à la mélodie qui le fait sentir.

« Ce genre, le premier inventé par les Grecs avant les deux autres, a été aussi le premier abandonné. « Car si, de son côté, Aristoxène dit que, jusqu'au temps d'Alexandre, le diatonique et le chromatique étaient « négligés des anciens musiciens, et qu'ils ne s'exerçaient que dans le genre enharmonique, comme le seul « digne de leur habileté, d'autres auteurs ont dit plus tard que son extrême difficulté le fit abandonner à « mesure que l'art gagnait en combinaisons ce qu'il perdait en énergie, et que l'on suppléait à la finesse de « l'oreille par l'agilité des doigts. Aussi Plutarque reprend-il vivement les musiciens de son temps d'avoir « perdu le plus beau des trois genres, et d'oser dire que les intervalles n'en sont pas sensibles ; comme si « tout ce qui échappe à leurs sens grossiers, ajoute-t-il, devait être hors nature. »

NOTES DU CHAPITRE XXIII.

(A) Ces deux notes sont écrites dans l'ordre contraire de leur degré d'élévation ; car si, à cause du nom de chacune, elles sont ascendantes comme degrés, leur altération opposée les rend descendantes comme diapason, puisque *ré* ♭ est inférieur à *ut* ♯ d'un *tiers de ton* environ. Or, si le tiers de ton est moins qu'une *seconde mineure* (demi-ton), il n'est pas pour cela un *unisson*, et l'on ne peut guère lui appliquer d'autre dénomination que celle de ***seconde enharmonique***. C'est ce qu'on a fait au n° 8 du septième Tableau, où la même qualification a été donnée à la quarte, à la quinte et à l'octave doublement diminuées ou augmentées.

(B) Certains professeurs de solféges qui aiment à jeter quelques mots grecs à travers leurs leçons, disent à leurs élèves que le *ton* (la seconde majeure) est composé de neuf *commas*, dont quatre pour le demi-ton diatonique (*ut-ré* ♭), et cinq pour le demi-ton chromatique (*ut-ut* ♯), ce qui détruit déjà l'idée de leurs synonymes. Mais ce n'est pas tout : outre qu'un si petit intervalle n'est appréciable que par le calcul et nullement par l'oreille, il est faux qu'il n'y ait qu'un *comma*, un neuvième de ton entre deux notes dont la marche naturelle est aussi différente, aussi opposée. Le seul instinct musical devait faire rejeter cette assertion, dont *Rousseau* se moquait déjà dans son dictionnaire de musique, publié en 1775. Le tiers de ton, au contraire, se conçoit d'autant mieux qu'une oreille attentive le saisit aisément, et qu'on peut le faire sentir avec la voix ainsi qu'avec les instruments dont les sons, n'ayant pas une fixité précise et mécanique, sont modifiables à volonté dans leur diapason, soit par le placement des doigts, soit par le plus ou moins de pression des lèvres.

---

(1) L'un des membres de la savante *Commission* attachée à l'expédition française en Egypte (1798).

CHAPITRE XXIV.

DES MOUVEMENTS.

On appelle MOUVEMENT le degré de lenteur ou de vitesse donné à une pièce de musique. Il y a cinq mouvements principaux. On les indique en tête des morceaux par des mots italiens que voici :

1° *Largo,* large. C'est le plus lent des mouvements.

2° *Adagio,* posément, doucement, commodément.

3° *Andante,* allant, avec un peu de mouvement.

4° *Allegro,* joyeux. C'est le premier des mouvements vifs.

5° *Presto,* vite, promptement, plus vif que le précédent. Il a le superlatif *prestissimo,* très vite.

Les quatre premières indications ont des diminutifs qui les modifient. Tels sont *Larghetto,* moins large; *Grave,* grave, posé, moins lent qu'*Adagio; Lento,* lent, signifie à peu près la même chose que le précédent. *Andantino,* moins allant qu'*Andante; Allegretto,* moins vite qu'*Allegro,* gaîté plus modérée. *Vivace et vivo* désignent un mouvement plus animé qu'*Allegro,* et moins vif que *Presto.*

D'autres termes tiennent lieu quelquefois des précédents, ou s'y joignent pour spécifier des caractères généraux, comme *Cantabile,* littéralement, *chantable.* Il signifie chanter posément, à l'aise, avec grace et tenue tout à la fois. Le chanteur, plus encore que le compositeur, détermine ce mouvement.

Moderato, modéré; *Maestoso,* majestueux; *Sostenuto,* soutenu; *Risoluto,* résolu; *Agitato,* agité; *Con moto,* avec mouvement; *Mosso,* ému; *più mosso,* plus ému; *Scherzo,* badinage; *Scherzando,* en badinant; *Affettuoso,* affectueux, tendre; *Grazioso,* gracieux, etc.

Quelques adverbes s'appliquent à tous les mouvements pour en modifider les variétés, comme : *Molto,* beaucoup, très; ou *Di molto* et *Assai,* synonymes. Ces mots, joints à *Allegro,* rendent son mouvement plus vif, de même qu'ils rendent plus lent celui d'*Adagio. Non troppo,* pas trop; *non tanto,* pas tant; *non molto,* pas beaucoup; *Quasi,* presque; *più tosto,* plus prompt, sont aussi des indications usitées.

Enfin, d'autres expressions portent avec elles leur signification. Telles sont les suivantes : *Lamentabile,* lamentable; *Doloroso,* douloureux; *Pietoso,* pieux, avec piété; *Espressivo,* expressif; *Con spirito,* avec esprit; *Fuoco, anima, brio,* avec feu, âme, gaîté; *Impetuoso,* impétueux; *Pomposo,* pompeux; *Flebile,* triste, plaintif; *Strepito,* bruyant; *Strepitoso,* avec bruit et fracas, etc.

Les mots *Tempo giusto,* que l'on explique par *mouvement propre à la mesure,* laissent d'autant plus d'incertitude dans l'esprit que plusieurs sortes de mouvements s'appliquent aux différentes mesures. Ces mots, dit-on encore, répondent à *Moderato;* mais il y a l'*Adagio moderato* et l'*Allegro moderato;* lequel choisira-t-on?

L'intention de mouvement donnée par les auteurs, et transmise ensuite par tradition, sert assez longtemps de guide; mais cette tradition s'altère peu à peu et finit par se perdre. En général, le vague de toutes ces indications en termes italiens laisse beaucoup à désirer, et leur appréciation ne peut être qu'approximative, dès que l'auteur n'est plus là pour la déterminer. D'ailleurs les théoriciens et les compositeurs eux-mêmes sont peu d'accord sur plusieurs de ces termes. En outre, la différence des écoles italienne, allemande, française; le caractère, les habitudes, la tournure d'esprit par lesquels ces peuples ne diffèrent pas moins; peut-être d'autres raisons encore doivent influer sur l'exécution musicale, surtout quant aux mouvements plus ou moins lents, plus ou moins rapides des mêmes œuvres musicales (**A**). Il s'en suit que la tradition de mouvement que les anciens auteurs imprimaient à leurs compositions, mais qu'ils n'ont pas toujours eu le soin d'indiquer, s'est perdue de plus en plus pour les générations suivantes. Désormais on n'aura plus à craindre cet inconvénient à l'égard des œuvres musicales présentes et à venir, grace à l'invention de *Maelzel.*

NOTE DU CHAPITRE XXIV.

On assure que l'*andante* se joue plus lentement, et l'*allegro* plus vite en France qu'en Allemagne.

Lors de la campagne d'Austerlitz, plusieurs lauréats du Conservatoire de Paris, attachés à la musique de la garde impériale de Napoléon, eurent le bonheur d'être présentés à Haydn par M. Cherubini, résident à Vienne à cette époque. Sur ce qu'on dit au premier des mouvements donnés chez nous à divers morceaux de ses symphonies, ce grand compositeur convint, après un moment de réflexion, qu'en effet ces mouvements pouvaient répandre, les uns plus de sentiment, les autres plus de chaleur sur l'exécution.

Deux des morceaux qui furent cités particulièrement et que tout le monde connaît, sont ceux dont on donne ici la phrase initiale, avec la différence approximative de leur mouvement dans les deux pays.

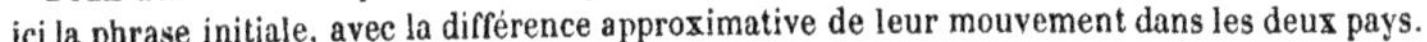

CHAPITRE XXV.

DES ARTICULATIONS ET DE LA PRONONCIATION.

Il n'y a que trois manières bien distinctes d'articuler les sons, savoir : le PIQUÉ, le POINTÉ et le LIÉ ou COULÉ.

Le *piqué* se marque au-dessus des notes par des points un peu allongés, ce qui veut dire que ces notes doivent être frappées sèchement, séparées les unes des autres en perdant une partie de leur valeur.

Le *pointé*, indiqué par des points ordinaires, veut aussi que chaque note soit frappée, mais en conservant à peu près toute la durée qui lui est propre.

Le *coulé* ou *lié* est marqué par la ligne courbe qu'on appelle *liaison*. Ce signe exige que le son d'une note soit uni à celui de la note suivante, où à une série de sons qui se succèdent et que la liaison embrasse.

Quelquefois les *points* et la *liaison* figurent ensemble, au-dessus ou au-dessous de plusieurs notes, comme ceci : ou . Cela veut dire que l'on doit frapper ces notes moelleusement et avec douceur, en même temps que l'on conserve à toutes leur durée entière (1).

Nous appelons PRONONCIATION la franchise et la netteté avec lesquelles on articule le *pointé* et le *piqué* : car il y a des manières molles, traînantes, douteuses, provenant de la froideur, de la négligence ou de la timidité des exécutants, ou bien des mauvais principes qu'ils ont reçus.

En général, les mouvements vifs ont plus fréquemment des notes *piquées* et *pointées* que des notes *liées*, excepté dans les traits agiles, pour en faciliter ou pour en varier l'exécution. Ces notes exigent une *prononciation* plus ferme, plus marquée. Au contraire, la *liaison*, qui a naturellement de l'onction, convient mieux aux mouvements lents, à l'expression des sentiments doux.

C'est encore des Italiens que nous avons reçu les termes par lesquels on désigne ou l'on remplace les signes de l'articulation et de la prononciation.

1° Pour la première, ils ont les mots *staccato*, saccadé, et *pizzicato*, pincé, qui répond au PIQUÉ. *Pizzicato*

(1) Cette manière prend le nom de *louré*, dans les imitations que l'on fait de la LOURE, sorte de danse grave et pesante particulière à l'Auvergne.

sert aussi d'avertissement à ceux qui jouent les instruments à cordes de l'orchestre, pour qu'ils suspendent l'action de l'archet, et pincent les cordes à la façon des guitaristes, ce qui rend le son bref et même un peu sourd.

Le mot POINTÉ s'exprime par *puntato,* et la liaison par *legato,* si elle s'étend à un certain nombre de notes; ou par *tenuto,* tenu; *sostenuto,* soutenu, se dit plutôt des mouvements que des notes.

2° Pour la PRONONCIATION, on a les mots *marcato,* marqué; *ben articulato,* bien articulé; *sciolto,* délié, dégagé.

CHAPITRE XXVI.

DES NUANCES ET DE L'ACCENT.

On a donné le nom de NUANCES aux divers degrés de force ou de douceur imprimés à un ou à plusieurs sons. Les unes s'indiquent par des mots, les autres par des figures convenues.

Les *nuances* principales sont le *forte,* fort; le *piano,* faible; le *mezza voce,* à demi-voix; ou *mezzo suono,* à demi-son; *poco forte,* un peu fort.

Forte et *piano* ont leurs augmentatifs qui sont : *fortissimo,* très fort, et *pianissimo,* très faible. Souvent aussi ces derniers n'ont d'autre indication que leurs initiales doublées de cette sorte : ***FF, PP*** ou *ff* et *pp.*

Dolce se modifie par *più dolce,* plus doux; *molto dolce,* très doux; *sotto la voce,* sous la voix, ou la partie chantante en général.

Dolce et *piano* n'ont pas tout à fait la même signification, ou la même expression; car si *piano* veut dire faible de son, *dolce* suppose la grace unie à la douceur.

Chaque nuance se continue jusqu'à ce qu'une autre lui succède; mais si l'on doit aller du fort au faible, ou du faible au fort sur une phrase tant soit peu étendue, on écrit, entre les lettres ***P F*** ou ***F P***, les mots *crescendo* en croissant, ou *decrescendo,* en décroissant.

Lorsque le premier de ces mots doit servir à un certain nombre de mesures, on ajoute ceux-ci : *poco a poco,* peu à peu. Le deuxième a pour équivalents *diminuendo, morendo, mancando, perdendosi;* en diminuant, en mourant, en se perdant.

Quand ces mêmes nuances ont lieu sur un dessin de quelques notes seulement, on se sert d'une espèce de chevron que l'on trace au-dessus ou au-dessous du dessin qui le réclame.

Voici sa figure : < Du faible au fort. >< Du fort au faible. >

Plus raccourcis, ces chevrons se placent sur une seule note, ou se répètent de cette façon : 𝅗𝅥 >, ♩ > ♩ > ♩ >; et dans le sens contraire : 𝅗𝅥 <, ♩ < ♩ < ♩ <. Ce dernier est presque toujours remplacé par les expressions assez significatives de *sforzando, rifforzando,* en renforcant, ou par leurs abréviations, *sfz, rinf.*

Le premier des petits chevrons, celui du fort au faible, a pour équivalent les initiales rapprochées de *forte* et *piano,* ***F P*** ou *fp.* Enfin les deux chevrons réunis présentent une losange couchée. Ex. <>. Placée sur une note d'une certaine durée, elle indique la *mise de son,* c'est-à-dire l'émission particulière du son, en le renforçant et le diminuant progressivement, ce qu'on appelle *son filé.* Filer le son consiste à l'émettre fort doux, à l'enfler peu à peu jusqu'à un certain degré de force, et à le ramener ensuite, par une gradation inverse, à sa première nuance de douceur.

La losange se place encore, ou se suppose, au-dessus de toute note accompagnée de cette figure 𝄐, qu'on appelle POINT D'ORGUE. On le rencontre assez volontiers à la pénultième ou à l'anté-pénultième note des deux cadences principales (la parfaite et l'imparfaite) dans les grands airs de chant, et dans les morceaux de musique instrumentale appelés CONCERTO. C'est aussi dans ces occasions que les habiles enrichissent le *point d'orgue* de traits, de roulades, de passages divers, dans lesquels, livrés à eux-mêmes, ils font connaître leurs moyens particuliers, les ressources de leur imagination, et ce qu'ils ne doivent qu'à eux seuls.

Dans la cadence imparfaite, laquelle a lieu sur l'accord du cinquième degré, le trait ne doit pas être long, attendu que rien ne doit effacer l'impression de l'accord sur lequel se fait le point d'orgue.

Le signe 𝄐 se voit encore sur ce qu'on nomme POINT D'ARRÊT et *point de suspension*. Dans ce dernier, le trait est fort court; deux ou trois notes suffisent quelquefois, ou bien un simple TRILLE et sa terminaison (1). Les nos 3, 4 et 5 du treizième Tableau présentent des points de suspension.

Dans le *point d'arrêt*, on quitte la note surmontée du signe 𝄐 presque aussitôt qu'on l'a prise, sans y rien ajouter. L'indication est donc vicieuse. On devrait plutôt donner une valeur déterminée à cette note, et placer le signe 𝄐 sur le silence qui la suit, non sur la note même, ainsi qu'on le fait à tort.

On aura plus d'une fois occasion de signaler des irrégularités dans la manière trop arbitraire dont s'écrivent certains détails entendus différemment, aussi bien par les exécutants que par les compositeurs, et qui, mal interprétés, ôtent à l'exécution une partie de sa clarté, de sa netteté et de son ensemble.

Quant à l'ACCENT, il tient à la nuance donnée à une série de sons, qui veut, en thèse générale, que dans un dessin de notes quel qu'il soit, les sons ascendants augmentent graduellement de force (dans la proportion de la nuance indiquée), et que les sons descendants diminuent successivement d'intensité. Cette règle observée, même entre deux sons placés à une distance quelconque l'un de l'autre, leur donne la nuance, l'expression, l'*accent* convenable. Rarement fait-on le contraire, à moins que le compositeur ne l'ait prescrit, en écrivant, pour ce cas particulier, le signe par lequel il avertit de son intention.

D'ailleurs, il y a deux excès desquels il faut également se préserver : l'un où la douceur devient presque du silence ; l'autre où la force dégénère en dureté.

On peut jouer fort sans forcer, et doux sans éteindre le son. Pourtant c'est assez le défaut ou la manie de ceux qui, malgré leur prétention contraire, suppléent au sentiment vrai que la nature leur a refusé, par un sentiment factice qui ne trompe que le vulgaire; mettant à la place de cette expression de conviction si sympathique, une expression de convention qui ne touche personne. Ils pensent faire des contrastes, des oppositions, et ne font en réalité que des disparates.

CHAPITRE XXVII.

DU RHYTHME.

« Le *rhythme*, dans sa définition la plus générale, est la proportion qu'ont entre elles les parties d'un même « tout. C'est, en musique, la différence de mouvement qui résulte de la vitesse ou de la lenteur, de la longueur « ou de la brièveté des temps.

« Le *rhythme* est une partie essentielle de la musique, et surtout de l'imitative ; sans lui, la musique « n'est rien, et par lui elle est tout, comme on le sent par l'effet des tambours.

« Certaines passions ont dans leur nature un caractère rhythmique aussi bien qu'un caractère mélodieux, « absolu et indépendant de la langue; comme la tristesse qui marche par temps égaux et lents, de même

(1) Le mot TRILLE reçoit son explication au Chapitre XXXI, celui qui traite des *Ornements du chant*.

« que par des sons bas et *rémisses* (faibles) ; et la joie, par temps sautillants et vifs, de même que par des sons « aigus et intenses (1). »

Si le bruit même fixe notre attention, s'il nous plait jusqu'à un certain point quand il est *rhythmé* et *cadencé*, à plus forte raison l'oreille s'attache-t-elle aux sons combinés intelligemment sur ce bruit ; et c'est le cas de parler des chants inventés autrefois sur les batteries du tambour relatives aux différents ordres du service militaire, tant intérieur qu'extérieur, tels que la *Diane* ou réveil, l'*Assemblée*, le *Drapeau*, la *Générale*, la *Charge*, la *Retraite*, etc. (**A**).

Non seulement le rhythme musical s'entend du mouvement régulier, ainsi que du retour périodique d'un même nombre de mesures, retour que les cadences font sentir et qu'elles divisent symétriquement ; mais il s'entend aussi d'un dessin particulier ou groupe de notes, lequel étant répété uniformément, tout en suivant l'enchaînement naturel des accords et des modulations, devient le signe distinctif d'une mélodie ou d'un accompagnement, ou bien encore d'une imitation d'objets animés. En voici des exemples.

1° Mélodie rhythmée d'une symphonie d'Haydn.

Période de seize mesures, avec un seul dessin mélodique varié par les cadences.

2° Accompagnement rhythmé d'un air de l'opéra de *Joseph*, par Méhul.

3° Rhythme imitatif dans l'ouverture du *Jeune Henry*, par Méhul.

(1) *J.-J. Rousseau*, Dictionnaire de musique.

4° Deuxième exemple d'un rhythme imitatif, dans l'ouverture d'*Armide*, par Gluck.

5° Double dessin rhythmé, dans *Il Matrimonio segretto,* opéra de *Cimarosa.*

Les symphonies d'Haydn présentent souvent de ces mélodies dont le rhythme, suivi et bien marqué, frappe et attache l'auditeur. Les œuvres lyriques de ses contemporains et de ses successeurs renferment aussi de ces dessins mélodiques rhythmés d'un intérêt particulier, sur lesquels sont établis des chants qui, pris à part, sont parfois assez vagues, mais qui suffisent alors aux exigences de la scène, surtout dans les finales, les chœurs, les morceaux d'ensemble **(B)**.

Le double dessin du *quartetto* de Cimarosa s'étend à quatre-vingts mesures, sauf quelques autres dessins non rhythmés et fort courts, placés çà et là, soit pour reposer un instant des dessins principaux, soit pour amener des cadences ou de nouvelles modulations, soit enfin parce que le sens des paroles l'exige. Ici, où l'on a un *a parte* continuel entre les quatre personnages, animés chacun d'un sentiment différent, un chant suivi, une mélodie soutenue n'aurait pas été convenable.

Quant aux fragments des ouvertures citées, on y voit à la fois une double imitation : dans la première, ce sont les glapissements de la meute et le galop des chevaux, avec une mélodie supérieure. Dans la deuxième, ce même galop est plus précipité, en même temps que le dessin en est autrement conçu ; et le premier violon semble exprimer les plaintes d'Armide, qui voit fuir celui que les chevaliers arrachent à ses séductions. Du moins peut-on croire que telle a été l'intention de l'auteur.

On dira plus tard comment l'on doit entendre l'esprit d'une ouverture en général.

Le *rhythme* est si naturel à l'homme, qu'il l'observe, qu'il en invente même dans plusieurs professions manuelles, soit pour diminuer la fatigue ou l'ennui d'un travail monotone, soit pour y mettre plus de régularité. Ainsi, sans parler des forgerons qui, dit-on, donnèrent à Pythagore l'idée du *rhythme,* on aura pu remarquer que ceux qui tamisent sur les bords d'un mortier certaines substances végétales ou minérales, observent assez volontiers le rhythme que voici :

Pour la construction des périodes, des phrases et membres de phrases musicales, les rhythmes sont de **2**, de **3**, de **4**, de **5**, de **6** et de **8** mesures (1). Ceux de 3 et de 5 se répètent, afin d'obtenir ce qu'on appelle la *carrure* des phrases : une phrase qui n'est pas *carrée* choque l'oreille d'un musicien, autant qu'un vers boiteux blesse celle du poète.

Dans les mouvements lents, le rhythme de quatre mesures serait quelquefois difficile à saisir, s'il n'était divisé par deux fois deux, au moyen d'une cadence faible. C'est par le même procédé que l'on divise ceux de six et de huit mesures, l'un par deux fois trois ou trois fois deux, l'autre par deux fois quatre ou quatre fois deux, ou bien encore par deux fois deux et une fois quatre, *et vice versa.*

Quant au rhythme de sept mesures, il ne peut être admis, dit Reicha, « par la raison qu'on ne peut le diviser « ni en deux ni en trois parties égales, condition essentielle des rhythmes qui dépassent cinq mesures. Enfin « ces différents rhythmes s'entremêlent, mais il faut toujours que la symétrie y soit observée. » (*Voir* le *Traité de Mélodie* de Reicha, à la bibliothèque du Conservatoire.)

(1) En tant qu'il s'agit de *mesure musicale*, rhythme est synonyme de nombre, parce que là, comme dans les dessins et valeurs de notes, il y a proportion, symétrie, retour périodique de quantités semblables.

NOTES DU CHAPITRE XXVII.

(A) Composés pour les fifres, compagnons inséparables des tambours dans les gardes françaises de Louis XV et de Louis XVI, ces airs furent bientôt arrangés pour les grandes musiques des mêmes régiments, d'où ils se répandirent dans les autres corps de l'armée.

Les chants propres aux *marches* et *pas redoublés* pouvaient être multipliés à l'infini ; mais les autres devaient rester stables. Et, de fait, ils n'avaient éprouvés aucuns changements à l'époque de la Révolution de 89. Peu à peu, ils furent négligés sous la République, et se perdirent tout à fait sous l'Empire, par la suppression des *fifres*. Les tambours seuls conservèrent leurs batteries, dont quelques-unes s'entendent encore dans les aubades qu'ils donnent à leurs supérieurs (1).

D'ailleurs, le brillant, l'éclat, l'enthousiasme dominaient toujours dans les chants de guerre composés par Michel Guebauer (2), chef de musique de l'ancienne garde impériale. Quels changements depuis ! Et pour ceux qui ont la mémoire du passé, combien nos musiques militaires paraissent aujourd'hui tristes, sourdes et monotones ! Nous en dirons les raisons, du moins celles qui tiennent à l'art.

(B) Dans l'exemple rhythmé d'Haydn, la période se compose d'un seul dessin de notes, répété de deux en deux mesures, mais toujours avec de nouveaux sons pris de la même gamme. Cette période est divisée comme il suit : deuxième mesure, *cadence affaiblie* sur le premier degré de la gamme, attendu que ce premier degré se lie avec le cinquième au lieu de rester en place, ce qui ne fait sentir qu'un membre de phrase. A la quatrième mesure, la cadence est *imparfaite*, ayant lieu sur l'accord du cinquième degré, et donne une phrase entière. Sixième mesure, *cadence affaiblie* sur l'accord du premier degré. Dixième mesure, modulation passagère à la gamme mineure du deuxième degré, et retour subit au cinquième, avec *cadence imparfaite* à la douzième mesure. Quatorzième mesure : *cadence affaiblie* sur l'accord du premier degrés. Seizième mesure, *cadence parfaite* sur le même accord, pour terminer la période.

En général, le premier dessin mélodique, quel que soit le nombre de ses mesures, n'offre presque toujours qu'un sens inachevé, lequel a besoin d'une suite, d'un complément. Il faut donc qu'un second dessin ou membre de phrase, d'un pareil nombre de mesures, succède au premier, et reçoive une cadence plus déterminée, si elle n'est pas encore concluante. Alors il y a *carrure*, le sens est achevé, l'oreille et le sentiment sont satisfaits.

Il arrive pourtant que deux membres successifs de quatre mesures chacun ne présentent en réalité que sept mesures, parce qu'il y a *enjambement* ; c'est-à-dire que la quatrième mesure du dessin initial devient en même temps la première du dessin final.

EXEMPLE :

Quoique le rhythme de cette courte période soit réellement de sept mesures, il n'en produit pas moins l'effet d'une période de *huit*, par la raison que le conséquent est égal en nombre a l'antécédent, celui-ci étant achevé au *la* du temps fort de la quatrième mesure, laquelle reçoit une cadence affaiblie, et commence le dessin final.

D'autres fois, c'est en renfermant, par supposition, deux mesures brèves en une seule mesure double de la première, que l'on retrouve la carrure d'une période, c'est-à-dire un rhythme de mesures en nombre pair au lieu de celui qui paraissait être d'un nombre impair, inadmissible.

(1) Ces airs rhythmés sur les batteries du tambour se voient, servant d'entr'acte, pages 101 et 102 de la partition d'un opéra de Martini le moderne (Schwarzdorf), intitulé : *Henri IV, drame lyrique, représenté à Paris en 1774.*

(2) Mort, ainsi que plusieurs lauréats du Conservatoire, dans la première campagne de Russie.

EXEMPLE TIRÉ DES QUATUORS DE MOZART.

Néanmoins ces sortes de périodes musicales n'agréeraient nullement aux danseurs, attendu que, jusqu'à présent, aucun chorégraphe n'a voulu s'essayer sur d'autres rhythmes que sur ceux de deux, de quatre et de huit mesures, bien distinctes, bien tranchées.

CHAPITRE XXVIII.

DE LA COMPOSITION DU CHANT, OU CONSTRUCTION MÉLODIQUE, TANT VOCALE QU'INSTRUMENTALE.

On peut remarquer qu'une mélodie a d'autant plus de grace et de douceur que les degrés conjoints y sont plus fréquents que les degrés disjoints. Cela ne veut pas dire qu'il faille éviter ces derniers : on ne commande pas à l'imagination. et le goût, la raison, le jugement peuvent seuls lui poser des bornes. De même que l'emploi trop prolongé des degrés conjoints donnerait une mélodie molle et traînante; de même aussi, l'abus des degrés disjoints la rendrait sautillante et sans charme. Ceux-là ont de la suavité, ceux-ci de l'énergie; et c'est par un mélange heureux des uns et des autres qu'ils se tempèrent, et qu'indépendamment de l'amalgame des valeurs diverses, ils répandent la variété sur les inspirations du compositeur.

L'*unité*, cette qualité aussi essentielle dans le discours musical que dans le discours oratoire, se trouve dans le rappel fait à propos du sujet (période initiale), de ses fragments développés, des idées les plus saillantes de ce discours, présentées chaque fois sous des couleurs nouvelles ; car c'est ainsi que la variété se joint à l'unité.

Ensuite, le mode principal, les modulations, la mesure, le mouvement, le rhythme surtout, impriment un caractère particulier à l'ensemble du morceau, auquel le sentiment, le goût, le style des exécutants donnent une seconde vie.

La musique instrumentale a toute liberté dans son allure, quant aux intervalles qu'on y emploie; mais la musique vocale est plus restreinte à cet égard ; car, n'ayant pas dans celle-ci comme dans l'autre des moyens mécaniques propres à déterminer les sons avec précision, la difficulté d'intonation de certains intervalles peut être, pour la voix, un obstacle à leur émission immédiate, si l'oreille n'en a pas une sorte de prévision.

En conséquence, les intervalles simples contenus dans la gamme majeure (la septième exceptée), c'est-à-dire la seconde, les deux tierces, les deux sixtes, la quarte et la quinte, conformes au mode, ainsi que l'octave, sont d'une intonation généralement facile. Les mêmes intervalles redoublés exigent déjà un peu de pratique; mais parmi ceux qui sont altérés, les uns sont plus aisément praticables en descendant qu'en montant; les autres veulent être renversés plutôt que directs; quelques-uns enfin sont et doivent être prudemment exclus, surtout pour les choristes, dont les voix ne sont pas des plus exercées. (*Voir* les n°ˢ 1 et 2 du huitième Tableau.)

Il faut dire pourtant, à l'égard des difficultés d'intonation, que, dans le cas où l'harmonie s'unit à la mélodie, les sons principaux de celle-ci (ceux qui font partie des accords), étant entendus dans l'une ou l'autre des parties accompagnantes, l'oreille en reçoit l'impression, et la voix éprouve moins de gêne à les produire. A plus forte raison doit-il en être ainsi, quand les intervalles sont remplis par des notes intermédiaires qui les amènent diatoniquement ou chromatiquement. Ces notes intermédiaires peuvent être appelées *de passage*, aussi bien en mélodie qu'en harmonie. (*Voir* le n° 3 du huitième Tableau.)

Que les notes de la mélodie soient *passagères* ou principales (tenant aux accords), on varie les unes et les autres de plusieurs manières, savoir: par la SYNCOPE, par l'ANTICIPATION, par la PETITE NOTE, par le GROUPE et par tout ce qu'on nomme BRODERIES et ORNEMENTS DU CHANT. Chacune de ces variétés va être examinée à part.

CHAPITRE XXIX.

DE LA SYNCOPE.

Une phrase de chant dont chaque note remplit une mesure binaire se conçoit tout d'abord, parce que cette marche est tout ce qu'il y a de plus simple. Mais si, par une singularité qui a pourtant son effet en musique, ce même chant commence au second temps de la mesure et se prolonge sur le premier temps de la mesure suivante, pour continuer ainsi du temps faible au temps fort, alors cette allure boiteuse, incertaine, bizarre, donne à ce même chant quelque chose de contraint, d'embarrassé, qui est en effet le propre de ce qu'on appelle SYNCOPES ou *notes syncopées*.

Ce qu'on avait fait d'abord de la partie faible à la partie forte de la mesure, on le fit bientôt de la partie faible d'un temps à la partie forte du temps suivant; et l'usage ayant peu à peu accoutumé à cette manière, elle s'est étendue au demi, au quart, au huitième de temps.

Depuis qu'on use fréquemment de la *syncope*, son exécution n'est plus qu'un jeu pour le praticien; mais le commençant ne s'y habitue pas toujours promptement : il ne pourrait même s'y faire, sans le secours d'une autre partie (ordinairement la basse) qui marque le temps fort, ou la partie forte des temps. En effet, si, d'une part, on suppose l'absence de cet auxiliaire; si, d'autre part, on s'abstient d'indiquer ostensiblement les temps de la mesure, les habiles eux-mêmes ne pourront se flatter de donner une durée égale aux notes syncopées, pour peu que leur succession se prolonge.

Puisque la *syncope* ne peut se passer d'une partie qui l'accompagne, elle est donc plus harmonique que mélodique. Aussi, n'en fait-on point usage dans les chants que l'on veut rendre populaires, et généralement dans la musique vocale; au lieu que, dans l'instrumentale, elle est fréquente et d'un effet toujours certain.

Le n° 1 des exemples donnés au neuvième Tableau présente un chant très simple, composé d'unité seulement. Au n° 2 le chant est le même, mais ses valeurs sont réduites de moitié. Elles ne sont que des quarts au n° 3.

Dans les exemples suivants (4, 5 et 6), les *syncopes* sont présentées en valeurs relatives des n°s 1, 2 et 3 auxquelles elles se rapportent; car deux blanches, liées ou frappées, équivalent à une ronde; deux noires à une blanche; deux croches à une noire, etc. L'exécution ne change même pas ici, sauf le point de départ, c'est-à-dire le temps de la mesure par lequel on commence.

La liaison placée au-dessus des notes *syncopées* indique, comme on le sait, que les deux n'en font qu'une, que le son est prolongé, non répété.

La bonne exécution de la *syncope* consiste à l'attaquer avec un peu plus d'énergie que les autres notes, proportionnellement à la force donnée aux précédentes ou à la nuance indiquée; après quoi on laisse s'écouler le son, sans faire autrement sentir la seconde moitié de la *syncope*, sans *pousser le son*, comme font les écoliers mal enseignés, ou qui, n'ayant pas le sentiment de la mesure, pensent la mieux observer par ce moyen que réprouve le goût.

CHAPITRE XXX.

DE L'ANTICIPATION.

L'Anticipation est ou harmonique ou mélodique.

L'*anticipation harmonique* présente aussi une syncope, mais dont la première moitié n'appartient qu'à l'accord qui la suit, qu'elle devance par conséquent, non à celui sur lequel elle commence, contrairement à la syncope. De là vient que l'*anticipation* dissonne d'abord, et que cette dissonance n'étant pas préparée, c'est-à-dire n'étant pas entendue au préalable comme consonnance, sa dureté est manifeste, ce qui fait qu'on s'y arrête fort peu, employée harmoniquement (1). On va néanmoins en donner un exemple, afin de faire mieux comprendre en quoi l'*anticipation* diffère de la *syncope*. Il suffira de comparer les n°s 7, 8 et 9 du neuvième Tableau, aux n°s 4, 5 et 6 qui précèdent, le chant et ses valeurs étant semblables. Comparez donc 7 à 4, 8 à 5, et 9 à 6.

OBSERVATIONS.

Cette première espèce d'*anticipation* devançant la note réelle au lieu de la retarder, il y avait obligation d'ajouter à la dernière mesure des n°s 7, 8 et 9 pour la compléter; et cette note ajoutée appartient aussi à l'accord qui suit immédiatement.

A la neuvième note des n°s 3, 6 et 9, on a mis un ♮ devant l'*ut*, à cause de sa proximité de l'*ut* ♯ de la mesure précédente; ce qu'on n'a pas fait aux autres numéros, vu la distance qui sépare ces deux notes. Il est même reçu en principe qu'*un signe altératif ne s'applique qu'aux notes de la mesure dans laquelle il se trouve.* (Fin des observations.)

La deuxième espèce d'*anticipation* (la mélodique), celle qui est le plus en usage, n'a lieu qu'à l'extrémité des mesures et des temps. Elle fait entendre alors une note plus ou moins brève, laquelle appartient à l'accord suivant, et qu'elle répète ensuite lorsque l'accord même est frappé, si toutefois elle ne retombe pas sur une autre note de cet accord.

Dans l'exemple n° 10 du neuvième Tableau, dont le mouvement est modéré, on verra que chaque demi-croche anticipe l'une des notes appartenant à l'accord qui la suit. On examinera aussi les exemples 11 à 16, employés fréquemment. Ils contiennent alternativement des *syncopes* et des *anticipations* à comparer entre elles;

(1) Les *consonnances* ou les *intervalles consonnants* sont la tierce et la sixte (majeure ou mineure), la quarte et la quinte inaltérées ainsi que l'octave. Tous les autres intervalles, quels qu'ils soient, sont *dissonants*.

car on en fait usage dans les mêmes circonstances, pour varier la mélodie simple. Ensuite, ces mêmes espèces de notes sont répétées au lieu d'être prolongées, ce qui est encore assez habituel. Enfin, comme troisième moyen de variété, les *syncopes* sont *coupées*, autrement dit, séparées par des silences de même valeur que les notes.

CHAPITRE XXXI.

DES ORNEMENTS DU CHANT.

On donne les noms de NOTES DE GOÛT ou d'AGRÉMENT à certains embellissements composés de notes purement accessoires, ajoutées aux sons principaux de la mélodie, pour orner sa simplicité ou pour varier ses répétitions.

Tantôt le compositeur écrit lui-même ces ornements, tantôt il laisse au musicien, chanteur ou instrumentiste, la liberté de les choisir et de les placer çà et là dans les pièces qu'il exécute. Le goût qui, dans ce cas, est le discernement des convenances et de l'opportunité, apprend à les employer à propos, à n'en user qu'avec sobriété, à leur donner le mouvement et l'esprit appropriés à ceux du morceau, ainsi que le naturel et la grâce d'exécution qui en font le prix.

Nous allons d'abord classer à part les principaux ornements mélodiques, ceux dont la forme arrêtée depuis longtemps sont d'un usage commun (1). Tels sont le PORT-DE-VOIX, *portamento;* la PETITE NOTE, *appogiatura*, le GROUPPE, *gruppo;* le TRILLE, *trillo;* et le MORDANT, *mordente*, plus exactement appelé BRISÉ.

Ensuite, dans ce qui est abandonné à l'arbitraire, au caprice de l'imagination, nous comprendrons tout ce à quoi l'on a donné les noms généraux de BRODERIES, TRAITS, ROULADES et FIORITURES, mot qu'on a francisé un peu maladroitement et introduit sans nécessité dans le langage musical. Il signifie pareillement l'action de broder, d'orner, de *fleurir* le chant. Le mot *broderie* y répondait suffisamment.

SECTION I.

DU PORT DE VOIX.

Les auteurs de la *Méthode de Chant du Conservatoire* nous semblent avoir commis une erreur en parlant de deux espèces de PORTAMENTI, ou manière de *porter les sons,* dont la première, celle que nous contestons, consisterait à établir la *liaison* sur une série de notes d'égales valeurs, procédant par degrés conjoints et disjoints entremêlés. Or, dans l'exemple que cette Méthode donne à l'appui (n° **1** du dixième Tableau), on ne voit qu'un trait mélodique de notes unies par le COULÉ, lequel trait se rapporte à l'*articulation* et aux *nuances* plutôt qu'aux *ornements du chant.*

Quoi qu'il en soit, et puisque nous citons cet exemple, nous ajouterons les observations relatives à son exécution, avant de passer au véritable *portamento.*

Ainsi, l'on a placé sous les sons de cet exemple les signes des nuances qu'il convient de donner à leur marche ascendante et descendante, d'après ce qui a été dit chapitre XXIV. Cependant le *mi* de la quatrième mesure ne suit pas la progression de force des quatre noires précédentes; il a même sa nuance à part, attendu que le chanteur a besoin de respirer; ce qu'il peut faire avant la dernière note d'une phrase, contrairement à la règle ordinaire, quand cette note exige la *mise de son,* ou qu'elle commence un trait d'une certaine durée. Dans toute autre circonstance, respirer avant la fin d'une phrase est une faute intolérable

(1) Ils nous sont encore venus des Italiens, nos précurseurs en mélodies gracieuses et surtout en *broderies*.

N. B. Le signe ; ; est celui de la grande respiration ; celui-ci : ; est pour la demi-respiration. L'un et l'autre sont empruntés à la méthode précitée, ainsi que plusieurs exemples pratiques de ce chapitre.

La deuxième manière de *porter les sons*, le seul véritable *port de voix*, se pratique entre deux notes séparées par un intervalle qui peut n'être qu'une *seconde* mineure ou majeure, mais qui peut aussi dépasser l'*octave*. Dans tous les cas, le mouvement en est au moins modéré. (Nº 2 du dixième Tableau.)

« Cette manière, dit la Méthode, consiste à faire glisser le son avec promptitude, par une liaison fort lé-« gère, qui part de l'extrémité de la première note, pour passer à la seconde en l'anticipant. » Cette manière en effet aide beaucoup à l'union de deux sons très distants l'un de l'autre, et à plus forte raison à ceux qui le sont moins. Mais il serait au moins singulier de vouloir l'appliquer dans l'exemple nº 1, non plus qu'à toute série de notes se succédant avec quelque vitesse.

SECTION II.

DE LA PETITE NOTE SIMPLE.

Par les noms que les maîtres italiens ont donné à ce que nous appelons *petite note*, ils ont indiqué à la fois et cet ornement et la nuance qui convient à son expression : ils l'ont nommé Appogiatura, de leur verbe Appogiare, *appuyer*, parce qu'en effet la voix appuie sur cette petite note un peu plus que sur celle qui lui est jointe.

Notre mot *appui* répondait assez bien à celui d'Appogiatura ; peut-être devait-on l'adopter, car les termes usuels de *petite note* prètent encore à l'équivoque, par leur double sens de note de goût et de note d'un moindre volume, d'une grosseur différente de celle des notes ordinaires et communes ; outre que ce sont deux mots au lieu d'un seul. Nous conserverons néanmoins l'expression consacrée ; mais en même temps, pour la clarté des explications subséquentes, il nous a paru nécessaire d'introduire dans la langue musicale, et comme indication de cette différence de volume dans les deux seules grandeurs de notes, les termes comparatifs de *majuscules* et de *minuscules*, lesquels échappent à toute fausse interprétation, où l'on tomberait, au contraire, en opposant sans cesse l'un à l'autre les mots de *grande* et de *petite note*.

Cette dernière est de deux sortes, c'est-à-dire *simple* ou *double*.

Simple, et placée devant la majuscule à laquelle elle est liée, la *petite note* et son annexe présentent un intervalle de *seconde* supérieure ou inférieure. Dans le premier cas (nº 3 du dixième Tableau, lettre *A*), cette seconde est majeure ou mineure, selon le mode et les degrés de la gamme qui forment l'intervalle, ou selon l'idée du compositeur. Dans le deuxième cas (lettre *B*), la *petite note* fait presque toujours *seconde mineure*, à moins d'une cadence affaiblie sur le troisième degré de la gamme majeure (lettre *C*), ou d'une cadence imparfaite du sixième au septième degré de la même gamme.

La *petite note simple* s'écrit également bien en majuscule et en minuscule. Entre l'une et l'autre de ces manières d'écrire, le compositeur fait son choix en raison de l'importance qu'il attache à la bonne exécution du passage, ne laissant que le moins qu'il peut à l'arbitraire de l'exécutant. Pour celui-ci, l'habitude et le sentiment musical lui ont appris à distinguer l'accessoire du principal, et l'on sait que toute espèce d'ornement est de la première catégorie.

En général, dans les mouvements lents et modérés, la *petite note*, écrite en minuscule, vaut la moitié de la majuscule qui la suit. Elle en vaut tantôt la moitié, tantôt le tiers, lorsque cette majuscule est susceptible d'être divisée en trois parties égales. Pour cela, toutefois, il faut que la minuscule soit *préparée*, c'est-à-dire précédée d'une majuscule au même degré, au même diapason, tel que cela a lieu dans l'exemple qu'on voit lettre *C*, n° 3, où le *ré* croche précède immédiatement et prépare le *ré* noire, *petite note*. De même, dans les deux mesures qui suivent, le *la* noire est préparé par le *la* croche de la première mesure. Autrement, la durée de la *petite note* peut être diminuée, devenir aussi brève que dans un mouvement vif; car, encore une fois, les agréments du chant, quels qu'ils soient, prennent le mouvement et l'expression du discours musical, dans son ensemble comme dans ses détails; ils se conforment à l'esprit des diverses parties de ce discours, à ses oppositions, à ses contrastes.

Souvent la *petite note simple* a la forme d'une blanche devant une ronde; celle d'une noire devant une blanche, d'une croche devant une noire; enfin elle est demi-croche devant une croche; mais, arrivée à ce point, elle conserve cette figure, même auprès de valeurs moindres (1). En cela, comme à l'égard d'autres signes musicaux, les compositeurs manquent d'uniformité, de fixité, et ne s'entendent pas entre eux. De là une exécution qui, dans plus d'un détail, ne remplit pas exactement leurs intentions. Parfois même on agit en cela tellement à l'aventure, que, lorsque après quelques années on remonte un opéra de Gluck, par exemple, dont les traditions de mouvement, de nuances, d'intentions sont perdues en partie; dès qu'il se présente une *petite note*, un *groupe* ou tout autre agrément, les uns le font long, les autre bref plus ou moins, ce qui détruit indubitablement une partie de l'ensemble si nécessaire à la parfaite exécution.

SECTION III.

DE LA PETITE NOTE DOUBLE.

La Petite Note double, écrite presque toujours en minuscules, se place, ainsi que la *simple*, au-dessous ou au-dessus de la majuscule et se lie avec elle. Les trois ensemble font tierce majeure, mineure ou diminuée, ce qui dépend du mode, des degrés de la gamme et des altérations écrites dans l'une ou l'autre de ces tierces mélodiques.

Entre les trois manières reçues d'envisager, d'écrire et d'exécuter la *petite note double*, il est à présumer que la première aura suivi la gradation que présente l'exemple 4 du dixième Tableau. La deuxième manière est celle dans laquelle la *petite note double* suit ou précède la majuscule. Pour la bien exécuter, il faut observer scrupuleusement les signes d'expression indiqués n° 5 du dixième Tableau.

Un cas plus rare est celui où la *petite note double* se compose de l'inférieure et de la supérieure de la note majuscule, marchant ainsi par degrés disjoints; et c'est la troisième manière. (*Voir* le n° 6 du dixième Tableau.) Aucun signe de nuance ne l'accompagne, et son exécution exige beaucoup de douceur et de délicatesse. Une sorte de naïveté propre à cet agrément le fait paraître vieux à quelques-uns; mais cela dépend de la façon dont il est rendu: Mme Pasta paraissait l'affectionner, et, dans sa bouche, il était plein de grace.

Une invention assez moderne, et que l'on ne sait comment qualifier, consiste à anticiper la petite note simple, tout en faisant sentir celle-ci par un léger coup de gosier, mais très précipité. Cela se fait à satiété maintenant sur l'anté-pénultième note de la cadence parfaite. (*Voir* n° 7 du dixième Tableau.)

On demande ce que cette belle découverte, due on ne sait à quel chanteur, ajoute à l'expression; et si le goût ou le sentiment en retire quelque fruit? On entend même répéter plusieurs fois de suite cette espèce de *hoquet* de la voix, avec plus ou moins de précipitation, sur un son tenu, comme, par exemple, sur le *point d'orgue* du grand air d'*Elvire*, dans l'opéra La Muette de Portici (A). (*Voir* n° 8 du dixième Tableau.)

Ce n'est ordinairement que sur les voyelles *a* et *è* ouvert que se font les traits rapides et, autant que faire

(1) Cette dernière prend les deux formes que voici : 1° dans la gravure, ; 2° dans la copie .

se peut, tout ce qui est agrément ou broderie. Ici pourtant la deuxième syllabe du mot *bonheur*, le *r* final et l'ô exclamatif se succèdent presque immédiatement dans le son filé, le trait et la reprise du motif. C'est qu'en dépit de notre langue qui s'y refuse, on veut, à l'envie des Italiens, coudre partout des roulades, des traits, des *fioritures*, sans se soucier autrement des mots qui les reçoivent.

SECTION IV.

DU GROUPE DE TROIS NOTES.

Ce *groupe* est aussi de deux espèces. Celui de la première est un assemblage de trois petites notes diatoniques, faisant tierce majeure, mineure ou diminuée.

La Méthode de chant veut que la valeur du GROUPE DE TROIS NOTES soit prise non sur celle de la note majuscule qui en est affectée, mais au levé du temps qui précède cette note. Elle en donne cet exemple : (*Voir* n° 9 du dixième Tableau.) D'abord on doit supposer qu'une ou plusieurs notes sont entendues dans la mesure qui précède celle où se trouve le *groupe*. La raison de cela, c'est qu'il est contraire à la règle de commencer une phrase musicale par un agrément quelconque (1). Ensuite, comme il est aussi de règle que pour bien exécuter le *groupe de trois notes* on doit le séparer de la note précédente, et le lier au contraire à la suivante, il n'est pas toujours possible d'en prendre la valeur sur la première. La règle ne doit donc pas être suivie à la rigueur ; car si, dans l'exemple cité, on peut l'observer lorsque l'initiale du dessin de notes est une *blanche* ou une *noire*, on ne le peut plus quand cette initiale est une *croche*, et surtout quand le mouvement est accéléré.

Il en est de même de l'exemple suivant (n° **11** du dixième Tableau), où le *groupe* est rapproché à dessein de la note sur la valeur de laquelle il est pris, bien qu'il doive en être séparé dans l'exécution, ainsi qu'il a été dit.

On voit, dans ce n° **11**, que le *groupe* n'est pas placé comme la Méthode le recommande, à tort dans ce cas, mais près de celle dont il prend une partie de la valeur. De cette façon, l'exécution a lieu en son temps, au moment voulu, et, nous ne saurions trop le redire : si les compositeurs apportaient cette grande exactitude dans le placement de tous les signes musicaux, leurs intentions seraient mieux remplies, même par des musiciens médiocres.

SECTION V.

GROUPE DE QUATRE NOTES.

On abrége l'indication du GROUPE DE QUATRE NOTES, au moyen de ce signe, ∾, placé au-dessus de la note qui reçoit l'agrément ; mais ce signe ne suffit évidemment qu'à ceux qui ont appris d'abord à exécuter au temps précis et convenable le *groupe de quatre notes*.

Le n° **12** du dixième Tableau le fait voir avec le signe indicateur ; puis il donne son mode d'exécution selon la Méthode, laquelle veut qu'on ne le prononce qu'après la note à laquelle il est joint, au lieu de l'articuler avant cette note. (*Voir* le n° **12** du dixième Tableau, lettres *A*, *B* et *C*.)

Il est constant que c'est le *groupe* de trois notes, non de quatre, qui figure dans ces exemples de la Méthode. Il ne l'est pas moins que, dans la première leçon pratique, et par le fait de l'articulation indiquée, ce *groupe* ne se lie pas plus intimement à la note qui le précède qu'à celle qui le suit. L'exécution est donc mal indiquée et peut induire en erreur, laissant croire que la cinquième note doit être attaquée comme les deux premières.

---

(1) On a moins de scrupule aujourd'hui, témoin le début de cet air de *la Sonnambula*. (*Voir* le n° 10 du deuxième Tableau.)

La seconde leçon vaut mieux, en ce que cette cinquième note est liée à celles du groupe, séparées de la première ; mais c'est encore le *groupe de trois*. En effet, la Méthode ne parle pas de celui de *quatre ;* elle n'en donne aucun exemple, on le confond avec celui de *trois*, comme le ferait croire le mode d'exécution qu'elle prescrit, lettre *D*. Cependant on rencontre le *groupe de quatre notes* écrit de plusieurs façons, précédant ou suivant la note majuscule avec laquelle il est lié et articulé. (*Voir* le n° **13** du dixième Tableau.)

Quand le mouvement le permet, et que le signe du groupe de quatre notes (~) est placé sur une note pointée, nous pensons que l'on doit faire sentir le point, s'y appuyer pour ainsi dire, ou tout au moins l'observer avant de commencer l'exécution du groupe, comme ceci :

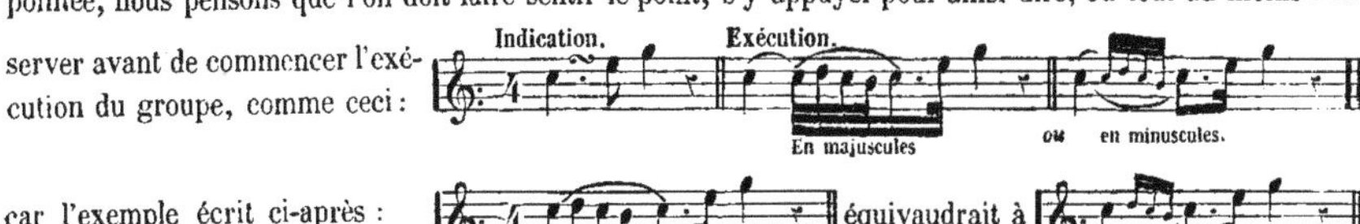

car l'exemple écrit ci-après : équivaudrait à

qui n'est encore qu'un groupe de trois notes.

D'autres ornements du chant pourraient passer pour de véritables groupes de trois, de quatre et d'un plus grand nombre de notes.

SECTION VI.

DU TRILLE (1).

Le Trille est un agrément composé de deux sons à un degré de distance l'un de l'autre, lesquels doivent se succéder avec rapidité.

Le premier de ces sons, l'inférieur, sur lequel se fait le *trille*, est seul écrit ; le deuxième, le supérieur, est supposé ; mais l'un et l'autre sont indiqués par les deux premières lettres du mot (*tr*), placées au-dessus de la note qui reçoit le *trille*.

Quand l'étendue à donner au *trille* est laissée à la volonté du musicien, il l'exécute en articulant les deux notes alternativement, avec légèreté, dans un mouvement d'abord modéré, puis qu'il accélère peu à peu, mais sans dépasser de certaines limites : trop lent, le *trille* est sans effet ; trop rapide, il ressemble à un *chevrottement*. C'est le défaut de ceux qui n'ont pas mis à son étude le temps et les soins que réclame cet agrément.

Les deux sons du *trille* font seconde mineure ou majeure, selon le degré de la gamme sur lequel il a lieu, que ce degré soit ou ne soit pas altéré ; car tous les sons d'une gamme diatonique ou chromatique sont susceptibles de recevoir le *trille* (**B**).

Cet ornement, avec toute l'étendue qu'on peut lui donner, a lieu principalement à la cadence parfaite et finale des grands morceaux de chant appelés *Airs de bravoure* (*aria di bravoura*), ainsi qu'à la terminaison des deux premiers morceaux du Concerto instrumental, où il termine le point d'orgue d'obligation. C'est alors le deuxième degré de la gamme initiale qui reçoit le *trille*, et ce degré est ordinairement précédé du premier, du troisième ou du cinquième de la même gamme. (*Voir* le n° **14** du dixième Tableau.)

Les deux ou trois notes minuscules, ajoutées à celle qui reçoit l'agrément, s'appellent *terminaison du trille*. Il y a plusieurs façons de le terminer, de même qu'il y a différents moyens de l'amener, qu'on nomme

(1) Ce mot vient de l'italien *Trillo*, fredon, *Trillare*, fredonner. Pour se conformer à la prononciation italienne qui n'a pas d'*ll* mouillées, nous devons articuler celles du mot *Trille* comme dans *ville*, *mille*, *Lille*. etc.

préparation du trille. Les unes et les autres s'écrivent en minuscules beaucoup plus souvent qu'en majuscules. (N° 15 du dixième Tableau.)

Quand le *trille* est pratiqué sur chacun des sons d'une série de degrés conjoints, ascendants ou descendants, on l'écrit et on l'exécute comme au n° 16 du dixième Tableau.

Souvent on rencontre le *trille* placé sur des notes de courte durée ; dans ce cas, on l'attaque précipitamment. En voici des exemples, avec quelques variétés dans la manière de l'écrire et dans celle de l'exécuter. (*Voir* n° 17 du dixième Tableau, lettres *a, b, c* et *d.*)

SECTION VII.

DU MORDANT, *MORDENTE*, OU BRISÉ.

Le MORDANT est aussi un trille, mais tronqué et fort court ; c'est-à-dire attaqué vivement et presque aussitôt interrompu, d'où lui vient le nom français de *brisé,* beaucoup plus significatif que l'autre, et dont on aurait dû se servir dans la Méthode. Comme, au contraire, on y a introduit le nom italien francisé, c'est avec son initiale *m* que l'on indique encore le *trille* de cette espèce.

On acceptera l'indication, mais on donnera à la chose son nom le plus caractéristique.

Un mouvement plutôt modéré que vite est d'obligation pour donner au *brisé,* difficile d'exécution, la légèreté, la netteté et le brillant qu'il réclame. Sans ces qualités, une suite de *brisés* peut devenir ridicule et de mauvais goût, en donnant à la voix un air de vieillesse tremblottante.

Selon le mouvement, le *brisé* peut être de trois, de quatre, de cinq sons et plus. (*Voir* le n° 18 du dixième Tableau.)

NOTES DU CHAPITRE XXXI.

(A) Lorsque Madame Damoreau chantait cet air, on était loin sans doute de critiquer son exécution, toujours si parfaite ; mais on gémissait de la voir sacrifier à la mode ; d'autant mieux qu'elle paraissait n'oublier dans aucun temps l'orchestre d'élite qui l'écoutait, et où son rare talent et la richesse de son imagination étaient si bien appréciés. Quand Martin, notre célèbre ténor de l'Opéra-Comique, savait que de grands artistes étaient venus pour l'entendre, il affectait alors, dans sa manière de chanter, un goût et une pureté classiques, qu'il observait moins, sans pourtant se négliger, dans les représentations de chaque jour. Et tel est l'effet de cette émulation réciproque entre les artistes, qu'elle tourne encore au profit des auditeurs charmés.

(B) Beaucoup de personnes, et même des musiciens, donnent au *trille* le nom de *cadence.* C'est à tort, assurément : c'est à la fois une impropriété de terme et un double emploi qu'on doit éviter avec soin. Combien de formules de *cadences* ne fait-on pas, sans que le *trille* y participe en quoi que ce soit ? Et pourquoi celui-ci, qui se fait isolément sur les notes courantes du chant, recevrait-il le nom de *cadence* plutôt que tout autre de ses ornements ? Qu'on se rappelle donc bien que le *trille* n'est qu'un pur accessoire de la mélodie, un simple agrément que l'on peut y ajouter ou en retrancher à volonté ; tandis, au contraire, que la *cadence* est un *repos*, et, comme tel, une partie intégrante de la phrase et de la période musicale.

CHAPITRE XXXII.

DES BRODERIES EN GÉNÉRAL, OU DES NOTES ACCESSOIRES VARIÉES, ET DES NOTES EXCEPTIONNELLES QUI S'Y GLISSENT PAR INTRUSION.

On reconnaît aisément les notes principales de la mélodie, celles qui font partie des accords. Les notes intermédiaires ou de passage, la syncope, l'anticipation, et toutes celles dont il vient d'être parlé sous les noms d'ornement, d'agrément, de notes de goût, etc., peuvent encore s'expliquer : mais dans ce qu'on appelle proprement *broderies* et *traits;* il se rencontre parfois de ces notes qui se refusent à toute analyse. Rares d'abord, elles se sont multipliées avec le temps ; et, comme la manie du siècle est non seulement d'abuser de tout, mais d'outrer tout, on donne à l'usage de ces notes une telle extension, que souvent elles font sentir des duretés choquantes, et ne sauraient être justifiées par aucune des règles connues, quelque disposé qu'on soit à les faire fléchir pour excuser de pareilles licences.

Quelquefois pourtant elles rentrent dans les exceptions à la marche par degrés conjoints des notes de passage, ou dans les variétés que l'on donne à une note principale, variétés qui font partie des *broderies.* Pour celles-ci, le savant théoricien Reicha a posé ce principe : *une note principale, sans rien changer à l'accord dont elle fait partie, peut être précédée, suivie ou entourée de sa seconde mineure ou majeure, tant inférieure que supérieure.*

Selon ce principe, la *broderie* serait composée ainsi qu'il suit :

1° La *petite note* simple ou double. (N° 19 du dixième Tableau.)

2° Cette *petite note* elle-même, brodée par d'autres petites notes. (N° 20 du dixième Tableau.)

3° Le *port de voix,* inférieur ou supérieur, avec les broderies qui lui sont pareillement applicables, et les divers modes de son exécution. (N° 21 du dixième Tableau.)

N. B. Le *port de voix* ressemble souvent à une syncope, étant naturellement préparé. De même que la *petite note,* il indique un repos mélodique plus ou moins prononcé, et se mêle fort bien aux notes de l'accord qui le reçoit, quoique souvent il lui soit étranger.

4° Enfin, les *notes de passage* se varient par des moyens semblables, et si l'on y joint les exceptions permises à leur marche, c'est alors qu'apparaissent ces notes accidentelles hasardées dont il a été question au premier paragraphe de ce Chapitre.

Nullement harmoniques, elles tiennent à peine à la mélodie, étant plus accessoires encore que les différentes espèces de *broderies,* qui ont au moins la *petite note* ou le *groupe* pour principe.

Voici, sur ces notes exceptionnelles, des passages cités par Jelensperger, dans son livre intitulé l'*Harmonie au XIXe siècle,* ouvrage estimable sous plus d'un rapport, et qui fait regretter que ce digne élève de Reicha ait été enlevé si jeune à l'art qu'il professait avec autant de conscience que de supériorité.

Au sujet de ces notes exceptionnelles qu'il appelle *échappées,* sans doute dans le sens de furtives, dérobées, il remarque : 1° que leur emploi demande un mouvement un peu accéléré ; 2° qu'elles tombent souvent sur une *petite note.* Il pouvait ajouter : et sur une *note de passage.* (*Voir* n° 22 du dixième Tableau, lettres *A, B, C, D, E, F.*)

REMARQUES SUR LES SIX EXEMPLES DU N° 22.

Il est facile de justifier les trois premiers exemples qu'on voit aux lettres *A, B* et *C,* puisqu'ils ont les notes de passage pour principe. Ainsi, l'on doit considérer le fragment *A* comme renfermant des variétés de ces sortes de notes, variétés autorisées par les exemples des meilleurs compositeurs. (*Voir* une partie de ces variétés, n° 25 du dixième Tableau.)

1° Le trait simple ne donne que les sons de l'accord écrit à la basse. (*Voir* les nos 23 et 24, comme simplifications des lettres *A* et *B,* n° 22.

2° Les notes de passage remplissent les intervalles du trait simple, et les variétés qu'elles permettent amènent naturellement, les unes par les autres, ces notes exceptionnelles, ces notes *échappées,* selon l'expression de Jelensperger. On les a signalées par l'initiale de ce mot (*é*) partout où elles se sont présentées, de 22 à 25 inclusivement.

B n'est pas moins irréprochable que *A* sous tous les rapports : il provient encore de l'une des variétés permises dans les notes de passage, comme on le voit au nº 26.

Il n'est pas aussi facile de justifier l'emploi des licences que l'on voit aux lettres *D*, *E*, *F* du nº 22. Ainsi, le fragment *D* tourné de cette façon :

paraîtrait aussi gracieux, sentirait autant la nouveauté, serait plus naturel.

S'est-on fait scrupule de commencer ce dessin mélodique par une *petite note ?* Certes, ce n'est pas ce que nous blâmerons, mais bien l'abus et parfois la durée de ces notes *échappées*, sans proportion avec celle des notes réelles qu'elles retardent ; car alors il y a dureté manifeste. Cette dureté n'existe pas moins dans la petite note *mi*, par laquelle commence cette phrase si connue de l'opéra *Il Barbiere di Sevilla*, de M. Rossini, et quoi qu'en puissent dire ses admirateurs quand même (2). (*Voir* le nº 27.)

Le *mi* n'est ici qu'une *petite note*, dira-t-on ; pas assez petite, à beaucoup près, pour des oreilles délicates, outre qu'elle commence la phrase.

Revenant au nº 22 ; que faut-il penser du *fa* ♯, lettre *E*, qui ne tient ni à l'accord, ni à la gamme, ni au mode, dont il fait même douter ? qui donne l'idée d'un repos mélodique, quand le *sol*, partie intégrante de l'accord, fait l'effet d'une *petite note* de ce *fa* ♯, auquel il imprime d'autant plus de force ?

Cette manière : 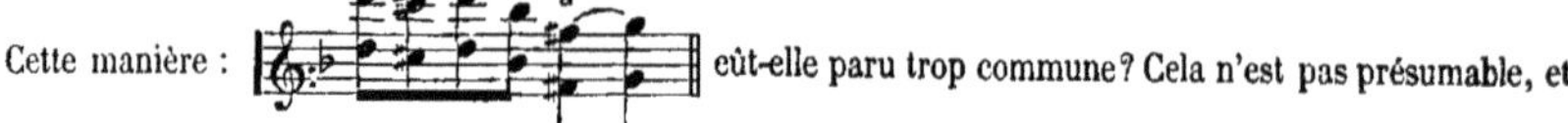 eût-elle paru trop commune ? Cela n'est pas présumable, et

chacun la comprend d'abord ; mais qu'on examine la version de l'auteur (lettre *E*, nº 22) établie sur l'accord de septième mineure, *ut-mi-sol-si* ♭, auquel le *ré* de la mélodie étant joint, en fait un accord complet de neuvième majeure ; enfin qu'on ajoute en surplus le *fa* ♯ du compositeur, ce qui donne en définitive un accord de onzième majeure avec tierce mineure et quinte augmentée, accord inconnu en harmonie, et qu'on explique, s'il est possible, la raison d'une telle complication de dissonances, d'une telle bizarrerie, bref, d'une telle discordance.

Ne peut-on pas appeler du même nom la petite note *d'une mesure entière* que l'on voit au nº 28 ? (A.)

Tout en rendant hommage et justice au rare talent d'un compositeur, à l'originalité de ses chants, au brillant et à la verve de son instrumentation ; si l'on ose dire ensuite que sa musique offre parfois des singularités que les bonnes méthodes condamnent, ce n'est jamais que dans la seule et unique intention de prémunir la jeunesse contre l'effet ordinaire de son enthousiasme, qui lui fait accepter sans examen tout ce que se permet un auteur en renom ; et nous devons dire à cette jeunesse : on excuse les écarts du génie en faveur

---

(1) Elle est indiquée ici par l'initiale du mot *appoggiatura*, que l'on sait être le nom italien de la *petite note*.

(2) Nous savons aussi l'admirer, ce grand et spirituel mélodiste ; mais nos raisons pour cela sont probablement meilleures et autrement motivées que celles de la plupart de ces prétendus *dilettanti*, qui tranchent avec tant d'assurance.

des nombreuses beautés par lesquelles il sait racheter quelques écarts ; mais n'a pas du génie qui veut, et ces mots : *le maître l'a dit*, ne sont pas toujours une bonne raison.

Quant au passage de la lettre *F*, on voit que l'auteur n'a hasardé le *mi* du quatrième temps que pour ne pas interrompre son dessin mélodique en progression de seconde et de tierce alternatives, parallèlement à la basse. Au surplus, on ne donne pas cet exemple comme justificatif du passage en question : une dureté en musique n'est pas plus tolérable qu'un mot inusité dans une langue quelconque. Toute discordance est un barbarisme en musique.

NOTE DU CHAPITRE XXXII.

(A) Si, dans ses merveilleuses compositions, Beethoven avait eu la pureté classique d'Haydn et de Mozart, il serait peut-être au-dessus de ces hommes si justement célèbres. Mais, non seulement il est plein de licences, il a encore ce que, par respect pour son grand nom, nous appellerons des excentricités qui ne sont qu'à lui, et qui n'eussent point été reçues venant de tout autre. Nous n'en citerons que deux, l'une prise au *final* de la Symphonie pastorale, l'autre au premier morceau de la Symphonie héroïque.

Dans la première, ce sont des anticipations, non d'une note, mais d'un accord entier, nullement amené par ce qui précède.

Dans la deuxième, c'est la moitié du sujet que le cor fait entendre quatre mesures plutôt que le violoncelle, et sur un accord dont les sons jurent avec ceux du cor.

Voici les deux passages. Nous les livrons à l'appréciation des musiciens instruits dans leur art, et non prévenus par le prestige d'un nom.

1° Début du final de la Symphonie pastorale. On sait qu'il s'enchaîne avec le morceau précédent, l'Orage, tableau imitatif des plus sublimes.

(1) M. *Catel*, présent à l'exécution de cette symphonie, et que nous examinions, pour cause, fut visiblement choqué par ce malencontreux *fa* de la basse ; et comme, plus tard, il sentit que le même passage allait se reproduire, nous le vîmes redoubler d'attention, puis bondir sur son siège, et, le sourcil froncé, faire le geste d'un homme qui semble dire : « cela a beau être du *Beethoven*, ce n'en est pas plus recevable. »

2° Premier morceau de la Symphonie héroïque, deuxième reprise.

CHAPITRE XXXIII.

DES ARPÉGES(2).

Les ARPÉGES tiennent beaucoup plus de l'harmonie que de la mélodie, en ce que ce sont des accords dont les sons, au lieu d'être entendus simultanément ne le sont que successivement; mais lorsque l'exécution en est rapide, elle produit un effet très approchant de cette simultanéité.

Les voix et les instruments à vent, qui ne peuvent donner qu'un son à la fois, ont aussi la ressource des *arpéges* pour feindre une suite d'accords.

Les instruments à cordes sont ceux auxquels les *arpéges* sont le plus familiers, parce que leurs moyens d'exécution s'y prêtent naturellement. A l'orchestre, par exemple, on entend à tout moment les premiers violons doubler ou varier la mélodie des chanteurs, et les seconds violons l'accompagner par des *arpéges;* tandis que les instruments plus graves, tels que altos, violoncelles et contrebasses, ne font, pour ainsi dire, que marquer les temps de la mesure par une ou deux notes des accords, dont les *arpéges* embrassent l'ensemble.

Mais c'est surtout avec le piano et la harpe qu'il a fallu suppléer à l'impossibilité de soutenir les sons par la faculté de les répéter. Ainsi, dans la *ritournelle* d'une simple romance, avec accompagnement de piano, la main droite fait entendre la phrase mélodique que la main gauche soutient de ses arpéges. Et quand, à l'entrée de la voix, la main droite à son tour prend l'accompagnement *arpégé*, la main gauche frappe les notes simples qui font bonne basse sur le tout. Du moins est-ce le procédé le plus ordinaire.

Le onzième Tableau donne l'idée de diverses manières d'écrire les *arpéges* selon l'instrument qui les exécute. Ce Tableau est à examiner seulement.

(1) L'un des fondateurs de la *Société des Concerts*, celui de nos anciens titres dont nous nous honorons le plus, et chargé de cette partie de *cor*, nous crûmes d'abord avoir failli, mal compté nos pauses, être entré enfin quatre mesures trop tôt; mais on nous prouva, partition en main, que nous avions exactement rempli, et au temps précis, l'intention de l'auteur. Parvenu à l'âge où l'on devient conteur, on voudra bien pardonner ces retours sur nous-même.

(2) Tout en conservant le mot *harpe*, que les Italiens nomment *arpa*, nous leur avons pris les dérivatifs de celui-ci, que nous avons francisés; comme: ARPÉGES, d'*arpeggio;* ARPÉGER, d'*arpeggiare*, jouer de la harpe.

CHAPITRE XXXIV.

ROULADES ET TRAITS.

La Méthode de chant classe les ROULADES parmi les agréments de la musique, et donne, sous ce nom, des exercices sur les gammes ascendantes et descendantes dans un mouvement modéré. Ces gammes n'ont d'abord qu'une octave (8^{ve}) d'étendue; mais ensuite elles embrassent la dixième, la douzième et même la quinzième, ou double-octave.

Quelques uns étendent le nom de *roulades* à toute suite de notes précipitées, presque toujours d'égales valeurs, où les degrés disjoints se mêlent aux degrés conjoints. La Méthode les appelle TRAITS. C'est aussi le nom qui leur est donné communément, ainsi qu'à toutes les sortes d'arpéges permis aux voix légères. En effet, des passages de ces différentes espèces ne forment pas des dessins mélodiques assez simples, assez expressifs pour figurer dans la contexture d'une phrase chantante. Ils n'y sont qu'à titre d'ornements, d'embellissements, ou pour varier les répétitions d'une phrase entendue primitivement dans toute sa simplicité. Alors une gamme entière ou tronquée, un trait, une broderie, contiennent à la fois et les sons principaux de la mélodie, et les notes accessoires qui la parent, en même temps qu'elles augmentent le brillant, l'intérêt et la chaleur. Ce sont enfin des amplifications, tant du chant simple que des ornements eux-mêmes, comme on peut le voir dans les variétés de la courte période du douzième Tableau.

OBSERVATIONS SUR CE TABLEAU.

La portée A ne présente, si l'on peut parler ainsi, que le squelette de la petite période placée au-dessous. Construite ainsi avec les seules notes qui font partie des accords, elle paraîtrait nue, sèche, peu gracieuse comme mélodie. Ce n'est guère qu'à la portée B que cette période est supposée l'œuvre de l'imagination, même avec ses ornements, très simples d'ailleurs, puisqu'ils se bornent à trois notes de passage, cinq petites notes et un groupes.

Le chant de la portée C passerait volontiers aussi pour être *di prima intenzione*, comme disent les Italiens, quoique il sente déjà un peu la recherche, par ses petites notes plus fréquentes et ses valeurs plus variées.

Remarquez bien que l'on fait une différence entre les *notes variées* ou brodées et les variations proprement dites. Ainsi, 1° la portée F n'offre encore que des notes prises à la portée A, mais variées par des groupes de trois notes, par des notes de passage et par un arpége; 2° la portée E participe de la variété par la marche de ses sons, et de la variation par l'uniformité de ses dessins en *triolets*.

Quant aux portées D, G, H, elles contiennent de véritables variations des portées B et C, soit à cause de l'effet propre aux syncopes, à peu près continues dans la première; soit par la multiplicité des sons dans les deux autres, et la rapidité de leur exécution.

N. B. L'accompagnement convient également aux huit portées supérieures, et c'est en général ce que doivent considérer ceux qui varient un thème ou chant quelconque. D'où l'on doit conclure que l'instrumentiste, ou le chanteur qui n'a pas étudié au moins l'harmonie, s'expose à faire de grandes fautes lorsqu'il se mêle de broder, de varier surtout les chants ou les *traits* d'un compositeur.

CHAPITRE XXXV.

DE CE QU'ON APPELLE PROPREMENT *DIFFICULTÉS.*

Lorsque le musicien, s'isolant de ses confrères de l'orchestre, vient se mettre en évidence pour donner au public des témoignages de son habileté, et le faire jouir des dons qu'il a reçus de la nature, joints au fruit d'un travail long et pénible, il ne manque guère de prodiguer toutes les ressources de son talent dans le morceau qu'il exécute.

Après avoir fait preuve de pureté et d'égalité dans les sons, de justesse et de sûreté dans leur intonation, de goût, de style et d'expression dans sa manière de phraser le discours musical, il aime en outre à montrer tout ce que peuvent la souplesse, la flexibilité et la légèreté des organes qu'il met en jeu, par le prestige de la difficulté vaincue. De là ces traits hardis d'une conception particulière, mais appropriés à l'esprit des morceaux, ainsi qu'aux moyens d'exécution que comporte chaque genre de voix ou d'instruments.

Voilà ce à quoi l'on attache plus particulièrement l'idée et le nom de *difficultés,* par la raison probable que les espèces en étant fort multipliées, et les moyens naturels rarement les mêmes chez les individus, ce que les uns obtiennent sans trop de temps et de travail, coûte à d'autres des peines infinies et qui ne sont pas toujours couronnées d'un entier succès.

Cependant, comme les nouveaux venus ont pu profiter des travaux de leurs devanciers; que les méthodes, perfectionnées de nos jours, présentent tous les genres de *difficultés*, classées dans un ordre de gradation quasi insensible, les élèves sont conduits peu à peu à les vaincre toutes, si bien qu'on peut dire que l'habileté, en fait d'exécution musicale, est devenue commune, aujourd'hui surtout que l'on préconise le *talent d'exécution* (ainsi se plaît-on à l'appeler) aux dépens du *talent d'expression*. Celui-ci pourtant, bien préférable, au jugement des connaisseurs, est aussi plus propre à former le goût du vulgaire, simplement étonné de ce qu'il ne comprend pas, mais toujours satisfait de ce qui l'émeut, de ce qui parle à son cœur.

CHAPITRE XXXVI.

DU POINT D'ORGUE.

On sait que le POINT D'ORGUE est indiqué par le signe 𝄐, que les Italiens ont appelé *corona*, couronne, ou *nota coronata,* note couronnée. Ils l'appellent maintenant *cadenza,* cadence, c'est-à-dire *repos*.

Placé en effet sur une note de repos à toutes les parties, le *point d'orgue* avertit de prolonger cette note en y employant la *mise de son*, à moins d'une indication contraire; ensuite de garder le silence pendant un temps proportionné au mouvement du morceau. Le *point d'orgue* se place aussi sur les silences.

Dans les grands airs de chant, ainsi que dans le solo instrumental, le *point d'orgue* aux deux cadences principales, et surtout à la finale, invite l'exécutant à se livrer, pendant le silence des accompagnements, aux caprices de son imagination, aux idées qu'elles lui inspirent, et par lesquelles il enrichit cette cadence de gammes vives, de traits neufs, de broderies de toutes sortes, qu'il termine presque toujours par le *trille* avec son entourage, c'est à dire sa préparation et sa terminaison.

M. Castil-Blaze, dans son *Dictionnaire de Musique,* prétend que *l'usage du point d'orgue s'est perdu peu à peu; qu'il refroidissait les écoutants;* que, *quoique difficile et bien rendu, il n'excitait pas autant l'admiration et l'enthousiasme que le simple trille succédant sans interruption à un trait rapide et véhément*

On doit protester contre de pareilles hérésies musicales, et dire que les *points d'orgue* échauffent ou réfroidissent, provoquent le plaisir ou l'ennui, selon la façon dont ils sont conçus et exécutés.

Sans parler de ceux du maestro Paganini, ces résumés, toujours à peu près les mêmes, des difficultés vraiment extraordinaires qu'il avait vaincues; qui pourrait disconvenir qu'en ce genre, l'admiration et l'enthousiasme ne fussent vivement excités par un Kreutzer (Rodolphe), un Dussek, un Romberg, un Hummel? Et quand, au grand Opéra de Paris, on entendait les beaux sons de flûte de M. Tulou se marier à la voix de l'inimitable Mme Damoreau, dans ces *points d'orgue* où ils faisaient assaut d'habileté; a-t-on pu dire jamais que le public restât indifférent à tant de grace et d'originalité; au goût si pur, au style si parfait de ces deux virtuoses? C'eût été nier sa propre existence. Il y aurait donc dommage notable pour l'art, et les artistes se nuiraient à eux-mêmes s'ils abandonnaient ce qui ressemble le plus à l'improvisation, et qui parfois en est une. Du reste, que les *points d'orgue* soient le fruit d'une inspiration soudaine, ou, ce qui est plus souvent la vérité, qu'ils aient été composés avec soin, péniblement élaborés dans le silence du cabinet, cela importe peu : bien faits et bien rendus, ils plairont à tous, et l'artiste recueillera chaque fois, avec les applaudissements de l'auditoire, la récompense qu'il doit ambitionner le plus, nous voulons dire les éloges des connaisseurs et surtout l'approbation non complimenteuse de ses confrères.

Dans le solo instrumental, le *point d'orgue* prend différents aspects, mouvements et styles, parce qu'il est, en quelque façon, une sorte de récapitulation de ce qu'il y a de plus saillant dans les idées principales du morceau.

Quand on écrit le *point d'orgue,* comme pour l'imposer à l'exécutant, on ne peut rien déterminer quant à la durée et au mouvement des valeurs diverses : les barres de séparation n'existent plus ; la variété des figures de notes, sous le rapport de leurs durées comparées, n'est qu'approximative, et pour avertir des détails que l'on doit rallentir ou accélérer. La succession et l'ordonnance de ces valeurs donnent seules une idée des intentions du compositeur ; encore cette idée est-elle assez vague, attendu que le *point d'orgue* en soi n'est qu'un assemblage de pensées aussi capricieuses que l'imagination qui les produit, et qu'elles ne forment point entre elles un sens déterminé. C'est pourquoi le musicien ne rend bien les *points d'orgue* d'autrui qu'autant qu'il a un vif sentiment de son art.

Outre la cadence de la fin d'un morceau, on se rappelle qu'il y en a une moins forte, moins étendue aussi sur le cinquième degré; d'autres plus faibles encore. On doit dire enfin que, selon l'occasion, l'idée du moment, ou le sens des paroles et la situation scénique dans la musique chantée, chaque degré de la gamme est susceptible de recevoir un point d'orgue plus ou moins important.

Porpora, l'illustre maître des deux plus étonnants chanteurs dont l'histoire de la musique fasse mention, Farinelli et Caffarelli, Porpora commence un de ses airs par deux points d'orgue, l'un sur le cinquième degré, l'autre sur le deuxième. (*Voir* le n° 2 du treizième Tableau.)

On en a fait sur le premier degré, dans le même cas. Ils semblent être placés là en guise de courts préludes par lesquels le chanteur se prépare, essaie ses forces, rassemble ses moyens. (N° 1 du même Tableau.)

Souvent ce n'est qu'un dessin fort court, un son filé, un trille (N°s 3, 4 et 5).

Enfin, parmi ces *points d'orgue* qu'on donne à examiner dans le treizième Tableau, l'un, de Piccini, se fait sur le quatrième degré altéré de la gamme principale (n° 6) ; l'autre, de Vento (n° 7), suspend tour à tour le quatrième et le septième degré de la même gamme. Ceux de Cimarosa, de Bach et d'Alberti (n°s 8, 10 et 11), présentent ce que M. Reicha nomme *Conduit mélodique :* ce sont des notes de passage qui, partant d'une note principale, celle sur laquelle on s'est arrêté, ramènent, en s'en rapprochant, l'initiale de la première phrase du chant principal.

Le trille final, dans Anfossi (n° 12), est amené par un trait court et mesuré.

Il n'est pas un seul de ces *points d'orgue*, établis chacun sur un accord unique, qui ne se puisse faire d'une seule respiration, condition imposée autrefois par les maîtres et par la Méthode de chant du Conservatoire (1). Mais, si l'on veut les étendre à la manière des modernes, en y introduisant, outre la mise de son et le trille, les richesses fournies par les traits familiers à la voix, ainsi que des modulations passagères et relatives, il est clair que les poumons les plus robustes ne pourront y suffire. On respire donc plus ou moins de fois, selon l'étendue de son improvisation ; mais toujours aux petites cadences qui se rencontrent sur les sons principaux des gammes parcourues (**A**).

Le trille sur le deuxième degré, à la cadence finale, n'existe pas toujours dans les exemples du treizième Tableau, et l'on peut fort bien s'en passer, la terminaison du point d'orgue étant aussi satisfaisante, moins usée même sans cet ornement, auquel le nom abusif de *cadence* convient d'autant moins, comme on le voit.

NOTE DU CHAPITRE XXXVI.

(A) Est-ce un *progrès*, comme on dit aujourd'hui, que cette multiplicité de *points d'orgue*, ces suspensions fréquentes du discours musical, ces temps d'arrêt prodigués et que commandent rarement la situation scénique et les impressions supposées de l'acteur? Le point d'orgue est-il toujours dramatique?

L'instrumentiste, dans un concert, ou même dans un air de danse au grand Opéra, n'a qu'un seul morceau à jouer; il doit donc lui être permis d'user du point d'orgue, s'il y a lieu, et de l'étendre à son gré, quoique dans des limites raisonnables (2). Mais en est-il de même là où le chanteur doit s'effacer, pour ainsi dire, ou du moins faire à l'acteur la plus grande part d'importance? c'est néammoins le contraire qui arrive. Chaque premier sujet veut briller à son tour, que ce tour revienne souvent et dure longtemps. Le compositeur se prête à ces exigences, dans lesquelles il croit voir peut-être une partie de ses succès auprès du public. De là cette foule de *points d'orgue* pour le premier dessus, le premier contralto, le premier ténor, la première basse, dans l'air, le duo, les morceaux d'ensemble, etc., etc.

Si l'on voulait rassembler tout ce qui se fait en ce genre dans le courant de certains opéras, et supputer le temps qu'on y a consacré, on pourrait regretter que ce temps n'ait pas été rempli par quelques mélodies expressives, bien mieux à leur place que ne le seront jamais tant de traits, de roulades, de tours de force nullement dramatiques.

CHAPITRE XXXVII.

DES ABRÉVIATIONS.

On ménage le temps et l'espace dans la copie et la gravure de la musique, au moyen de signes particuliers que l'on nomme Abréviations, Reprises, Renvois, etc.

Par exemple, on a déjà vu, au deuxième Tableau, celui des mesures, quatre points placés sur la ronde pour la diviser en noires ; une barre diagonale, tracée au-dessus de la même note, la partage en huit parties ou croches ; de même que deux, trois ou quatre barres la subdivisent en seizièmes, en trente-deuxièmes, en soixante-quatrièmes de l'unité.

---

(1) Rédigée en grande partie par *Mengozzi*, l'un des glorieux débris de la célèbre troupe de *chanteurs italiens* venue à Paris vers la moitié du dix-huitième siècle.

(2) Rodolphe *Kreutzer*, déjà cité, allait peut-être quelquefois au-delà des bornes; mais il montrait tant de ressources dans ses improvisations, il était si délicieusement inspiré, que l'on regrettait toujours de le voir finir.

Ces mêmes barres, enfermées dans plusieurs mesures successives, indiquent autant de répétitions de dessins, d'arpéges, d'accords, etc., écrits dans une première mesure.

Les signes de renvoi sont de plusieurs sortes. L'un des plus fréquents est la *reprise*. Elle se figure ainsi : . Tout ce qui précède et tout ce qui suit les points se recommence. S'il n'y a des points que d'un côté de la double-barre, on ne reprend que ce qui les précède, s'ils sont à gauche, ou ce qui les suit, s'ils sont à droite.

Lorsque l'on doit répéter une ou plusieurs mesures dans le courant d'un morceau (ce qui arrive quelquefois, par suite d'un oubli ou de l'exiguité de la place), on dispose des points dans chaque interligne de la portée, le long des barres de séparation ; ou bien on écrit le mot *bis* au-dessus des mesures à répéter. (*Voir* n° 13 du treizième Tableau.)

N. B. Les points et la ligne courbe qui embrassent ces trois mesures (n° 13) indiquent qu'on doit les redire, et le mot *bis* qu'on y ajoute souvent devient superflu, précisément à cause des points.

Quelquefois, de la fin d'un morceau l'on renvoie au commencement, jusqu'à un endroit marqué du mot *fin* ou du signe , mais qui, placé là, ne signifie absolument rien. D'autres fois on écrit ce signe fort usité : 𝄋, tant au point de départ qu'à celui du retour. Ou bien encore, on écrit les mots Da capo, *à la tête,* ou seulement leurs initiales *D. C.* qui en disent assez.

Quelques autres signes de renvois ont des formes arbitraires, comme : , ⊕, , , etc.

Le *guidon* (𝆝) se place, quoique rarement aujourd'hui, à la fin de la portée, pour indiquer la première note de la portée suivante. A cause de cela, le *guidon* s'écrit aussi bien sur les lignes que dans les interlignes. C'est encore un signe de trop.

Il arrive fréquemment que la dernière mesure d'une reprise n'est pas achevée, et que son complément se trouve dans ce qui suit, ou en revenant au commencement. Car une période, une phrase peut commencer à un temps quelconque de la mesure, et même au quart, au huitième d'un temps. En outre, la dernière mesure d'une reprise, quelquefois aussi plusieurs des mesures qui l'avoisinent, éprouvent des changements, par suite d'une modulation ou d'une modification du dessin mélodique. Dans ces diverses circonstances, on passe un certain nombre de mesures ou de temps pour aller d'une reprise à l'autre ; ce que l'on indique par les mots : *prima volta, seconda volta,* première fois, seconde fois, ou, plus brièvement par 1 et 2. (*Voir* le n° 14 du treizième Tableau.)

Dans la musique à plusieurs parties, chacune d'elles est écrite sur une portée séparée, en tête de laquelle on écrit, au commencement du morceau, le nom de l'instrument ou le genre de voix dont cette portée contient le chant ou l'accompagnement ; et le signe qu'on appelle *accolade* embrasse et réunit autant de portées qu'il y a de parties entendues simultanément. Leur réunion dans le même livre ou cahier, prend le nom de Partition, en italien Partizione, assemblage, réunion de Parties.

FIN DE LA PREMIÈRE PARTIE.

LE

PROFESSEUR DE MUSIQUE

DEUXIÈME PARTIE

THÉORIE DE LA MUSIQUE

DEUXIÈME PARTIE.

CHAPITRE Ier.

DE L'ENSEIGNEMENT MUSICAL.

Les seules Ecoles de musique établies en France avant la fin du dix-huitième siècle étaient les maîtrises des cathédrales et des grandes paroisses, pour les enfants destinés aux fonctions du chœur (**A**).

Reçus de sept à huit ans dans ces maîtrises, ils y restaient cloîtrés pendant douze années. Outre les études qu'on appelle *humanités*, lesquelles étaient du ressort d'un abbé directeur, des maîtres externes venaient enseigner le solfége, le clavecin et la composition.

On pourrait dire, jusqu'à un certain point, que l'enseignement de la musique était mutuel dans ces écoles, du moins quant aux éléments, puisque les plus anciens transmettaient à d'autres qui l'étaient moins, et ceux-ci aux plus jeunes, les leçons que le maître ne donnait qu'aux trois ou quatre premiers. Ces leçons devaient être transcrites et conservées au fur et à mesure qu'on les recevait. Pour tout le reste, l'enseignement était individuel : le plain-chant de l'Antiphonier pour les offices ; le Solfége d'Italie pour la musique, étaient les livres principaux consacrés à cette double instruction (**B**).

Si, après l'époque de la mue, l'enfant de chœur, devenu homme, avait acquis une voix de *ténor* ou de *basse* suffisamment timbrée, il pouvait aspirer au titre de BÉNÉFICIER, et rester attaché à l'église en cette qualité, pour y chanter les faux-bourdons, le chant sur le livre, ainsi que les messes, vêpres, motets etc., composés par les maîtres de chapelle, quelquefois par le SPÉ, nom donné au plus ancien des enfants de chœur (**C**).

Enfin, ces bénéficiers passaient souvent de l'église à la scène lyrique, ou desservaient tour à tour l'une et l'autre, à l'exemple de ce pauvre abbé Pellegrin.

> Le matin catholique et le soir idolâtre,
> Déjeûnant de l'autel et soupant du théâtre [1].

Quant à l'enseignement mutuel ou en masse, tel qu'on l'entend aujourd'hui pour la musique, il est loin d'être une nouveauté, pas plus que le tableau, les signes tracés à l'avance, la baguette servant aux démonstrations, les moyens de transmission et de transcription des leçons par les élèves, les notes parlées avant d'y appliquer l'intonation, etc. On peut s'en convaincre par ce qu'en a dit l'un des disciples de Fenaroli, M. Imbimbo, dans une brochure publiée en 1821 chez Firmin Didot, sur l'enseignement mutuel appliqué à la musique.

« L'application de l'enseignement mutuel à la musique, dit M. Imbimbo, est fort ancienne ; elle se prati-

---

(1) *Jeliotte*, *Lays*, *Chéron*, *Villoteau*, et d'autres qu'on a vus briller sur la scène, avaient été *enfants de chœur* ou *bénéficiers*. De nos jours, celui dont on admire avec raison la voix vraiment angélique et la belle manière d'exécuter les chants d'église. M. *Alexis Dupond*, a commencé par être *enfant de chœur*.

« quait dans les conservatoires de Naples, fondés successivement de 1536 à 1589. Dans ces écoles, « tous les élèves étaient cloîtrés.

« Les élèves, sous le rapport de l'instruction musicale, étaient divisés en cinq classes : 1° celle des élé- « ments, y compris le solfége; 2° celle du chant, divisée elle-même en quatre sections, à cause de la diffé- « rence des voix; 3° celle des *partimenti* (étude de l'harmonie et de l'accompagnement des basses chiffrées « et non chiffrées); 4° celle du *contre-point* (musique scolastique, amenant à la composition dans les diffé- « rents styles); 5° enfin celle des instruments à clavier, à cordes et à vent.

« A l'arrivée d'un maître, les élèves supérieurs de sa classe se rendaient au lieu destiné pour la leçon, « munis chacun de leur *cartella* (1). Le maître examinait soigneusement chaque *cartella*, et les corrigeait l'une « après l'autre, en présence de tous les élèves de la même classe. Les autres maîtres suivaient une marche « semblable dans leurs classes respectives.

« Parmi ces derniers, il y en avait un certain nombre désignés sous le nom de *mastricelli* (seconds maîtres « ou chefs de classe), qui instruisaient les élèves inférieurs de la même spécialité. En général, les plus avan- « cés remplissaient les fonctions de maîtres à l'égard des plus faibles, et, par ce moyen, les leçons se trans- « mettaient de proche en proche, d'élève à élève, ce qui ne pouvait manquer d'exciter l'émulation, de hâter « les progrès, et d'assurer à tous une bonne et solide instruction musicale.

« Ils s'exerçaient en même temps à écrire la musique en copiant leurs leçons ou celles des autres. Par « là, les règles et principes se gravaient mieux dans leur esprit.

« Dans les premières années, les élèves solfiaient sans chanter : ils nommaient seulement les notes et « marquaient la mesure. Lorsque la voix était formée, après l'époque critique ou elle mue, on les faisait « solfier séparément et en chantant; car on était persuadé qu'on ne pouvait juger de la justesse d'une voix, « et qu'on ne pouvait connaître et corriger ses défauts, qu'en la faisant chanter seule. Plus tard, et pour af- « fermir les éléves dans l'intonation, on les exerçait dans des morceaux d'ensemble sans accompagne- « ment.

« Le chant, devenu un art, exige de la part du maître une attention particulière et continue de l'organe « de la voix, afin qu'il puisse diriger ses dispositions et corriger ses vices. Il doit en examiner la qualité, « le volume, le timbre, l'étendue, afin de l'exercer et de la développer peu à peu avec des leçons (*vocalises*) « convenablement choisies, et d'une difficulté progressive. En effet, c'est par les *vocalises* qu'on apprend « à bien respirer, à ménager cette respiration, à la prolonger sans efforts, à la reprendre d'une manière im- « perceptible ; à poser, renforcer et adoucir la voix à volonté ; à lier ou détacher les sons ; à passer avec « adresse de la voix de poitrine à la voix de tête, et réciproquement ; à faire tous les agréments du chant, « ainsi que les traits et roulades, conformément à l'esprit du morceau que l'on chante, comme en raison des « dispositions particulières de l'organe chantant.

« Voilà à quoi conduisent les règles établies par les maîtres de l'art ; et le choix, l'application, les modi- « fications de ces règles doivent varier pour chaque voix.

« Ainsi, ce n'est pas par l'enseignement en masse que l'on formera à l'art de bien chanter, mais par l'en- « seignement isolé bien dirigé, et modifié selon la nature, la force, l'étendue et le caractère de la voix. Tel « est le mode qu'on a suivi en Italie depuis le dix-septième siècle, dans les écoles de Bologne, Florence, « Milan, Venise, Rome et Naples, d'où sont sortis les plus renommés chanteurs de l'Europe. »

(1) La *cartella* était une sorte de peau préparée, avec des portées toutes tracées, sur lesquelles on pouvait écrire des notes et les effacer ensuite, s'il en était besoin, pour les corrections.

Au Conservatoire de Paris, et si l'on excepte son pensionnat, ouvert aux jeunes gens qui se destinent aux théâtres lyriques (1), tous les élèves sont externes : ils viennent trois fois la semaine passer deux heures en classe; puis, la leçon terminée, ils se séparent, se dispersent jusqu'à la leçon suivante,

Cet état de choses, on le sent assez, excluait toute idée d'enseignement mutuel, de transmission et de transcription des leçons d'élève à élève. Le mode d'enseignement individuel a donc été établi dès le commencement (1794), tel qu'il devait, tel qu'il pouvait être; et les bons résultats qu'on a obtenus n'ont été pour cela ni moins brillants, ni moins nombreux. D'ailleurs, comme les études 'y sont purement musicales, heureux les jeunes musiciens qui sentent de bonne heure le besoin d'acquérir et de joindre à l'étude de la musique une instruction plus importante; d'orner leur esprit de connaissances utiles et indispensables, exigées présentement dans ce monde où ils sont appelés à se produire, s'ils veulent y être considérés pour eux-mêmes, antant et plus que pour leur talent particulier. L'homme qui n'a d'autre savoir que celui d'amuser la société, y fait une triste figure et un sot métier.

NOTES DU CHAPITRE Ier.

(A) Lorsque *Gluck* vint à Paris vers 1774, et qu'il vit la pénurie où l'on était de chanteurs pour les chœurs du grand Opéra, la méthode par laquelle on leur apprenait à crier plus qu'à chanter, vrais automates d'ailleurs pour le peu de pantomime qu'on en exigeait, les réclamations du grand homme eurent pour résultat l'établissement de l'*École des élèves de l'Opéra*, et, plus tard, de l'*École royale de Chant*. Mais ce n'était pas encore là de ces institutions qui embrassent toutes les branches d'un art. La révolution française de 89, qui, au sein même de ses calamités, enfanta plus d'une merveille, vit s'élever, au nombre de ses belles fondations, le *Conservatoire de Musique et de Déclamation* (2).

(B) Avant l'époque où les maîtrises furent supprimées (1792 à 1793), on se servait encore, dans quelques unes, du *Traité historique et pratique du chant ecclésiastique* par l'abbé Lebeuf.

S'il n'était pas naturel que des idées assez semblables vinssent à plusieurs de ceux qui se livrent à la propagation des mêmes sciences, on serait surpris de trouver dans ce traité une figure du *méloplaste*, mais avec la portée de quatre ligues pour le plain-chant; d'apprendre que l'auteur, muni d'une baguette qu'il promenait sur les lignes et interlignes de cette portée tracée sur un tableau, faisait dire à ses élèves le nom de chaque note d'après celui de la clef placée en tête, ainsi que les intervalles qui les séparaient; qu'il leur imposait de transcrire les principes, les règles, les leçons notées, etc. Peut-être l'abbé Lebeuf tenait-il ces procédés des Conservatoires d'Italie.

(C) « On appelle *faux-bourdon* un *plain-chant* à plusieurs parties, mais simple et sans mesure déterminée, « dont les notes sont d'égales valeurs, et l'harmonie toujours syllabique. » (J.-J. ROUSSEAU.)

Le *Dies iræ* et le *de profundis* que l'on entend chanter dans les services funèbres d'apparat, sont de beaux exemples de *faux-bourdons*.

Le *chant sur le livre* est une sorte de composition à deux ou trois parties, laquelle s'improvisait autrefois sur le plain-chant simple. Cela n'est plus d'usage, et l'on doit peu le regretter; car, malgré quelques règles et formules transmises par traditions, cette improvisation donnait souvent lieu à de certains chocs fort peu harmonieux. Nous avons entendu d'anciens musiciens d'église en convenir franchement.

---

(1) C'est de ce Pensionnat que sont sortis messieurs *Ponchard*, *Rigaut*, *Levasseur*, *Roland*, *Dérivis* père et autres. C'est celui des femmes qui a donné mesdames *Branchu*, *Duret*, *Albert-Himm*, *Rigaut-Palard*, *Ponchard*, *Chaumelle* (épouse de M. *Rubini*), etc. Ce pensionnat, supprimé sous la Restauration, n'a point été rétabli depuis, et c'est un tort.

(2) En lisant le nom de SARRETTE (BERNARD) et ce qui le concerne dans le *Dictionnaire biographique des Musiciens*, par M. Fétis, on apprend à connaître tout ce que l'on doit de reconnaissance à ce courageux citoyen, seul et vrai fondateur du Conservatoire de Musique (1794). On y voit les éminents services qu'il a rendus à l'art musical, à ceux qui le professaient alors, ainsi qu'aux trois générations de musiciens qui les ont suivis. Tout artiste formé dans cette école qui a tant honoré la France, doit graver dans sa mémoire l'article biographique de M. Fétis.

CHAPITRE II.

DU SOLFÉGE ET DE LA SOLMISATION.

Un SOLFÉGE est une leçon composée pour exercer l'élève tout à la fois à la lecture, à l'intonation et à la durée des signes de la notation musicale. Cette leçon, toute mélodique, est accompagnée d'une *basse chiffrée*, c'est-à-dire d'une partie inférieure, laquelle est en même temps la plus grave de l'harmonie indiquée par les chiffres.

En France, on a donné au tout le nom de la partie, et l'on entend par *solfége* le livre qui renferme, indépendamment des principes élémentaires et des exercices préparatoires, une collection de leçons d'une difficulté progressive, un *recueil de solféges*, RACCOLTA DI SOLFEGII.

Lire et chanter à la fois les exercices gradués, puis les solféges, en donnant à chaque note le nom qui lui est propre et que la clef détermine; observer la durée relative des différentes figures de ces notes par rapport à l'unité dont elles dérivent et au mouvement donné à cette unité; appliquer à toutes l'intonation précise, d'après le diapason arrêté pour une seule, tout cela forme l'objet de la *solmisation*. C'est ce que quelques uns appellent *solmiser*, ou, plus communément, *solfier* (**A**).

Parmi tous les recueils de solféges qui existent, les plus connus et de l'usage le plus ordinaire en France, sont ceux d'Italie, de Rodolphe et du Conservatoire. Celui-ci a été terminé et publié en 1800; mais la partie élémentaire, que le doyen des inspecteurs, Gossec (1), avait rendue trop prolixe et scientifique, a été refaite par M. Catel, en 1815 (**B**).

Borné aux leçons de MM. Gossec, Chérubini et Catel, ce monument qu'ils ont élevé à la gloire de l'école française serait moins volumineux, moins coûteux pour les élèves obligés de se le procurer, et n'en présenterait pas moins un tout progressif et complet. Cette réforme est vraiment désirable.

Le Solfége de Rodolphe, puéril, incomplet, vieux en naissant, sous le double rapport du style et du goût; pauvre dans ses basses sans harmonie indiquée, ne peut aucunement soutenir la comparaison avec les deux autres (2).

La grande vogue de ce recueil n'a pu lui venir que de ce qu'il convient mieux aux maîtres médiocres, et ceux-là le préconiseront encore longtemps. Ils ne manqueront pas non plus, s'ils accompagnent au piano, de jouer le chant en même temps que l'élève, quel que soit le diapason de sa voix. «Au fait, diront-ils, à quoi servirait la main droite quand la gauche est occupée de la basse?» Ou bien, si c'est avec le violon que d'autres jouent cette basse (cela s'est vu et se voit encore, sans plus d'égards pour le diapason des voix), on les entendra, comme dit M. Imbimbo, mugir en *basse-contre* ce que l'élève glapira en *fausset*.

Un harmoniste pour maître, un piano pour l'accompagnement de la basse-chiffrée, voilà ce qu'il faut à tout commençant, à tout *solfégiste*.

Les belles mélodies du *Solfége d'Italie* ont été gâtées par les prétendus agréments de l'ancien chant français, que les sieurs Lévèque et Besch (3) ont osé prodiguer sans plus de goût que de discernement sur ces admirables chants des Léo, des Jomelli, des Durante, des Scarlatti, des Porpora. Les fautes, soit de gravure,

---

(1) Les inspecteurs de l'enseignement étaient primitivement des sommités telles que *Gossec*, *Monsigny*, *Grétry*, *Méhul*, *Chérubini*, *Berton*, etc.

(2) Un bon harmoniste d'ailleurs n'est jamais embarrassé pour accompagner une basse non chiffrée, à plus forte raison si cette basse est surmontée d'une mélodie prédominante.

(3) Premiers éditeurs de ce Solfége et anciens maîtres des *pages* de la musique des rois de France. Les femmes n'étant point admises dans leurs chapelles, c'était à ces pages que l'on faisait chanter les parties de *dessus*, ou *soprani*.

soit du fait des éditeurs, fourmillent dans les chiffres de la basse, et personne ne leur enviera la partie élémentaire. Ce recueil aurait besoin d'être revu par un musicien habile et publié de nouveau. On rendrait un vrai service à la jeunesse, qui n'aura jamais trop de livres classiques.

Malgré le nombre des signes musicaux, les combinaisons si variées de la plupart, l'obligation d'y appliquer sur-le-champ les diverses propriétés qui leur appartiennent, toutes choses capables d'effrayer l'homme le plus studieux; des enfants, pour peu qu'ils aient d'aptitude et d'intelligence, parviennent, après deux années environ, à être d'habiles lecteurs, de bons musiciens sous ce rapport. En effet, les concours du Conservatoire, ainsi que les examens trimestriels donnent chaque fois les résultats les plus satisfaisants; et certes, les leçons composées pour ces séances par le directeur, M. Chérubini, et que les élèves doivent lire à première vue, sont d'assez rudes épreuves pour témoigner que ceux qui les subissent avec succès ont été bien enseignés (C).

Les excellents conseils donnés aux professeurs eux-mêmes, en tête de la deuxième partie des solféges du Conservatoire, font voir que l'avenir des jeunes musiciens a pareillement excité la sollicitude des anciens inspecteurs de l'enseignement. Tout professeur de *solfége* ou de *vocalises* doit avoir ces conseils gravés dans la mémoire.

NOTES DU CHAPITRE II.

(A) Ces mots tirent leur origine des premiers systèmes de sons par lesquels on a préludé à la construction des gammes modernes. Basés sur le son le plus grave du clavier qui, alors, était *sol*, l'un des systèmes, celui de *Guido*, n'avait que les six notes *sol, la, si, ut, ré, mi;* l'autre, résultat de l'adjonction d'un septième degré, donna *sol, la, si, ut, ré, mi*, et *fa*. Or, c'est en rapprochant les sons extrêmes de ces deux échelles de sons, *sol-mi* et *sol-fa*, que l'on a fait les verbes *solmiser* et *solfier*. Les Italiens disent encore *cantare la sol-fa*, chanter le solfége.

(B) Dans cette deuxième édition, l'instruction n'est plus directe comme dans la première, mais par demandes et réponses. Ce mode d'enseignement, où l'élève semble enseigner le maître, nous a toujours paru au moins contradictoire; et, catéchisme pour catéchisme, nous préférons de beaucoup la naïveté de *Fux* (1), dans son *Traité d'Harmonie et de Contrepoint;* là, du moins, c'est l'élève ignorant qui questionne, et le maître expérimenté qui l'instruit par ses réponses. Mais, d'une façon comme de l'autre, l'enfant ne fait que répéter le mot-à-mot de la leçon qu'il a apprise *par cœur;* encore ne faut-il rien changer à la manière de questionner ou de répondre écrite dans le livre; car, pour peu que l'on s'écarte de l'exactitude textuelle, l'enfant surpris, dérouté, reste interdit... il ne comprend pas.

L'instruction directe, non seulement n'exclut pas les questions, mais elle permet de les varier, si l'élève n'a pas répondu d'abord avec assez de précision; et comme c'est dans l'idée qu'il s'est formé des choses qu'il puisse l'esprit de ses réponses, ou des explications qu'il donne, il est toujours facile de rectifier ses erreurs. De cette manière, il apprendra peut-être plus lentement, mais il saura mieux, parce que son jugement aura été exercé autant que sa mémoire.

(C) Le *Solfége* du Conservatoire contient aussi quelques leçons non mesurées, où l'élève, suffisamment instruit comme lecteur par tout ce qui précède, doit instantanément diviser les périodes par mesures, temps et parties de temps. C'est un excellent exercice, et qui prouve beaucoup en faveur de ceux qui les lisent couramment et sans broncher. Peu de compositeurs de *solféges* paraissent avoir senti toute l'utilité de pareilles leçons.

Les petits *Solféges* de *Sabattini*, d'*Aprile*, de *Coresana*, de *Danzi* sont aussi d'usage au Conservatoire; mais c'est M. *Choron* qui, le premier, les a introduits dans son *Institution de musique religieuse*, ainsi que les *Chorals*

---

(1) *Fux*, ou *Fuchs*, mort en 1750. Son *Gradus ad Parnassum* a été publié en 1725.

allemands, ou plain-chants harmonisés; la *Collection de la chapelle pontificale*, et autre musique dont il était abondamment pourvu. On ne saurait trop louer cet homme de science et d'érudition d'avoir ressuscité en quelque sorte une foule de chefs-d'œuvres des anciens maîtres, trop longtemps ensevelis dans la poussière des bibliothèques. Rien n'est plus propre à donner l'idée du beau, du grandiose, du sublime dont l'art musical est susceptible, que le style sévère et pompeux de ces Pères de la musique.

CHAPITRE III.

DU MÉTRONOME ET DE SON EMPLOI DANS LES LEÇONS ÉLÉMENTAIRES.

Celui qui commence l'étude du solfége n'a pas d'abord le sentiment d'une mesure exacte; mais comme ce sentiment est un de ceux que la nature accorde plus souvent qu'elle ne le refuse, dès que son germe existe dans le sujet il s'y développe promptement.

Bien des gens, sans être musiciens, prennent néanmoins un vif plaisir à l'audition de la musique; mais ils battent la mesure à contre-temps, se montrent surpris et incertains aux cadences, sur lesquelles ils s'arrêtent, tandis que les exécutants continuent: puis ils courent après eux, en précipitant gauchement leurs mouvements inégaux. On voit aussi quelques personnes suivre assez bien la mesure en dansant, et ne pouvoir l'observer de même lorsqu'à leur tour elles se mettent au piano pour faire danser. Enfin, avec un certain talent d'exécution comme instrumentistes ou chanteurs, mais par suite d'une supposition erronée, condamdamnable, anti-musicale, et malheureusement trop commune, quelques artistes se persuadent qu'il n'y a pas d'expression possible en musique, sans de fréquentes altérations de la mesure et du mouvement.

A ces quatre classes d'individus, l'usage du Métronome serait d'une utilité indispensable, pour les remettre dans la bonne voie. « Ce moteur, dit Maelzel, apprend à garder rigoureusement la mesure donnée, et fa-« cilite en même temps la connaissance de la juste division des parties du temps musical, de leur valeur, « et de leur rapport entre elles. »

Cela vaut mieux en effet que d'employer la main à marquer les temps de la mesure, attendu que cette action devenant bientôt une habitude machinale, ou même un besoin impérieux, c'est avec le pied, quelquefois par un balancement de tout le corps que, plus tard, on remplace les mouvements de la main, occupée alors du jeu de quelque instrument (**A**). Outre que ces mouvements disgracieux ne sauraient avoir la précision d'un pendule, ils cèdent volontiers à l'embarras, à l'hésitation; au lieu que le métronome n'a nulle complaisance à cet égard.

Une fois l'habitude acquise d'une mesure régulière (et les leçons élémentaires doivent y suffire, si l'oreille n'y est pas complétement rebelle), on ne doit plus user du moyen qui l'a donnée, si ce n'est pour reconnaître l'intention des auteurs. Autrement, l'usage continu du métronome paralyserait l'exécution, lui ferait perdre de son énergie, ou de ce *laisser-aller* qui en fait le charme. Maelzel en est convenu tout le premier.

Nul doute que l'une et l'autre ne proviennent en partie de ce que l'exécutant, livré à lui-même, dévie tant soit peu de la rigueur métronomique, par le fait même de l'expression; soit dans les mouvements lents, dont il retarde presque toujours les mesures finales; soit en sens inverse, par chaleur et entraînement dans les *coda* des mouvements accélérés.

Au surplus, l'artiste habile, maître de lui-même et doué du sentiment de son art, sait user discrètement, avec réserve, de ces licences permises; tandis que les médiocres les exagèrent et les multiplient sans raison.

« Pour indiquer le temps en tête de chaque morceau, dit encore Maelzel, c'est le compositeur qui sera le

« meilleur juge ; mais, en général, on trouvera commode que chaque battement du *métronome* soit réglé de « manière à correspondre :

« manière à correspondre :	1° à une *Croche* dans l'*Adagio*	et les mouvements qui s'en rapprochent.
	2° à une *Noire* dans l'*Andante*	
	3° à une *Blanche* dans l'*Allegro*	
	4° à une *Ronde* dans le *Presto*	

« Si les compositeurs le jugent à propos, les mots italiens pourront être employés conjointement, comme « il suit :

« Par exemple, *Allegro,* métronome de Maelzel, 𝅗𝅥 = 84, etc. »

Les compositeurs ont senti l'inutilité des termes italiens, lesquels expriment plus souvent le caractère du morceau que son mouvement. Ils se bornent à la figure de note et au chiffre qui en détermine la durée.

On place le métronome d'aplomb sur une surface plane ; puis on en remonte le moteur, ce qui se fait au moyen d'une clef dans ceux de forme pyramidale, et par l'élévation de la baguette dans les métronomes en forme de piédestal.

Après ces opérations préliminaires, et lorsqu'on a mis l'index au chiffre indiqué, il ne reste plus qu'à donner l'impulsion au balancier, dont chaque oscillation repondra à la durée de la figure de note placée en tête du morceau. Les autres notes seront des doubles, des triples, etc., de la figure donnée, ou des sous-doubles, des sous-triples de cette figure (**B**).

Le lecteur essaiera l'usage du métronome sur les trois mesures principales du deuxième Tableau, en chantant le son unique qu'il présente. Il placera donc le régulateur sur le chiffre écrit au-dessus et en tête de la portée, sachant que le temps du *va* au *vient* de chaque oscillation, répond à la durée de la note jointe au chiffre.

Pour cet exercice seulement, les mouvements de la main suivront ceux du balancier, ou le bruit des échappements, auquel l'oreille ne cessera d'être attentive.

Quant au diapason du son que donnera le lecteur, il choisira, parmi les cordes du médium de sa voix, celle qui lui paraîtra plus naturelle, franche, commode à émettre, et d'une sonorité suffisante, quoiqu'il ne soit point obligé de lui donner de la force.

Il chantera ce son en prononçant le monosyllabe *la ;* il le renforcera tant soit peu sur la première partie des notes syncopées, selon ce qui a été dit au chapitre XXV de la première Partie.

Cet exercice est propre à accoutumer au rapport des figures de notes, ainsi qu'à leurs durées respectives.

NOTES DU CHAPITRE III.

(A) Nous aurions voulu qu'on exigeât des solfégistes du Conservatoire, qu'à leur deuxième ou troisième examen ils chantassent la leçon donnée sans battre la mesure d'aucune façon. En les observant avec soin, on se serait assuré qu'ils n'employaient aucune supercherie, et l'on aurait su jusqu'à quel point s'était identifié en eux le sentiment de la mesure. Mais il est des gens qui ne permettent pas qu'on manifeste des idées qui ne leur sont point venues ; et leur empressement à les combattre et à les repousser convainct d'autant mieux de la justesse et de l'opportunité de ces idées.

(B) On est assuré qu'un métronome est exactement réglé d'après le principe de son inventeur, lorsque l'index, (pièce mobile qui glisse le long du balancier) étant placé sous le n° 60, ce balancier fait un nombre semblable d'oscillations par minute, ou, si l'on veut, une oscillation par seconde.

CHAPITRE IV.

DES LEÇONS ÉLÉMENTAIRES ET DE LEUR ACCOMPAGNEMENT (1).

Ainsi que le dit J.-J. Rousseau, la musique n'est point la science des *noires*, des *blanches*, des *croches*, mais celle des sons; et puisque c'est l'oreille qui perçoit ces sons, en même temps qu'elle guide la voix dans leur intonation, c'est donc l'éducation de l'oreille que le professeur de solfége entreprend, après que la vue, l'intelligence et la mémoire de ses élèves ont été suffisamment exercées à la connaissance des signes musicaux, à leurs propriétés, à leurs rapports, en dehors de toute application pratique. C'est alors que commence sa double tâche; car il a aussi des voix informes à diriger, à corriger dans leurs défauts, à perfectionner dans leurs qualités.

L'organe auditif a ses délicatesses, ses susceptibilités, qu'il ne faut pas heurter : on ne présente pas de vives clartés à l'enfant qui ouvre à peine les yeux; ce n'est pas sur des cailloux qu'on lui fait faire ses premiers pas. La même sollicitude ne devait-elle pas présider à la confection des exercices préliminaires auxquels concourent à la fois et l'oreille et la voix? Ne devait-on pas les choisir et les classer avec le soin le plus minutieux.

Si nous devions exposer nos idées au sujet de ces premiers exercices, voici comment nous en présenterions le programme.

1° L'étude des gammes de Guido (avec le septième degré placé au grave), parce qu'elles n'ont pas les défectuosités de nos gammes modernes.

2° Les intervalles simples déduits de ces gammes, en évitant ceux d'une intonation difficile, tels que la quinte diminuée, la quarte augmentée et la septième majeure.

3° La gamme majeure moderne, *descendante* d'abord, ainsi que le veut l'abbé Lebeuf, comme plus facile en effet que la même gamme *ascendante*, parce que la relation de quarte augmentée s'y fait moins sentir.

4° La même gamme *ascendante*, divisée en deux tétracordes par un repos sur le quatrième degré, mais sans modulation dans l'accompagnement. Cette recommandation ne concerne pas moins la gamme descendante.

5° Les intervalles que renferme cette gamme, en procédant à ceux d'une intonation difficile avec assez d'art et de précaution pour que l'oreille et la voix y soient amenées aussi naturellement que possible.

6° La gamme mineure descendante, sans altération des sixième et septième degrés. Puis la moderne, avec sixte et septième majeures en montant, et mineures en descendant. Enfin, celle où le premier de ces intervalles est mineur dans les deux cas; ce que l'on ferait suivre des intervalles donnés par l'une et l'autre, mais toujours avec les ménagements déja recommandés.

Quant à l'accompagnement de tous les exercices préparatoires des solféges en usage, il nous a toujours paru n'être pas ce qu'il devait être; et ce n'est pas son mérite, sous le rapport de l'harmonie, que nous accusons, mais l'opportunité de ce mérite, de cette variété d'accords et de modulations qui ne nous semble point à sa place, à l'égard d'oreilles non habituées encore aux changements de modes et de gammes, toute passagères et relatives qu'elles puissent être. Ainsi, dans les premiers essais de la gamme de Guido, que l'élève répète nécessairement plusieurs fois, nous voudrions que l'*unisson* soutînt d'abord sa voix et ses intonations; puis, que l'octave, tant supérieure qu'inférieure des mêmes sons, se fît entendre; ensuite, que des

(1) Avis important. — Avant de commencer l'exécution musicale d'un morceau quelconque, il ne faut jamais oublier de s'enquérir d'abord : 1° de la *clef* sur laquelle on doit le lire; 2° de son *mode* initial; 3° du chiffre indicateur de sa *mesure*, et 4° du *mouvement* qui lui est prescrit.

tierces et des *sixtes*, tantôt supérieures, tantôt inférieures (ces intervalles plaisent toujours à l'oreille du commençant), servissent à l'accompagnement de ces gammes, lesquelles, ainsi que les modernes, s'accompagnent fort bien avec les seuls accords consonnants, ou de trois sons, appartenant aux deux modes; et ces accords ont le double avantage de déterminer les modes d'une manière positive, et d'en conserver l'impression. Ils aident donc l'élève, l'affermissent dans la juste-émission des sons, loin de le troubler, de le rendre défiant de lui-même, comme ces accords dissonants mêlés aux consonnants qu'on emploie dès les premiers essais, et dont plusieurs le frappent, l'étonnent par leur effet particulier, et le détournent souvent de la route qu'il doit suivre.

Le plus doux des accords dissonants, la quinte diminuée, serait employée en mineur; et quand les dissonances de septièmes apparaîtraient, elles seraient traitées d'abord comme notes passagères; viendraient ensuite des dissonances non moins douces, celles qui se font sans préparation, telles que la septième mineure du cinquième degré, et les deux neuvièmes, chacune dans son mode, et en retranchant leur son fondamental. On garderait pour les syncopes les accords dissonants qui veulent être préparés. Les autres dissonances, les accords altérés, la *pédale*, etc., seraient réservés pour le temps où l'élève aurait acquis assez de fermeté d'intonation, assez d'indépendance dans la conduite de sa partie, pour n'être plus gêné par l'accompagnement.

Il est probable, nous le répétons, que l'on trouvera ces ménagements par trop minutieux; que de telles précautions paraîtront oiseuses ou exagérées. C'est que l'on voudra toujours considérer comme simple et facile ce qui n'est chez le praticien qu'une habitude acquise. Mais, à défaut de ne pouvoir se reporter au temps où l'on était soumis aux premières épreuves en ce genre, que l'on écoute l'enfant qui commence; et, quand il trébuche, qu'on en cherche la cause; on la trouvera presque toujours dans ces accords dissonants ou dans ces modulations qui, bien que relatives et passagères, ne détruisent pas moins, pour le moment, l'unité de gamme dont il est plus important qu'on ne croit de conserver l'impression à l'adepte.

On pourra dire encore que ce serait un nouveau solfége à faire. Oui, sans doute, du moins quant à la partie élémentaire; mais les gens capables ne manquent pas pour cela, et l'artiste qui s'en tirerait avec bonheur aurait bien mérité de la jeunesse.

NOTES DU CHAPITRE IV.

(A) Nous pensons qu'au Conservatoire et dans ses succursales des départements, on pourrait diviser le premier enseignement en deux parties : l'une toute théorique, avec des exercices en notes parlées et en battant la mesure; l'autre pratique, où l'on exercerait de suite la voix sur les mêmes exercices chantés et sur les solféges progressifs, instruction qui serait individuelle. L'enseignement *mutuel* serait appliqué à la première division ; elle abrégerait les travaux de la seconde de toutes ces explications qui la retardent, par l'obligation d'y exercer la mémoire, de transmettre les leçons, de les transcrire, etc.

(B) Le vénérable *Gossec*, surnommé en France le *Nestor* des musiciens, non seulement parle des gammes de *Gui* dans la première édition des solféges du Conservatoire, mais il en recommande l'étude; et puis, quand il vient à écrire les exercices élémentaires, c'est par la gamme des modernes qu'il les commence. Avait-il déjà oublié ce qu'il venait de dire.

CHAPITRE V.

DE LA MUE DE LA VOIX.

En prenant à la lettre ce que dit M. Imbimbo, que *dans les Conservatoires d'Italie on ne faisait chanter le solfége qu'après la mue terminée,* il est naturel de se demander comment on se procurait des *voix blanches* (de femmes et d'enfants) pour les joindre aux ténors et aux basses dans l'exécution des œuvres musicales destinées à l'Eglise? Un article du *Dictionnaire de Musique* du Dr Lichtenthal répond à cela :

« On trouve, dit-il, des individus qui, arrivés à l'âge viril, et pendant tout le cours de leur vie, con-« servent la voix aiguë du premier âge. Cette voix se nomme FAUSSET. Avant que l'on eût introduit les « *castrati* dans la chapelle pontificale, c'était les *faussets*, presque tous d'origine espagnole, qui chantaient les « parties de *soprano* et de *contralto* (1). »

Parmi les enfants du sexe masculin, il y a plus de mauvaises voix que de bonnes, et plus d'oreilles rebelles que dans l'autre sexe, dont les organes, plus délicats, ont aussi plus de souplesse, de sensibilité, et reçoivent plus aisément les impressions de justesse et d'intonation. Par compensation, il y a chez les jeunes garçons une ardeur, une énergie que n'ont pas les jeunes filles; mais ces qualités mêmes contrarient souvent le travail de la nature à l'époque de la *mue*, qui, dans les voix masculines, opère une métamorphose complète, quand, dans les féminines, elle ne fait que donner plus de volume, de sonorité et d'étendue à la voix primitive. Aussi, y a-t-il toujours abondance de voix de femmes, comparativement au nombre des voix d'hommes, en France surtout.

Au Conservatoire de Paris, les adolescents solfient de prime abord en chantant; mais, à l'époque de la *mue*, l'on ne manque pas de prendre les précautions qu'exige leur état précaire, précautions prescrites et développées, tant dans le Solfége de l'établissement que dans sa Méthode de chant. Elles consistent à retrancher successivement des leçons, celles qui deviennent pénibles à l'élève. Il cesse même de chanter, du moment où sa voix est bornée à l'étendue d'une octave. Alors on peut encore le faire solfier, mais en parlant la note (2). C'est même dans la crainte de quelque négligence à cet égard, ou de l'ignorance de certains professeurs, que les anciens maîtres interdisaient positivement tout exercice de la voix pendant la durée entière de la *mue*. C'est aussi ce qu'il y a de mieux à faire. L'élève ne reste pas oisif pour cela; car devant supposer qu'il joue du piano, instrument presque indispensable à tout musicien, il continue à se rendre bon lecteur, en s'exerçant sur les œuvres qu'on lui donne à étudier. Il peut aussi commencer l'étude de l'harmonie.

CHAPITRE VI.

DES DIFFÉRENTES ESPÈCES DE VOIX APRÈS LA MUE; DE LEUR CLASSIFICATION, DE LEUR DIAPASON ET DE LEUR ÉTENDUE COMMUNE.

Chacun des deux sexes, après la mue, fournit trois sortes de voix assez bien tranchées, surtout chez les hommes. Elles répondent ordinairement aux dispositions particulières qui distinguaient la première voix. C'est ainsi que la seconde est aiguë, grave ou intermédiaire, selon que, dans l'adolescence, chaque voix avait plus d'aptitude à l'émission des sons élevés qu'à celles de leurs contraires; ou qu'elle restait bornée entre les deux extrémités.

Les trois voix de femme, en commençant par la supérieure, ont reçu les noms que voici : ***Premier Dessus***, en italien SOPRANO; *Second Dessus*, MEZZO SOPRANO; ***Haute-Contre***, CONTRALTO. Cette dernière est la *basse* des voix de femmes (A).

(1) On n'obtenait ces sortes de voix qu'en faisant mutiler de pauvres enfants, mutilation à laquelle le clergé italien a totalement renoncé depuis. M. Crescentini, qu'on entendait aux Tuileries sous le règne de Napoléon Ier, a été, nous croyons, la dernière victime d'un acte aussi monstrueux.

(2) Quelques-uns appellent cela *chanter à la muette*. Cette locution est tout à fait vicieuse, puisque l'on parle et qu'on ne chante pas.

Les trois voix d'hommes sont la *Taille* ou *Ténor,* TENORE ; le *Concordant* ou *Baryton,* BARITONO ; la *Basse-Taille,* ou simplement *Basse,* BASSO.

Outre cette division, les voix de ténor et de baryton se partagent encore en *voix de poitrine* et *voix de tête.*

Le DESSUS (*soprano*) a, de plus, la *voix du médium,* mais qui est aussi une voix de poitrine, avec cette différence, que celle-ci se forme dans l'arrière bouche et la partie supérieure du larynx, et la voix de tête dans les sinus frontaux et les fosses nasales.

Les hommes et les femmes à voix graves n'usent que très rarement de la voix de tête, par la difficulté qu'ils éprouvent à la réunir à la voix de poitrine. Les exceptions ne peuvent faire règle. Elles se rencontrent d'ailleurs chez les femmes, plutôt que chez les hommes.

La différence de qualité des sons, leur inégalité de timbre en passant d'une voix à l'autre est choquante d'abord ; mais, par des exercices *ad hoc,* bien dirigés et réitérés, on corrige ce défaut, du moins autant que faire se peut, cherchant à rendre tous les sons égaux et proportionnés (**B**).

On a distingué ces divisions de la même voix par le nom de *registres.* Ce mot est pris évidemment des différents jeux de l'orgue, que gouverne celui qui joue, au moyen de règles pareillement appelées *registres,* qu'il tire ou pousse selon qu'il veut obtenir l'un ou l'autre de ses jeux.

Le quatorzième Tableau fait voir l'étendue des voix, avec leurs divisions par registres quand il y a lieu, ainsi que la clef appartenant à chacune de ces voix et qui détermine son diapason.

NOTES DU CHAPITRE VI.

(A) Les Italiens ne reconnaissent de *Haute-Contre* que dans les femmes, non dans les hommes, comme on a voulu le faire en France. « Cette distinction est illusoire, dit la Méthode ; car un son plus ou moins haut, plus « ou moins nasal, ne donne pas un genre de voix de plus. »

(B) Les *Dessus* réussissent mieux que les *Ténors* à obtenir cette égalité des sons dans toute l'étendue de leur voix ; ou bien, par la nature même de celle de *Soprano,* le contraste est beaucoup moins heurté. Mais, dans le *Ténor,* on peut le dire, il est souvent tranché d'une façon trop remarquable. Pour ne citer qu'un exemple pris parmi les artistes qui ont obtenu les suffrages les plus mérités dans ces derniers temps, on osera nommer M. *Rubini.* Certes son talent comme grand chanteur est incontestable, cependant ses deux voix, ou, pour adoucir l'expression, ses deux registres font tellement disparate, à part la pureté de chacun, que celui qui ne le connaîtrait pas et l'entendrait sans le voir aurait lieu de penser qu'on lui donne le plaisir d'un dialogue alternativement chanté par un *Ténor* et par un *Contralto.*

CHAPITRE VII.

DE LA VOCALISATION OU PRÉPARATION AU CHANT (1).

Cette partie des études musicales ne concerne que ceux qui se destinent spécialement au chant. Elle le précède comme préparation ou éducation des organes de la voix, quand la mue est totalement terminée.

Les leçons consacrées à la *vocalisation* se composent bien encore de gammes, d'intervalles, de traits, d'agréments et de solféges, que les professeurs français ont nommés *vocalises* (**A**) ; mais, dans celles-ci, l'on ne présente plus ces combinaisons de valeurs diverses, de changements de clefs, de difficultés de lecture, multipliées à plaisir dans les autres, et dont l'élève, supposé bon lecteur, n'a plus besoin. Ici tout est de

(1) Sous-entendu *avec des paroles,* ce qui est encore une étude à part.

grâce, d'expression, de sentiment, et l'imagination a plus de part que la science à ce genre de composition. Indiquer les solféges de la Méthode de chant du Conservatoire; citer les exercices de *Crescentini*, les belles vocalises de M. *Bordogni*, c'est confirmer pleinement ce que nous venons de dire.

Vocaliser, c'est, en définitive, chanter sur une ou deux voyelles choisies (l'*a* et l'*è* ouvert); c'est, en quelque sorte, faire glisser tous les sons de la voix sur l'une de ces voyelles, au lieu de nommer les notes, comme dans le solfége proprement dit (1).

Les voyelles *i*, *o*, *u* sont proscrites et doivent l'être, parce que, dit encore la Méthode, elles font grimacer la bouche et donnent à la voix une qualité défectueuse.

« Ceux qui font entendre plus de deux ou trois notes sur ces voyelles, font preuve de mauvais goût, et de- « viennent répréhensibles. »

On comprend que la liaison des sons, l'un des principaux objets de la *vocalisation*, n'a pu avoir lieu dans l'étude du solfége que dans les seuls cas où un agrément tel que la *petite note*, le *port de voix*, le *groupe*, se trouve annexé à une note principale quelconque ; car alors, l'agrément même doit prendre le nom de la note, et un seul monosyllabe, *do*, *ré*, *mi*, etc., sert pour l'un et l'autre. Telle est la règle. (*Voyez* les n°s 15 et 16 du treizième Tableau.)

Dans tous les autres cas, donner à chaque note le nom qui lui appartient, c'est attaquer, c'est frapper cette note avec plus ou moins de force ou de douceur; tandis qu'en se servant des voyelles, on peut à volonté attaquer ou lier les sons, et l'on use beaucoup plus de ce dernier procédé dans les *vocalises*.

Les nuances du *doux* au *fort*, du *fort* au *doux*, ainsi que les sons *portés* et *filés* y deviennent aussi plus fréquents. On peut même dire qu'ils sont de tous les instants, attendu que, dans ce genre d'étude, la voix doit nuancer avec une onction plus sentie ; donner une expression plus marquée à la succession des sons ; les faire valoir les uns par les autres ; répandre partout enfin la couleur et la vie.

Le premier soin du maître, dans l'étude de la préparation au chant, est d'enseigner le mécanisme de la respiration pour chanter, différent de celui de la respiration pour parler.

« Sans un grand volume d'air, qu'on doit savoir comprimer et ménager longtemps avec adresse, il n'est « point de force ni de timbre dans la voix. De plus, sans cette faculté, il n'est guère possible de bien phra- « ser le chant. (*Méthode.*) »

La nature et l'étendue de la voix du sujet étant bien connues, on a l'attention de ne le faire chanter que dans les bonnes cordes de sa voix, laissant au temps et à un travail réfléchi le soin d'augmenter l'étendue d'un ou de deux sons, tant à l'aigu qu'au grave.

Si le chanteur se destine au théâtre, il devient indispensable pour lui de faire une étude approfondie de la langue de son pays, s'il ne l'a point faite au préalable, et d'acquérir une prononciation pure, élégante et bien accentuée (2). En outre, il doit connaître l'histoire et la mythologie ; faire sa lecture habituelle des poëtes et prosateurs classiques; orner sa mémoire de leurs plus beaux traits, afin d'élever son esprit, d'échauffer son imagination, et d'entretenir son ame dans cette espèce d'exaltation nécessaire pour bien exprimer les passions, et rendre fidèlement les sentiments des personnages qu'il devra représenter sur la scène.

---

(1) La voyelle *a* est adoptée exclusivement aujourd'hui. C'est sans doute par concession pour notre langue que la Méthode y joint l'*è* ouvert. Des modernes ajoutent même quelques unes de nos voyelles nasales.

(2) Un cours de langue italienne n'est pas moins indispensable à tout chanteur français.

DES EXERCICES PROPRES A LA VOCALISATION.

C'est encore sur les sons de la gamme que l'on fait exercer la *mise de voix,* indiquée par le signe <>, ce qu'on exprime aussi par *filer le son.*

Ainsi la mise de son consiste à l'attaquer *piano,* à le renforcer graduellement jusqu'au *forte,* et à le ramener par une gradation en sens inverse au *piano,* sans qu'aucune ondulation s'y fasse sentir (**B**).

Les bons chanteurs donnent la mise de voix à tous les sons, proportionellement à leur durée; mais c'est surtout aux sons prolongés, aux notes surmontées du point d'orgue et au *trille final* qu'ils appliquent scrupuleusement cette règle.

Assez généralement, le trille final s'indique de cette manière : 

N.B. On sait que le signe ; ; est celui de la grande respiration.

Pour bien *vocaliser,* il faut non seulement savoir attaquer, lier et filer les sons, mais aussi passer d'un registre à l'autre, de manière à ce que ce passage soit insensible; connaître l'art de porter la voix, c'est-à-dire de lier deux notes, quel que soit l'intervalle qui les sépare; exécuter les agréments du chant avec grace et légèreté; phraser celui-ci musicalement et nuancer ses phrases. « Le son doit être attaqué « franchement et juste, sans préparation, sans y arriver par aucune traînée.»

Le moyen de fondre les registres de la voix, de façon à faire disparaître la différence de timbre qui existe entre eux, consiste en exercices sur les notes qui les séparent ou qui en sont les limites, et que l'on chante alternativement avec l'une et l'autre voix; lentement d'abord, puis en accélérant peu à peu le passage.

Le *port de voix* des deux espèces succède aux exercices précédents. (*Voir* les nos 1, 2 et 2 *bis* du dixième Tableau.)

Pour leur exécution, on relira ce qui a été dit Chapitre XXXI de la première Partie. On ajoutera pourtant que, dans ces passages, quand les sons liés vont de bas en haut, on procède du faible au fort, et *vice versa.* Par là, on établit l'équilibre entre tous, leur faiblesse augmentant à mesure qu'ils deviennent plus aigus.

La Méthode blâme, avec raison, le mauvais goût de ceux qui commencent une phrase par un agrément quelconque; ou bien qui, en liant deux sons éloignés, de l'aigu au grave, font entendre tous les demi-tons qui les séparent, sans donner d'intonation précise à aucun, *ce qui ressemble assez à un bâillement ou à un long gémissement.*

Le *trille,* difficile à acquérir, doit être étudié dès les premières leçons de *vocalisation,* l'élève ne l'exerçant pas dans l'étude du solfége proprement dit.

Après une instruction convenable sur ce qui précède, on entreprend l'étude des *traits* de toute espèce, en sons alternativement liés et détachés, mais dans un mouvement modéré. De là, on passe aux gammes en notes brèves, appelées *roulades,* dont la difficulté d'exécution égale celle du *trille.* Enfin, viennent les *solféges-vocalises,* dont le maître profite pour enseigner à placer à propos les *petites notes* simples et doubles, les *groupes* de plusieurs sortes, le *trille,* le *brisé,* et tous les *agréments* que l'élève a étudiés séparément. Ces derniers sont bien faits dès qu'ils sont bien sentis, dès qu'ils ont un mouvement et une expression appropriés à ceux du morceau. Le *trille* même n'en est pas exempt; car si sa grande rapidité est une qualité dans l'*Allegro,* il devient un défaut dans l'*Adagio* (1).

---

(1) Quelle que soit la vitesse donnée au *trille*, ses deux sons doivent être martelés également et d'une manière sensible pour l'auditeur. De là, la grande difficulté de cet agrément.

N. B. Il est peu de ces règles et principes qui ne soient applicables aux instrumentistes. L'école d'un excellent chanteur est en effet la meilleure qu'ils puissent suivre.

Pour orner soi-même le chant et placer à propos chaque trait d'agrément, il faut, à quelque peu d'imagination (elle s'étend aussi par les recherches, les réflexions, les essais réitérés), joindre du tact, du goût, du discernement.

Quant à l'expression, elle est vraie ou factice, selon qu'elle provient d'un sentiment intime, ou qui n'est que feint; selon que cette expression part d'un cœur touché, ou qu'elle en trahit au contraire la sécheresse. Rien de plus commun, en musique, que ces gens qui se passionnent à froid ; qui donnent pour du sentiment les grimaces de l'exagération; qui, s'étant fait ce moyen ridicule d'expression, n'en connaissent point d'autre, le prodiguent partout, et lassent bientôt par leurs monotones affectations.

Pour bien exprimer,. il faut sentir vivement; pour sentir ainsi, il faut être né avec des organes aisément impressionnables; une sensibilité qu'on doit pourtant savoir contenir ; une imagination enfin prompte à s'exalter (C).

Sans ces dons de la nature, l'expression est toujours faible et sa transmission languissante, quelle que soit d'ailleurs l'habileté de l'instrumentiste ou du chanteur, sous le rapport de la facilité, de la justesse, de la netteté d'exécution.

NOTES DU CHAPITRE VII.

(A) Ce n'est pas à cause de leur structure particulière, assez peu différente de celle des solféges, qu'on leur a donné le nom de *Vocalises*, mais à cause de leur objet spécial, celui de faire chanter sur une ou deux voyelles, celles qui se prêtent le mieux à ces exercices.

N. B. Du verbe italien *vocalizzare*, employer les voyelles, nous avons fait successivement les mots *vocaliser, vocalises, vocalisation.*

(B) Loin de suivre de si bons conseils, il est devenu de mode de faire tremblotter la voix sur tous les sons tenus. On appelle cela *faire vibrer les sons*, et l'on se fait un mérite de ce que le goût réprouve le plus. Dès qu'un son se produit, il y a nécessairement vibration d'un corps sonore quelconque ; mais celle-ci est naturelle; elle existe par elle-même, malgré l'instrumentiste ou le chanteur qui ne peuvent l'empêcher. L'autre est purement factice ; et, quand on entend le mauvais effet qui en résulte, on se demande si l'artiste se trouve saisi de frisson, ou s'il est devenu caduc.

Les instrumentistes qui veulent imiter cette sorte de mensonge font aussi trembler, soit le poignet sur le manche du violon ou du violoncelle, soit le doigt sur les trous de la flûte ou du hautbois. Ne sortons jamais de la nature et de la vérité; hors de là, tout, dans les arts, n'est qu'affectation ou charlatanisme.

(C) Pourquoi ne dirait-on pas qu'il faut avoir éprouvé l'effet des passions pour les exprimer avec vérité? N'en est-il pas de nobles aussi bien que de condamnables? Si, par exemple, aucune actrice n'a excellé autant que Mme Branchu à remplir dignement le rôle d'*Alceste*, c'est que, dans le cœur de cette femme vertueuse, l'amour conjugal et l'amour maternel se disputaient la prééminence.

CHAPITRE VIII.

DE CE QUI MANQUE ENCORE A L'ENSEIGNEMENT MUSICAL,

OU DES EXERCICES SUR LE *GENRE ENHARMONIQUE*,

ET D'UN INSTRUMENT PROPRE A LES ACCOMPAGNER, EN FAISANT SENTIR LE VRAI RAPPORT DES SONS.

Le PIANO, à la fois mélodique et harmonique, est sans contredit l'instrument le plus propre à l'accompagnement des solféges et vocalises : il guide la voix dans ses essais d'intonation, en se conformant à son diapason ; par des accords posés, il la maintient dans la justesse de ses intonations, ou les rappelle à la voix qui s'en écarte. En même temps, le piano accoutume l'oreille aux effets de la simultanéité des sons. D'un autre côté, l'*accord par tempérament* du piano ne donne et ne peut donner que la justesse approximative de ce tempérament ; de même qu'il n'en indique point d'autre aux chanteurs, tant qu'ils sont accompagnés par cet instrument (**A**). De façon qu'ils ont, pourrait-on dire, deux sortes de justesse, dont ils sont d'ailleurs fort innocents : l'une, relative avec les instruments à sons fixes qui les guident dans leurs études, et même dans l'exécution, quant à la musique de salon ; l'autre, plus exacte, plus positive avec les instruments à sons mobiles de l'orchestre, dont ils éprouvent forcément l'influence au théâtre et dans les grands concerts. Mais, on ne saurait trop le redire, si le professeur accompagnant n'est pas bon harmoniste, il vaudrait mieux pour l'élève qu'il n'entendît qu'une simple basse exécutée sur le violoncelle, que d'être suivi à la piste par des sons à l'unisson de sa voix, absurdité dont l'inconvénient principal est de le rendre paresseux à saisir de lui-même les sons à tel ou tel degré que ce soit ; car, c'est ce qui arrive indubitablement, quand le professeur n'a pas joint l'étude de la basse chiffrée et de son accompagnement à celle du clavier.

Puisqu'il en est ainsi, pourquoi, vers la fin des études du solfége pour les uns, des vocalises pour les autres, ne consacrerait-on pas *quelques leçons* à faire connaître la cause et les conséquences des deux sortes d'accords et de justesse, ainsi qu'à rendre sensible le vrai rapport des sons, d'où découle la théorie du genre enharmonique, que l'on n'a connu que de nom jusque-là ? à fournir ensuite, par des exercices particuliers, les moyens de pratiquer ce troisième genre de la musique, et prouver qu'il appartient aussi bien à la mélodie par ses intonations qu'à l'harmonie par ses effets ?

Cependant, pour donner ces preuves, aussi bien que pour rendre ce nouvel enseignement profitable, il faudrait qu'un instrument *ad hoc*, en détruisant l'idée des synonymes, rendît incontestable, au jugement et à l'oreille, la différence d'intonation ou de diapason qu'apporte l'enharmonique au double rapport des sons qu'il provoque. Mais cet instrument n'existe pas ; il le faut donc imaginer, ce qui d'ailleurs n'est pas d'une difficulté insurmontable.

Cet instrument, lequel serait à deux claviers et à sons fixes, nous l'appelons *Orgue enharmonique* (1). *Orgue*, parce que ses sons doivent être soutenus à volonté ; *enharmonique*, à cause de son objet spécial et de son accord à part, quant à ses notes altérées. Aussi est-il beaucoup plus théorique que pratique.

Son étendue, bornée à trois octaves et demie, ou de  serait plus que suffisante pour exercer les voix graves, aiguës et intermédiaires (2).

Les touches blanches de cet orgue représenteraient toujours les sons naturels de la gamme majeure d'*ut*, laissant ses cinq tons et ses deux demi-tons ce qu'ils sont, d'après l'accord par tempérament, et sans s'occuper encore des touches noires ; mais ensuite, chaque *ton* devant être divisé par *tiers de ton*, les cinq touches noires du clavier inférieur donneraient les notes bémolisées : *si* ♭, *mi* ♭, *la* ♭, *ré* ♭ et *sol* ♭, accordées à *un tiers de ton* AU-DESSUS *de leurs notes naturelles immédiatement inférieures*. Au contraire, les touches noires

(1) Ce pourrait être un *Mélodium*, dont l'établissement ne serait qu'un jeu pour MM. Alexandre père et fils de Paris ; eux qui ont su vaincre tant de difficultés et donner tant de preuves de sciences et d'habileté aux expositions des produits de l'industrie, notamment en 1855. C'est ce qui vient d'avoir lieu (septembre 1856), au moment où nous faisons imprimer cet ouvrage. L'instrument et son accord ont pleinement rempli notre attente.

(2) On pourrait même borner cette étendue à trois octaves, comme de

du clavier supérieur serviraient aux notes diésées : *fa* ♯, *ut* ♯, *sol* ♯, *ré* ♯ et *la* ♯, et seraient accordées à *un tiers de ton* AU-DESSOUS *de leurs notes naturelles immédiatement supérieures.* (*Voir*, pour le plan de ce double clavier, le n° 14 du septième Tableau.)

Quant à la juste mesure de ces *tiers de ton* qui devront se trouver entre les touches blanches et noires les plus voisines, ainsi qu'entre les notes bémolisées et diésées qu'on appelle synonymes, par rapport à l'accord par tempérament, on peut s'en rapporter à la finesse d'oreille de nos bons accordeurs pour vaincre cette difficulté : il suffira de leur faire connaître le principe d'où l'on part, et le but qu'il s'agit d'atteindre (**B**).

Enfin, l'ensemble présentera la gamme enharmonique que l'on voit au n° 9 du septième Tableau, et dans toute l'étendue qu'on aura donnée à l'instrument.

En tirant de cette même gamme enharmonique les gammes chromatiques par dièses, bémols et bécarres, leurs intervalles entre les treize sons de chacune (y compris la réplique du premier), seront nécessairement conformes aux n°s 10 et 11 du même Tableau, dans lesquels on ne donne que l'une des gammes intermédiaires du clavier.

Dans ces différents exemples, on ne voit figurer que les cinq premiers dièses et les cinq premiers bémols. Ils suffisent en effet aux fragments d'exercices donnés sur les enharmoniques, ainsi qu'à l'harmonie qui les accompagne. A plus forte raison pouvait-on omettre les deux premiers signes altératifs doublés, *si* 𝄫, et *fa* 𝄪, lesquels figurent parfois dans les transitions enharmoniques. En supposant que ces signes dussent se rencontrer dans d'autres exercices, qu'il est permis à chacun d'imaginer, l'accompagnement ne toucherait pas ces notes, afin de laisser la voix d'autant plus libre de donner l'extension nécessaire, dans l'un ou l'autre sens, au son qui devrait la recevoir.

La gamme mineure, envisagée sous ses trois aspects, offrira les mêmes résultats, quant au nombre des *tons* et *demi-tons*; par conséquent à celui des *tiers de ton*, pourvu que la *sixte*, dans le genre diatonique, reste mineure entre le premier et le sixième degré; les deux *demi-tons*, dans ce cas, étant toujours du deuxième au troisième, et du cinquième au sixième. (N° 12 du septième Tableau.)

Au contraire, la défectuosité de la *sixte majeure* en montant, laquelle donne *un ton* du cinquième au sixième degré, oblige de supposer l'existence du deuxième *demi-ton* entre le septième degré et la réplique du premier, malgré l'intonation qui n'y mettra qu'un *tiers de ton*. (*Voir* le n° 13 du septième Tableau.)

DES EXERCICES SUR L'ENHARMONIQUE, OU DU PARTAGE DES *TONS* EN *TIERS DE TON*.

Il est entendu que si le maître ou l'accompagnateur n'a qu'un piano à sa disposition, il devra se borner aux notes écrites pour la main droite, dans les douze numéros de la figure 15 du septième Tableau, et que sa voix seule aidera celle de son élève. Avec l'orgue enharmonique, au contraire, il joindra les notes du chant à celles de l'accompagnement, au moins jusqu'à ce que les intonations de celui qu'il instruit ne laissent plus rien à désirer.

On ne pourrait pas transposer ces exercices sans entrer dans des gammes dont les deux demi-tons obligés se trouveraient placés entre des notes à un *tiers de ton* seulement; en même temps que ces tiers de ton rendraient d'autres intervalles ou trop faibles ou trop forts. Il faut donc conserver ces exercices dans les diapasons où ils sont écrits; y rester encore à l'égard de ceux que l'on voudrait y ajouter.

Au surplus, on se rappellera qu'il n'a été demandé que de consacrer *quelques leçons* à cette étude : et l'on doit assez bien augurer de l'intelligence d'individus exercés déjà de longue main à cette époque, pour être assuré qu'une fois la théorie du genre harmonique leur étant bien connue, et leur voix suffisamment habituée à ses intonations par les fragments y relatifs, ils sauront les appliquer à tous les diapasons des gammes majeures et mineures, avec dièses et bémols. Ils sauront de même établir des points de comparaison à l'égard des signes altératifs simples et doubles qui ne devaient point figurer ici, puisque l'instrument ne les comporte pas.

NOTES DU CHAPITRE VIII.

(A) On appelle *accord par tempérament* l'opération par laquelle ceux qui accordent les instruments à sons fixes altèrent légèrement certains intervalles, de manière à faire disparaître la différence dont il a été fait mention; confondant par cette opération les deux sons voisins en un seul, *ré* ♭, *ut* ♯, par exemple; l'un trop bas par rapport au son supérieur, *ré* ♮; l'autre trop haut par rapport à l'inférieur *ut* ♮; mais laissant entre eux, comme entre tous, une justesse relative assez satisfaisante. Il est certain qu'un intervalle quelconque, que l'unisson même ne peut avoir une justesse rigoureuse qu'en mathématique, c'est-à-dire par le nombre de vibrations nécessaire à sa production. Mais il n'est pas moins certain que l'accord par tempérament, loin de donner de la délicatesse à l'organe auditif et de le rendre perfectible, devait au contraire le laisser stationnaire dans son imperfection, puisque l'identité de diapason des *notes synonymes* sur les instruments à sons fixes, tendait à faire croire qu'on pouvait dévier en plus ou en moins d'une certaine justesse, sans que l'oreille en fût blessée. Et pourtant, l'habitude qui nous y a accoutumés n'a pu être contractée qu'aux dépens du VRAI.

(B) On conçoit aisément que l'oreille si constamment exercée d'un accordeur de profession acquiert une sensibilité et une délicatesse telles, qu'elles les rendent capables d'apprécier et de fixer les plus petits intervalles.

Ainsi M. ELIE, l'intelligent accordeur de MM. Alexandre, a cru devoir se servir en cette occasion (l'accord de notre orgue enharmonique) de la mesure grecque appelée *comma*, sachant que le *ton* est composé de neuf intervalles de ce genre. Il a donc mis trois *commas* où nous mettons un *tiers de ton*. Mais cela revient parfaitement au même, et nous ne différons que par le terme; car, puisque trois tiers sont égaux à un entier; de même neuf *commas* égalent le *ton*, ou *seconde majeure*.

CHAPITRE IX.

DU CHANT PROPREMENT DIT, OU AVEC DES PAROLES.

On a dit que, si le professeur de solfège remplissait auprès de ses élèves les obligations qui lui sont imposées, le travail du maître de vocalisation se trouverait notablement simplifié et beaucoup plus facile. De même, quand celui-ci connaît à fond sa partie, s'il en épuise toutes les ressources sur les sujets qui lui sont confiés, la tâche du maître de chant devient douce et agréable, bien qu'elle soit encore assez étendue. Souvent aussi, c'est le même professeur; car le chanteur habile est nécessairement apte à bien enseigner la vocalisation, puisqu'il a dû beaucoup vocaliser lui-même (**A**).

Dans les deux premières classes, on a appris à connaître la ponctuation musicale, c'est-à-dire ses repos, ses cadences fortes et faibles; et l'on sait partager le discours chanté en périodes, phrases et membres de phrases. Mais ici, l'on a du chant sur des paroles; et, quoique la ponctuation des vers soit observée par le compositeur, qui a dû y conformer ses cadences, la déclamation, l'expression dramatique, celle que le chanteur croit devoir imprimer en même temps à la mélodie; enfin le désir, souvent plus vaniteux qu'opportun, de faire valoir quelques belles cordes de sa voix, lui font allonger les phrases, en prolongeant certaines notes, mesures ou parties de mesures. De là, retard dans les repos et altération dans le rhythme.

On doit pourtant laisser toute liberté au chanteur, qui n'en abusera pas s'il a du discernement, s'il n'oublie pas l'action scénique pour n'être que chanteur, et son personnage de théâtre pour son personnage propre. Dans tous les cas, il doit savoir mesurer ses forces, quant à la durée de la respiration, en raison de celle de la phrase; car si, à l'exemple de chanteurs plus qu'ordinaires, il coupe un sens, un membre de phrase, un mot même pour respirer, il ne laisse plus voir que son impuissance, son mauvais goût ou son oubli des règles. On doit le répéter : il y a des chanteurs froids et des chanteurs exagérés : les uns n'atteignent pas le but, les autres le dépassent. Ils déplaisent également.

Le maître doit savoir choisir les ornements dont le chant est susceptible, d'après le caractère qui lui est donné, et en se conformant aux moyens de ses élèves, au degré de flexibilité de leur voix. Il leur recommande surtout de n'user qu'avec sobriété des traits et broderies dont on abuse tant aujourd'hui, même sur des paroles françaises qui les comportent si peu; outre que leur multiplicité dénature un beau chant au point de le rendre quelquefois méconnaissable, et que, dans beaucoup de situations théâtrales, ces broderies et ces traits audacieux deviennent autant de contresens.

Le professeur de chant veille encore à ce que la prononciation et l'articulation soient conformes aux règles grammaticales de la langue chantée. L'une et l'autre, bien étudiées et bien rendues, servent mieux le chanteur que tous les efforts de la voix. Mais c'est *l'accent* surtout qui donne à toutes deux un caractère déterminé, quoique différent, selon le personnage que l'on représente, selon la situation dans laquelle il est placé; et le secret de cette partie essentielle du chant est dans l'intelligence et le sentiment du chanteur.

Comme tous les caractères de chant doivent être étudiés successivement, il est de l'essence de ce livre d'en présenter la nomenclature, et de donner de chacun l'idée que l'on doit s'en former.

NOTES DU CHAPITRE IX.

(A) Depuis l'établissement du Conservatoire et son organisation complète, jusqu'en 1815 environ, la vocalisation et le chant formaient deux classes distinctes, avec des maîtres différents. Elles ont été réunies depuis, et ceux des professeurs qu'on y appelle, mi-partie Français, mi-partie Italiens, enseignent les uns et les autres à chanter les deux idiômes. A cela, nous voyons trois inconvénients assez graves pour nous croire obligé de les signaler, dans le triple intérêt des élèves, des professeurs et de l'art du chant déclamé.

Premier inconvénient. — A moins de supposer, ce qui est peu probable, que les maîtres français et italiens ont une parfaite connaissance de la prononciation, de l'accent, de la prosodie et du génie des deux langues; qu'ils sentent également bien les rapports et la concordance de la quantité musicale avec la mesure des syllabes longues et brèves; qu'ils saisissent avec toute la justesse requise le sens et la coïncidence des deux discours parlés et chantés, il leur est impossible de se livrer à ce double enseignement avec le même avantage, avec le même succès. Il y a nécessairement une des deux parties qui reste imparfaite, si même elle n'est pas au moins défectueuse.

Deuxième inconvénient. — En France, c'est pour nos théâtres de la capitale et des départements qu'il faut d'abord s'occuper de former des sujets: et les sujets capables, distingués ne seront jamais nombreux.

On doit sans doute imposer aux élèves du chant l'obligation d'apprendre la langue italienne, de façon à la prononcer convenablement et à comprendre ce qu'ils disent; mais seulement pour être en état d'étudier avec fruit les compositions des maîtres anciens et modernes, et non pour fournir quelques chanteurs de plus au Théâtre Italien de Paris, ou même à ceux de l'Italie, comme cela s'est vu tant de fois.

Revenus d'outre-monts, ces émigrants débutent de nouveau, et, s'ils ont des succès, on ne manque pas de les attribuer à ce pèlerinage, sans plus d'égards pour l'école qui les a formés; sans penser que celui qui a l'amour de son art et la louable ambition de s'y distinguer, qui aime le travail et sait profiter de ce qu'il voit et entend, ne pouvait manquer d'ajouter chaque année une somme de talent à celui qu'il possédait déjà. Que ce qu'il a pu gagner sous le rapport du style, du goût, de l'imagination; ou de l'assurance, de la facilité, de l'énergie, peut ne provenir que de son travail, de ses observations et de l'expérience qui est tout en toutes choses. Ses progrès eussent donc été les mêmes en France qu'en tout autre pays.

Troisième inconvénient. — L'autorité qui gouverne nos théâtres lyriques demande incessamment au Conservatoire de nouveaux débutants : elle est pressante, et l'on veut la satisfaire. Alors, le professeur de chant, qui ne reçoit plus d'élèves tout préparés par la vocalisation, mais qui, livré à sa liberté d'action, donnerait le temps nécessaire à cette préparation avant de passer au chant même, se voit contraint de rendre l'une et l'autre alternatives à chaque leçon ; car on le sollicite, on le presse d'enseigner *au plus vite* des airs, des duos, des scènes entières à ceux que l'administration théâtrale réclame avec instance.

Qu'en arrive-t-il ? que l'on produit sur la scène des sujets à peine formés à l'art du chant, et qui ne le sont pas davantage à celui de la déclamation (1). C'est compromettre à la fois l'avenir de l'élève, la réputation du maître et l'honneur de l'école ; c'est donner au public de fausses espérances, et à ceux dont sa bienveillance encourage les essais, une vanité qui les perd bien souvent. C'est faire rétrograder l'art de la déclamation lyrique.

De tout ce qui précède, on peut conclure : 1° que les classes de vocalisation veulent être indépendantes de celles du chant, et que les élèves doivent passer dans l'une et dans l'autre un temps suffisant, ce dont leurs maîtres sont les meilleurs juges. 2° Qu'un seul professeur italien, bon chanteur, et sachant parfaitement sa langue, suffit au Conservatoire pour les élèves des classes de chant, lesquels ont d'ailleurs à Paris un théâtre purement italien, où ils sont admis. 3° Que nos jeunes chanteurs, avant comme après leurs débuts, n'ont pas plus besoin d'aller à Milan, Venise ou Naples, que nos grands prix de composition d'aller à Rome. On ne fait pas des touristes pensionnés de nos jeunes instrumentistes, et l'on sait ce qu'est l'orchestre de la SOCIÉTÉ DES CONCERTS.

CHAPITRE X.

DES DIFFÉRENTS CARACTÈRES DU CHANT.

Les caractères distinctifs du chant sont : le RÉCITATIF, le CANTABILE, l'ANDANTE ou CAVATINE ; l'ALLEGRO, qui peut être aussi l'AIR DE BRAVOURE ; l'AGITATO, l'AIR SYLLABIQUE, le RONDEAU d'un seul mouvement, et le RONDEAU de deux mouvements.

La *Méthode de chant* range le POINT D'ORGUE au nombre des divers caractères de chant ; mais, puisqu'en définitive il n'est qu'un assemblage capricieux de traits, de broderies, d'arpéges, etc., sans rhythme ni mouvement déterminés ; que l'imagination y marche de saillies en saillies, et que, dans le solo instrumental, des fragments mélodiques se mêlent à tout cela, devait-on voir un caractère particulier de chant dans ce qui les renferme tous, ou plutôt qui n'en renferme aucun ?

DU RÉCITATIF.

Le *récitatif* est ainsi nommé parce qu'il s'applique à la narration, au débit, au récit enfin des scènes dramatiques de l'opéra sérieux. Il est fréquent dans le dialogue.

« C'est, dit J.-J. Rousseau, un discours récité d'un ton musical et harmonieux ; une manière de chant « qui approche beaucoup de la parole ; une déclamation en musique dans laquelle le musicien doit imiter, au- « tant qu'il est possible, les inflexions de la voix du déclamateur.

« On ne mesure pas le *récitatif* en chantant. Cette mesure, qui caractérise les airs, gâterait la déclama- « tion récitative. C'est l'accent, soit grammatical, soit oratoire, qui doit seul diriger la lenteur ou la rapi- « dité des sons, de même que leur élévation ou leur abaissement. Si, en écrivant, on trace encore les mar- « ques de la mesure, ce n'est qu'en vue de fixer la correspondance de l'accompagnement et du chant, et

(1) C'est bien pis quand on va les prendre à la charrue ou dans un atelier, pour leur apprendre à la fois l'*alpha* et l'*oméga* de la musique, c'est-à-dire les éléments du solfége en même temps que des rôles de grand opéra tragique.

« à indiquer à peu près comment on doit marquer la quantité des syllabes, cadencer et scander les vers
« Le *récitatif*, enfin, ne doit servir qu'à la contexture du drame, à séparer et à faire valoir les airs. »

Il y a plusieurs sortes de récitatifs, qui sont :

1° Le *récitatif simple*, le moins musical de tous, accompagné seulement par un piano et un violoncelle, dont l'un frappe et l'autre arpége seulement les accords, au commencement, à la fin et dans le courant de cette monotone psalmodie, que nous laissons aux Italiens.

2° Le *récitatif accompagné*, qui est notre *récitatif simple*. L'harmonie en est faite par les instruments à cordes en sons tenus ou répétés plus ou moins vivement, ou bien frappés sèchement et avec force. Ces manières sont alternatives.

3° Le *récitatif mesuré :* deux mots qui semblent se contredire, puisque l'on ne doit sentir, dans cette sorte de chant, d'autre mesure que celle des vers ; mais il est sous-entendu que ce récitatif est interrompu, çà et là, par de courtes phrases d'un chant mesuré, que nécessite l'expression d'une pensée douce, tendre ou plaintive, après laquelle on revient subitement au récitatif.

4° Le *récitatif obligé*, c'est-à-dire accompagné par tout l'orchestre, qui semble dialoguer avec le récitant, ce qui les oblige même de s'attendre l'un l'autre ; d'autant mieux que les ritournelles, composées dans l'esprit des paroles, en présentent des images, des imitations plus ou moins fidèles. Tel est, par exemple, le monologue d'*Armide : Enfin, il est en ma puissance*, etc., opéra de Gluck.

Tel aussi le récitatif du grand-prêtre dans Alceste : *Apollon est sensible à nos gémissements*, etc., et tant d'autres du même auteur.

On doit être fort sobre de traits et d'agréments dans le *récitatif*, principalement au théâtre ; mais dans les concerts, où il y a absence d'action, le chanteur, venu là uniquement pour briller par le chant, peut se donner plus de liberté, quoique dans une mesure raisonnable.

On pourrait dire que, dans le *récitatif*, on parle et l'on chante à la fois. Néanmoins, parler tout à fait quelques mots auxquels on croit par là donner plus d'énergie, est une faute intolérable : la scène essentiellement lyrique, telle que celle du grand Opéra, emporte avec elle l'idée d'une convention faite avec le public, savoir : que l'on chantera seulement, que l'on chantera toujours. C'est là-dessus qu'est fondée une illusion qu'il est maladroit de détruire ; c'est tromper l'auditoire ; c'est lui ôter ses impressions au lieu d'y ajouter, comme on le croit à tort. La célèbre Mme Branchu avait contracté ce défaut à la fin de sa carrière théâtrale, et les connaisseurs l'en blâmaient avec raison (1) ; mais, par combien de qualités précieuses, comme grande tragédienne et comme chanteuse expressive, ne rachetait-elle pas cette erreur (**A**).

DU CANTABILE.

Les qualités requises pour bien chanter ce caractère, d'un mouvement toujours lent, et celui de tous qui exige le plus d'attention de l'artiste, sont : 1° de posséder parfaitement la *mise de voix ;* 2° de savoir prendre et retenir longtemps sa respiration ; 3° de mettre beaucoup de moelleux et d'onction dans la première espèce de *port de voix ;* 4° d'exécuter les phrases de chant, les agréments et les broderies avec expression et noblesse. Ce genre de composition d'ailleurs comporte peu d'ornements, de traits surtout ; il veut, au contraire, beaucoup de simplicité.

Le *Cantabile* est la pierre de touche des chanteurs, de même qu'il est le *nec plus ultra* de l'art du chant.

---

(1) Dans les imprécations de Didon contre Enée, et dans ce vers : *Tu m'appelleras vainement*, Mme Branchu parlait entièrement le dernier mot ; et, comme chez elle la voix parlante était loin d'avoir la beauté et l'onction de la voix chantante, ce *vainement* était du plus mauvais effet.

Aussi est-il, sinon perdu, du moins fort négligé de notre temps : on veut passer pour habile sans s'astreindre à un travail long et pénible ; se faire applaudir et prôner presque au sortir des classes ; être flagorné, et respirer l'encens équivoque des gens les plus nuls en fait de connaissances musicales. Ah ! qu'ils sont bien mieux inspirés, ceux qui savent trouver une utile leçon dans le froid silence des artistes assemblés, mais dont les *bravos* de bon aloi, accordés plus tard par ces mêmes artistes, deviennent une juste récompense des sages réflexions, des études consciencieuses, des efforts obstinés de celui qui avait su comprendre le blâme tacite de ses confrères ! (**B.**)

DE L'ANDANTE.

Le style de l'*Andante* est gracieux de sa nature. Il exige de la douceur dans l'expression, en même temps qu'une certaine légèreté. Sa mélodie ne permet que des traits d'une simplicité élégante, et ne veut pas en être surchargée. La mise de voix y est plus facile, parce qu'elle n'exige pas un volume d'air aussi considérable que pour le *Cantabile.*

Dans l'*Andante,* il faut comprendre la *cavatine,* sorte d'air assez court, d'un mouvement modéré, plus lent que vite, et destiné à exprimer des sentiments doux, tendres ou tristes. Par exemple, une douleur résignée se fait bien sentir dans cette *cavatine* de l'opéra *La Vestale,* de M. Spontini : *Oh! des infortunés, déesse tutélaire,* etc.

DE L'ALLEGRO.

L'*Allégro,* qui se rapporte souvent à l'*air de bravoure,* permet au chanteur de mettre en évidence tous les avantages qu'il possède, tous les moyens qu'il tient de la nature, aussi bien que ceux qu'il doit au travail : tels que l'étendue, le volume, et le timbre de la voix ; la pureté des sons qu'il en tire, leur égalité, leur flexibilité ; la sûreté et la justesse d'intonation ; enfin, cette netteté de prononciation qui contribue si bien à donner de la portée, même à des voix faibles (1).

Là aussi, le chanteur peut faire connaître ce qu'il a d'imagination, en brodant, en amplifiant sur les chants, sur les traits mêmes du compositeur. Tout lui est permis, pourvu qu'il soit toujours guidé par un bon jugement, et qu'il ne pèche pas contre l'harmonie qui l'accompagne. Au théâtre même, où l'on sait que ce genre de musique n'est placé que pour faire valoir le talent du chanteur, les convenances de la scène peuvent être suspendues, du moins pendant la durée de l'air de bravoure, ce *concerto* de la voix, ou ce qu'on appelle aussi *Allegro brillante.*

Disons pourtant que l'on introduit peut-être trop souvent ce caractère de chant dans des sujets où il n'est guère à sa place, et par la seule raison qu'un artiste a voulu briller, bon gré, malgré (**D**). Cet abus nous est venu de l'Italie, où les convenances théâtrales, dans l'opéra, sont à peu près nulles pour les acteurs et les spectateurs, qui réservent, les uns tous leurs moyens, les autres toute leur attention pour les principaux morceaux de la pièce.

En France, au contraire, on veut une action attachante, des scènes bien liées, un intérêt toujours croissant, et l'observation des règles du drame. On y tient, et l'on doit y tenir, sous peine de voir se perdre la poésie lyrique, et de tomber dans ces *libretti* italiens, rapsodies pitoyables, vrais prétextes à musique (2).

---

(1) M. Ponchard, ce digne élève de Garat, est le plus étonnant exemple que l'on puisse citer à cet égard.

(2) C'est bien autre chose quand ils prennent nos plus jolies comédies pour en faire des opéras. Qu'est devenu entre leurs mains le chef-d'œuvre de Beaumarchais ? Ne peut-on pas dire que tout son esprit a passé dans la musique de M. Rossini, et que le *libretto* n'est plus que sottise et platitude ? On peut en dire autant de celui des *Nozze di Figaro*, et de bien d'autres.

N. B. Ainsi que le *cantabile*, l'*air de bravoure* est ordinairement terminé par un de ces points d'orgue où le chanteur est livré à lui-même, abandonné à ses propres inspirations.

DE L'AGITATO.

Agitato signifie au propre *agité*. Il peut aussi s'expliquer par *passionné, délirant*. Son mouvement est par conséquent vif et marqué.

Réservé à peindre les situations pathétiques, il exige de l'abandon, de la chaleur, de l'exaltation. Les traits sont déplacés dans ce caractère de chant, à moins qu'ils ne soient fort courts et employés là où le désordre du sentiment est porté au plus haut degré.

Parmi les beaux modèles d'*agitato* que notre scène lyrique possède, on cite volontiers celui de Gluck, dans l'opéra d'*Echo et Narcisse : O combat, ô désordre extrême!* etc., et celui de Sacchini, dans *Arvire et Évélina : Vous pouvez tout sur moi, voyez quelle est ma peine*, etc.

Le dernier acte du *Moïse* français, de M. Rossini, offre encore, dans ce même caractère, une de ces suaves mélodies si abondantes chez l'auteur, en même temps qu'un tableau tel que les plus habiles peuvent seuls les peindre. L'incertitude de la jeune Israélite, obligée de choisir *entre Memphis et sa patrie, entre son amant et son Dieu ;* le combat que l'amour et la religion se livrent dans son cœur, sont rendus par les accompagnements d'une manière sublime. C'est de la musique imitative de premier ordre.

DE L'AIR SYLLABIQUE.

C'est une espèce de *parler* en musique, où chaque syllabe des vers répond à une seule note du chant. Les Italiens l'appellent *aria parlante.*

On a fait aussi des chœurs dans le caractère syllabique.

Les mouvements lents ne lui conviennent point, non plus que les traits, broderies et ornements de quelque genre que ce soit. Il demande de l'aplomb dans l'exécution, de la justesse dans l'intonation, une prononciation et une articulation fort soignées, un rhythme bien marqué, et l'appui de la voix sur les temps forts de la mesure, mais naturellement et sans exagération.

DU RONDEAU D'UN SEUL MOUVEMENT.

Ce *Rondeau* peut être gai ou sérieux, gracieux ou triste ; cela dépend du sens des paroles et de la situation du personnage qui le chante.

Dans ce morceau, divisé en reprises, dont la première revient deux fois, le chanteur expose d'abord le sujet, ou premier motif, avec toute la simplicité qu'y a mise l'auteur ; mais il lui est permis de la varier à chaque retour, d'une manière nouvelle, tout en conservant le fond de la mélodie, de façon qu'elle paraisse chaque fois diversement parée. De cette façon, l'auditeur est à même d'apprécier ce qui appartient à l'auteur et ce qu'y ajoute le chanteur ; de même que celui-ci est plus certain de l'effet qu'il a voulu produire.

DU RONDEAU DE DEUX MOUVEMENTS.

« C'est, dit la Méthode, pour le célèbre chanteur Millico que Sarti, plus célèbre encore, a imaginé le premier *rondeau de deux mouvements,* et ce morceau est un chef-d'œuvre. »

Le premier mouvement, celui du *cantabile,* est lent ; le second est vif et dans l'esprit de l'*agitato*, ce qui présente un caractère double, ou mixte, que, pour cela, les Italiens ont nommé *aria di due carattere.*

Dans l'exécution, on se conforme alternativement au style propre à chacun.

Celui des agréments employés dans l'un et l'autre, s'il y a lieu, prend, pour le premier, un terme moyen entre le *cantabile* et l'*andante;* pour le deuxième, entre l'*allegro* et l'*agitato.*

L'*Alceste* de Gluck renferme un bel exemple de *rondeau à deux mouvements*, sur les paroles : *Ah! malgré moi, mon faible cœur partage,* etc.

A ces huit caractères, on peut en ajouter d'autres encore, mais qui ne sont que des modifications de ceux dont il vient d'être parlé.

NOTES DU CHAPITRE X.

(A) « Tout art d'imitation, dit Grimm (1), est fondé sur un mensonge : ce mensonge est une espèce d'hypo- « thèse établie et admise en vertu d'une convention tacite entre l'artiste et ses juges. Passez-moi ce premier « mensonge, a dit l'artiste, et je vous mentirai avec tant de vérité, que vous y serez trompés, malgré que vous « en ayez.

« Le poète dramatique, le musicien, le peintre, le statuaire, le pantomime, le comédien, tous ont une hypo- « thèse particulière sous laquelle ils s'engagent de mentir, et qu'ils ne peuvent perdre un seul instant de vue, « sans ôter de cette illusion qui rend notre imagination complice de leurs supercheries : car ce n'est point la « vérité, mais l'image de la vérité qu'ils nous promettent; et ce qui fait le charme de leurs productions n'est « point la nature, mais l'imitation de la nature. Plus un artiste en approche, dans l'hypothèse qu'il a choisie, « plus nous lui accordons de talent et de génie. »

(B) Le vrai talent, le mérite réel, celui qui rend l'artiste modèle, ne se peut acquérir que par de longues années d'études consciencieusement faites. On en a deux exemples fameux, entre tant d'autres, même à l'égard d'hommes favorisés de la nature. L'un de ces exemples a été consigné dans le *Dictionnaire biographique des Musiciens*, sous le nom de Farinelli; l'autre dans une notice sur M. Chérubini, publiée après sa mort, par son collègue de l'Institut, M. Raoul-Rochette.

(C) Le premier acte de l'*Orphée*, de Gluck, est terminé par un de ces *airs de bravoure*, dont l'auteur est resté inconnu, et cet auteur n'était pas un Gluck. Mais déjà le public ne pouvait se passer d'un morceau de cette espèce; le premier ténor le pouvait encore moins, et le grand compositeur se refusait à ces exigences, trop souvent déplacées, même avec des chefs-d'œuvre; car, en musique aussi, l'on peut tenir *mal à propos* de *fort bons propos*.

Adolphe Nourrit, que notre scène lyrique pleure et regrette encore, avait judicieusement substitué à cet air de bravoure, le bel *agitato* d'*Echo et Narcisse* dont il vient d'être fait mention (2).

CHAPITRE XI.

DES INSTRUMENTS EN GÉNÉRAL.

Tous les instruments en usage aujourd'hui forment cinq classes distinctes, savoir : 1° Instruments à clavier. 2° Instruments à cordes que l'on pince. 3° Instruments à archet. 4° Instruments à vent. 5° Instruments à percussion.

(1) Dans son opuscule intitulé : *Du poème lyrique.*

(2) Les gentilshommes qui, sous nos rois, gouvernaient tour à tour l'Académie de Musique, ne laissèrent pas à l'auteur le temps de faire une Ouverture pour son opéra d'*Orphée*, dont la première représentation avait été fixée au 2 août 1774, *par ordre supérieur*. On connaissait la signification de ces mots, et le Fort-l'Evêque était là pour en faire souvenir au besoin. Ainsi que pour *Alceste* et *Iphigénie en Aulide*, Gluck eût peut-être produit un nouveau chef-d'œuvre; il ne donna qu'un vieux morceau de symphonie, ou, plutôt, l'opéra d'*Orphée* n'a pas d'ouverture digne d'un tel sujet et des merveilleuses beautés que le compositeur y a répandues.

Le fonds obligé d'un grand orchestre suppose : premièrement, des instruments à archet, tels que violon, viole ou alto (1), violoncelle et contre-basse. Deuxièmement, des instruments à vent, comme flûte (grande et petite), hautbois, clarinette, basson, cor, trompette et trombone. Troisièmement, un instrument à percussion, qui est la tymbale.

Il suffira d'exposer la part numérique attribuée à chacun de ces instruments dans le plus grand orchestre de théâtre de Paris (l'Académie impériale de Musique), pour donner une idée de la proportion à observer en raison de l'emplacement, et surtout de l'importance du spectacle, sous le rapport de la musique.

Il y a donc au Grand-Opéra 12 premiers violons, 12 seconds, 8 altos, 12 violoncelles, 8 contre-basses. 2 grandes flûtes, 1 petite, 2 hautbois, 2 clarinettes, 4 bassons, 4 cors, 2 trompettes, 3 trombones et 2 tymbales, jouées, comme on sait, par le même individu.

Le nombre des instruments à vent et des tymbales reste le même pour un orchestre de concert, mais on y peut augmenter celui des instruments à cordes.

La harpe, autrefois très accessoire à l'orchestre, y est devenue permanente, soit comme instrument *solo*, soit pour un accompagnement obligé, lorsque son effet paraît être en situation, ou que l'action exige qu'elle figure sur le théâtre; on la double même, et, on en a vu, jusqu'à douze à l'orchestre, mais seulement pour le bel opéra, *Les Bardes*, de M. Lesueur.

On a voulu quelquefois introduire la guitare à l'orchestre, malgré sa nullité complète quand on l'emploie dans un grand local. Cela va même jusqu'au ridicule quand des *ritournelles* à grand orchestre précèdent et suivent les maigres *soli* de cet instrument. Cette mauvaise plaisanterie s'est vue et *presque entendue* à l'Opéra. Au théâtre des Italiens on a, pour l'accompagnement de leur récitatif ordinaire, un piano, dont l'effet, tout aussi nul que celui de la guitare, est encore absorbé par les arpéges d'un violoncelle, son auxiliaire.

Les instruments à percussion, autres que les tymbales, et qui ne figuraient pas autrefois dans les orchestres, sont le tambour, la caisse roulante, la grosse-caisse, les cymbales et le triangle. Le tambourin et les castagnettes sont aussi mis en jeu sur les théâtres où l'on a un corps de ballet, et selon le sujet de la pièce. Dans les danses provençales, c'est avec les sons stridents de la petite flûte que l'on prétend imiter les accents joyeux du galoubet. L'imitation n'est pas heureuse (2).

Le tam-tam seul n'ose encore se montrer : il reste timidement dans les coulisses, où étaient relégués autrefois et tambour, et cymbales, et grosse caisse. Par cet éloignement, l'effet étourdissant de ces instruments de percussion était suffisamment atténué.

Maintenant, ils sont en permanence à l'orchestre, attendu qu'on les emploie souvent dans les ouvrages modernes, et surtout dans les *ballets*. Le public, peu difficile, pris en masse, s'est accoutumé à ce tintamare, et, pour lui, une musique moins bruyante paraîtrait pâle, froide et sans vie. Les connaisseurs, toujours en minorité, se sont récriés d'abord contre cette aberration du goût musical, mais leurs voix ont été étouffées par celles des claqueurs à gages; des *protecteurs* tour à tour courtisés et courtisans; des amis flagorneurs et de la masse ignorante. La musique, faite pour charmer, n'est que trop souvent aujourd'hui l'art d'assourdir ses auditeurs.

---

(1) Cet instrument se nomme aussi *quinte*, parce que son accord est à la quinte inférieure de celui du violon; mais comme ce nom est aussi celui d'un intervalle, il est bon d'éviter l'équivoque, en se servant du mot *Alto*, dénomination d'usage et communément employée. Le mot *viole* est du vieux langage. Les Italiens disent encore *viola*.

(2) Le galoubet n'est joué que par les paysans du midi de la France; mais le flageolet, cultivé par quelques bons artistes, le remplacerait avec avantage; et, quand on a le talent d'un Collinet, on est digne de figurer dans les plus grands orchestres.

Les instruments de l'orchestre se divisent encore en deux classes, qui sont : 1° ce qu'on appelle le *Quatuor*, ou les instruments à archet ; 2° les instruments à vent, bornés aux flûtes, hautbois, clarinettes, cors et bassons. A cette deuxième classe on a donné assez mal à propos le nom d'*Harmonie* (1).

Quant aux instruments à percussion, les tymbales exceptées, ils ne sont que des accessoires que l'on admet ou que l'on retranche à volonté.

On va traiter séparément chacune des cinq classes indiquées au commencement de ce chapitre.

CHAPITRE XII.

DES INSTRUMENTS A CLAVIER.

DE L'ORGUE.

Le plus ancien des instruments à clavier est devenu, avec le temps, le plus riche, le plus étonnant de tous, moins par sa masse imposante, son aspect grandiose, que par le nombre de ses jeux, la variété de ses timbres, la puissance de ses sons et la majesté de ses effets. Un esprit divin semble avoir présidé à l'invention autant qu'aux perfectionnements successifs de l'*orgue,* comme pour le rendre d'autant plus digne d'orner nos temples et de s'unir aux accents religieux de l'homme, lorsqu'il chante les louanges du Créateur.

Si, avec les belles et nombreuses qualités qui le distinguent, l'orgue avait possédé d'abord l'expression que donnent les nuances, il eût été le chef-d'œuvre de l'esprit humain : mais il ne pouvait aller que du fort au doux, et réciproquement, sans intermédiaires, en changeant de jeu et par conséquent de timbre.

Deux hommes versés dans les sciences mécaniques, physiques et mathématiques, MM. Grenié et Sébastien Erard, sont parvenus, chacun par un procédé particulier, à donner cette expression à des jeux que l'on a renfermés dans le *Positif* des grandes orgues (2).

A Paris, on a suivi le conseil donné par M. Castil-Blaze, celui de placer un petit *orgue d'accompagnement* dans le chœur des églises, pour harmoniser le *plain-chant.*

Enfin, du moment où l'on a mis l'église sur le théâtre, un *buffet d'orgue,* placé dans la première coulisse, accompagne le chant des prêtres, moines ou religieuses donnés en spectacle. Les *Huguenots*, la *Juive*, le *Domino noir,* et d'autres pièces modernes offrent ce mélange tant soit peu profane.

DE L'ORGANISTE.

Le véritable *organiste* est celui qui improvise : il n'a sous les yeux, sur son pupitre que le cahier des *plain-chants* qu'il doit faire entendre ou accompagner tour à tour pendant l'office du jour. Tout le reste doit être puisé dans son imagination, et coïncider, quant à la nature de l'improvisation, avec la sainteté du lieu, l'importance des diverses solennités, et l'esprit de leurs épisodes.

Pour improviser heureusement sur l'*orgue,* ce n'est pas assez d'avoir une parfaite connaissance de ses claviers, de ses registres, de l'effet des différents jeux qu'ils donnent, résultat de leur intelligente combinaison, et d'être un virtuose comme exécutant ; il faut avoir fait une étude approfondie de la science musicale

(1) On trouve une observation, à ce sujet, à la suite des chapitres qui traitent de chacun des instruments à vent.

(2) Le *positif* est le petit orgue placé en avant du grand ; l'organiste, placé entre les deux, a le positif derrière lui.

Le bel orgue de l'abbaye de Saint-Denis, construit par M. Cavaillé-Coll, avec de notables perfectionnements, n'a point de positif : tout le mécanisme des jeux expressifs est dans l'intérieur du grand orgue. Ce sont les *jeux d'anches*, ou de flûtes, appelés aussi *voix humaines*, qui reçoivent les moyens d'expression ou de nuances.

et de celle du plain-chant ; avoir beaucoup écrit, et, de plus, être doué d'une imagination prompte, riche, féconde. Il faut être un Bach, un Rameau, un Hummel, un Séjan (1).

On verra surgir de tels hommes, du moins on pourra l'espérer, quand leur art sera puissamment encouragé ; quand on saura récompenser dignement des travaux préparatoires de vingt années. Mais lorsque ces artistes devraient être rétribués presque à l'égal des prélats, c'est à peine si on leur alloue le traitement d'un curé de campagne.

Les préludeurs sont communs, et souvent ils croient et laissent croire qu'ils improvisent. Cependant, bien préluder est encore un talent assez rare et qui mérite d'être apprécié. Quant aux véritables improvisateurs, ce sont de ces comètes qui ne paraissent qu'à de rares intervalles, pour faire l'étonnement et l'admiration du monde. Elles disparaissent ensuite, sans que l'on puisse prédire leur retour.

DE L'IMITATION DE L'ORGUE.

Le petit instrument tyrolien à deux ou trois lames métalliques, que les enfants serrent entre leurs lèvres, et que leur souffle fait vibrer et résonner, paraît être l'origine de l'*Accordéon*, devenu populaire, et que son peu de ressource rend impropre à toute exécution musicale. Il est probable toutefois, qu'à son tour, il aura donné l'idée de l'*orgue expressif à anches libres.*

La forme de celui-ci est celle d'un piano carré de petite dimension. Sa boîte renferme, outre un clavier de quatre, cinq ou six octaves chromatiques, c'est-à-dire de quarante-neuf, soixante-une ou soixante-treize touches : 1° un nombre correspondant d'anches ou languettes métalliques, dont les proportions sont en raison du degré d'acuité ou de gravité des sons que doivent produire ces anches mises en vibration ; 2° un sommier qui reçoit et conserve le vent des soufflets. Ce sommier est percé de trous qu'ouvrent ou ferment à volonté des soupapes mues par les touches du clavier. Au-dessus de ces ouvertures sont placées les anches, dont une extrémité (la moins élastique) est fixée par des vis, ce qui rend l'accord général à peu près invariable. 3° un système de soufflerie analogue à celui que M. Grenié avait imaginé pour son orgue expressif à tuyaux ; 4° deux pédales qui mettent en action le double soufflet.

« Les beaux effets de l'orgue expressif à anches libres dépendent de l'adresse et de la justesse de raisonnement avec lesquelles celui qui joue cet instrument fait mouvoir les pédales, et règle par là le volume plus ou moins considérable de vent nécessaire à la vibration des anches, et, par conséquent, à leur résonnance nuancée et expressive (2). »

DU MÉLODIUM DE MM. ALEXANDRE PÈRE ET FILS, ET DE L'HARMONIUM DE M. DEBAIN.

Ces deux instruments, qui ne diffèrent guère que par le nom, offrent de notables perfectionnements de l'*orgue expressif à anches libres.* C'est d'abord une puissance de son infiniment plus grande, et qui n'a de bornes que celles des dimensions données à l'instrument, selon qu'on le destine au salon, à une chapelle, ou même à de petites églises. Ensuite, la disparution presque complète de l'effet nazillard attaché précédemment aux lames métalliques. De plus, des différences de timbres, imitant plus ou moins bien divers instruments à vent, et que l'on prend ou que l'on quitte à volonté et instantanément. Ces différences d'organes ou de timbres paraissent provenir de ce que le *sommier* est divisé intérieurement par cases ou compartiments sonores de diverses grandeurs et profondeurs, ainsi que par les formes variées de leurs ouver-

(1) Nicolas Séjan, né à Paris le 19 mars 1745, y est décédé le 16 mars 1819.

(2) Extrait de la Méthode de M. Lefébure-Wély, l'un des organistes de Paris qui suivent le mieux les traces des célébrités que nous avons citées précédemment.

tures. Celles-ci sont fermées par des soupapes qui se meuvent au moyen de règles ou registres placés horizontalement au-dessus du clavier; de telle sorte que la main y atteint facilement, et qu'il ne faut qu'un instant, que le plus court repos du chant ou de l'accompagnement, pour faire fonctionner ces registres dans l'un ou l'autre sens.

Deux pédales aussi font agir la soufflerie; mais, comme c'est un registre particulier qui donne le jeu expressif, la manière de souffler n'est soumise alors à aucune sorte de combinaison, ainsi que dans le premier de ces instruments, que les deux autres ont déjà fait oublier.

L'étendue commune de ceux-ci varie entre cinq et six octaves.

DU PIANO.

De toutes les traditions sur l'origine du *Piano,* la plus probable est celle qui accorde aux Italiens l'invention du *Clavicordium* (clavicorde), instrument à cordes métalliques et à clavier.

En France, on le nommait *Epinette.* C'était, en petit, ce qu'en grand a été le clavecin. On sait que ce dernier avait la forme des pianos à queue d'aujourd'hui.

Dans ces instruments, chaque touche en s'abaissant faisait l'office de levier par rapport à une petite pièce de bois appelée *sautereau*, en tête duquel était fixé le bec d'une plume de corbeau. Ce bec, en se pliant avec effort contre la corde, la mettait en vibration, et le son se produisait, mais faible, sec, uniforme, et d'une qualité peu agréable.

Ruckers, le plus habile fabricant de son temps (au milieu du dix-septième siècle), ne sut imaginer rien de mieux, pour obtenir un semblant de nuance, ou plutôt d'opposition, que d'ajouter un second rang de touches : celles du clavier inférieur faisaient résonner les deux cordes à l'unisson; celles du clavier supérieur n'en faisaient résonner qu'une seule.

Aussi, celui-là fit-il subir à l'instrument une révolution complète, qui, le premier, eût l'heureuse pensée de remplacer les *sautereaux* par ces petits marteaux recouverts de peau de buffle, lesquels frappent les cordes avec une force proportionnée à celle qu'il plaît à l'exécutant d'imprimer à la touche (1). Il devint possible alors de nuancer une suite non interrompue de sons du *doux* au *fort* et du *fort* au *doux;* ce qui justifie assez le nom donné à l'instrument, celui de *Forte-piano,* tout singulier qu'il paraît être, mais que l'on doit entendre dans le sens de cet autre substantif composé *chiaro-scuro* (clair-obscur), que nos peintres ont francisé, en adoptant l'idée qu'il exprime (**A**).

Le nom simple de *piano* a prévalu, quelque peu significatif qu'il soit, et l'on appelle *pianiste* celui qui joue l'instrument. Il eût été mieux, ce semble, de lui conserver son nom primitif de *clavicorde.* Celui d'*orchestrino* (petit orchestre) ne lui convenait pas moins, puisqu'il en remplit l'office dans le salon, où il suffit à l'accompagnement des voix et des instruments.

Comme instrument *solo,* le *piano* paraît faible dans les salles de spectacle où se donnent les grands concerts : l'effet des symphonies, des ouvertures, des chœurs accompagnés; celui même des propres *tutti* du pianiste, souvent plus prétentieux que raisonnés, écrase l'instrument et celui qui le joue; et les mieux avisés aujourd'hui, parmi ces virtuoses, exécutent leurs morceaux sans accompagnement d'orchestre (**B**).

A l'aide du piano, l'harmoniste et le compositeur se rendent compte de leurs combinaisons harmoniques. Souvent, dans les préludes qu'ils font par délassement ou pour raviver leur imagination, ils trouvent des

(1) On en fait honneur au Saxon Silbermann. Un siècle s'est écoulé depuis cette invention si habilement perfectionnée par Sébastien Erard, à qui l'on doit les grands pianos à queue et à trois cordes, ainsi que la harpe à double mouvement de ses pédales. — S. Erard, né à Strasbourg en 1752, est mort à Paris en 1831.

idées neuves, piquantes, propres à divers sujets de composition, et qu'ils recueillent avec soin, pour les traiter plus tard.

Dans le piano comme dans l'orgue, l'improvisateur trouve un interprète de ses inspirations. Il est également utile au professeur de solfége et à ses élèves, car c'est du piano que ceux-ci reçoivent les premières impressions des beaux effets de la simultanéité des sons et de la succession des accords. Le piano, enfin, devient une ressource pour celui qui perd sa voix, ou qu'une maladie, un accident quelconque oblige de renoncer à l'instrument qu'il avait adopté. Tout musicien, d'ailleurs, doit acquérir une certaine connaissance pratique du clavier.

Six octaves et six octaves et demie sont présentement l'étendue ordinaire des pianos. Dans les premiers, on part de l'octave inférieure de ce *fa* : , et l'on arrive à l'octave supérieure de celui-ci : . Les seconds descendent à l'octave inférieure de cet *ut* : .

Si l'on isole les sons extrêmes de cette étendue un peu exagérée, les plus aigus paraissent grêles et secs, et les plus graves sont difficilement appréciables ; mais ils augmentent la force de leurs répliques les plus rapprochés. On a parlé de pianos à sept octaves ! Où allons-nous?

NOTES DU CHAPITRE XII.

(A) Si l'on peut aller du *doux* au *fort* et du *fort* au *doux* dans une série de sons, un seul ne procédera jamais que du *fort* au *doux*, attendu que tout son isolé s'affaiblit et s'éteint à mesure que la corde qui l'a donné revient à son état de repos. C'est pourquoi le piano est resté impropre aux chants larges qui exigent des sons tenus, et qu'une sorte d'agitation continue semble être, sur cet instrument, une condition expresse de son exécution.

En faisant agir la pédale qui lève les étouffoirs, on obtient une plus longue prolongation des sons; aussi quelques-uns usent-ils largement de cette ressource dont nos maîtres étaient si sobres! Sans doute, ce n'est pas un mal dans plus d'un cas, surtout quand on y met l'adresse et l'entente convenables; mais qu'Apollon préserve toute oreille sensible de l'abus que d'autres font de ce moyen et de l'horrible cacophonie qui en résulte!

(B) Peut-être n'a-t-il été donné qu'à Beethoven de concevoir le véritable esprit du *concerto*, en mariant un instrument obligé (le violon ou le piano) aux masses de l'orchestre. Ces deux *concertos* sont de véritables symphonies, et des plus belles qu'il ait faites, principalement celle à *violon solo*, qu'on appelle trop modestement *concerto*.

Quant au mot italien Tutti, qui signifie *tous*, il s'entend de la masse de l'orchestre, ou de celle des voix dans les chœurs, ou même de l'une et de l'autre exécutant à la fois, ordinairement en *forte*, et par opposition à la douceur que l'on met ensuite à accompagner les récits du chanteur ou de l'instrumentiste, jusqu'à ce que le mot *tutti* avertisse de nouveau que tous doivent se faire entendre.

Le mot Ritournelle ne dit pas la même chose que *tutti*, quoique les masses aussi puissent y prendre part. Il s'entend plutôt d'une phrase assez courte servant d'annonce au chant qui va suivre; quelquefois d'un fragment de ce chant même, ou bien comme une répétition d'idées déjà entendues, de *retour* à ses idées; au lieu que le *tutti* peut s'en écarter, pourvu que sa couleur et son caractère ne fassent pas disparate.

CHAPITRE XIII.

DES INSTRUMENTS A CORDES QUE L'ON PINCE.

De tous les instruments de ce genre, si nombreux autrefois, les seuls qui nous restent sont la harpe, la guitare et la mandoline; encore n'entendons-nous plus cette dernière depuis la mort du vénérable Frizzeri, sous la main duquel ce petit instrument avait beaucoup de charme(1). Du reste, on ne pouvait tirer aucun parti de la mandoline dans une musique d'ensemble: intéresser quelques instants ceux qui l'entendaient, c'était tout ce à quoi elle pouvait prétendre.

La guitare, dont quelques personnes chez nous s'accompagnent encore en chantant; sur laquelle les Carcassi, les Sor, les Aguado savaient exécuter les plus étonnantes difficultés, n'offre guère plus de ressources que la mandoline. Ce n'est point un instrument d'orchestre, et nous n'ajouterons rien à ce que nous en avons dit autre part.

DE LA HARPE.

Cet instrument, dont l'origine remonte aux temps les plus reculés, mérite d'autant mieux qu'on en fasse une mention particulière, que, depuis la merveilleuse invention de Sébastien Erard, il est devenu aussi riche d'effets, aussi fécond en ressources qu'il était auparavant borné dans ses moyens d'exécution. On devine que nous voulons parler de la *harpe à double mouvement.*

Quelques détails sur le mécanisme de cette harpe, pour ceux qui ne le connaîtraient pas, rendront plus compréhensibles les explications ultérieures.

De la partie inférieure, appelée *cuvette*, sortent sept pédales en forme de spatule, dont chacune répond à un degré de la gamme dans laquelle l'instrument est accordé, ainsi qu'à toutes les octaves ou répliques de ces degrés.

Ces pédales, pressées par les pieds, donnent l'impulsion à autant de tringles renfermées dans la *colonne,* et qui font office de leviers par rapport à celles de la *console,* ou partie supérieure de la harpe. Celles-ci, à leur tour, font tourner de petits disques garnis de deux boutons appelés *fourchettes,* lesquels étreignent les cordes, les surtendent, en les raccourcissant assez pour les faire monter d'un *demi-ton.* Or, quand les sept pédales sont au repos, c'est-à-dire au cran supérieur, la harpe est accordée en *ut* ♭ *majeur.* Un premier accrochement des sept pédales fait fonctionner les disques supérieurs, et l'instrument, entièrement monté d'un *demi-ton,* est en *ut* ♮ *majeur.* Le deuxième accrochement fait agir les disques inférieurs, qui haussent les cordes d'un second *demi-ton,* et la harpe est en *ut* ♯ *majeur.*

On conçoit maintenant qu'en accrochant d'abord les sept pedales au cran intermédiaire, chaque corde ensuite peut être haussée ou baissée à volonté d'un *demi-ton;* et, ce que l'on concevra tout aussi aisément, c'est que, par ce double mouvement des pédales, tout le cercle harmonique est facilement parcouru; autrement dit, toutes les gammes qu'il renferme sont également praticables.

En outre, pouvant accrocher deux, trois et quatre pédales en même temps, on module autant qu'on veut dans des gammes éloignées de leurs relatives, étrangères les unes aux autres; et les transitions enharmoniques les plus surprenantes n'offrent pas plus de difficultés sur cette harpe que sur le piano. De plus, deux avantages que ne possède pas ce dernier, c'est que: 1° la harpe n'étant plus accordée par *quartes et quintes tempérées,* mais par des intervalles égaux et exacts, elle acquiert dans toute son étendue une justesse précise

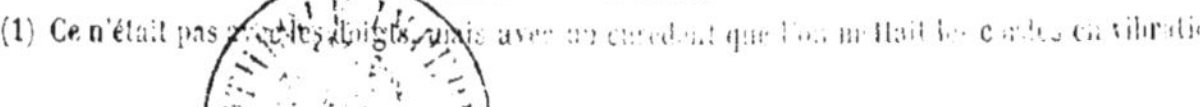

(1) Ce n'était pas avec les doigts, mais avec un cure-dent que l'on mettait les cordes en vibration.

non approximative; 2° que les sons appelés synonymes se trouvent, par cet accord donné à l'ensemble de l'instrument, dans un rapport plus convenable; et que ces sons, obtenus par des cordes différentes, mais voisines, permettent une foule de traits et de passages, interdits autrefois à la harpe à simple mouvement. Enfin, l'on n'aura plus à se plaindre de l'insuffisance du répertoire musical de l'instrument, puisqu'il peut s'accroître de presque toute la musique de piano. Le mieux pourtant sera toujours de composer une musique spéciale à l'usage de cette nouvelle harpe.

Quant à son étendue, elle a été augmentée d'une tierce majeure au grave et d'une seconde augmentée à l'aigu (1). Voici cette étendue, figurée simplement par ses deux sons extrêmes, aux trois diapasons donnés par la disposition générale des pédales.

CHAPITRE XIV.

DES INSTRUMENTS A ARCHETS.

DU VIOLON.

A l'orchestre, les *violons* (*violini,* au singulier *violino*), sont divisés en nombre égal de *premiers* et de *seconds.* Le plus ordinairement, les premiers violons doublent le chant, suivent la partie principale, ou font divers dessins qui ne sont que des variantes de ce chant; tandis que les seconds violons exécutent d'autres dessins, des sons doubles et soutenus, ou des arpéges qui servent d'accompagnement intermédiaire entre le premier violon et le violoncelle, qui fait la basse de l'harmonie. Parfois aussi leurs sons se croisent.

La grande étendue du *violon,* son timbre, qui joint la douceur à l'éclat; la faculté qu'il a de soutenir les sons simples ou doubles; de les modifier à volonté dans leurs nuances, ou de les faire secs et brefs; de rendre des accords de trois et de quatre sons, mais en arpéges rapides; d'imiter les instruments dont les cordes se pincent à la manière des guitaristes; d'aborder toutes les sortes de traits vifs, ou de chanter comme la voix la plus pure, tous ces avantages font du *violon* l'instrument le plus riche de l'orchestre, comme il en est le plus indispensable.

L'emploi de la *sourdine,* fait à propos dans des morceaux de mouvements lents ou modérés, en atténuant le brillant du *violon,* répand sur ses accents une teinte de mélancolie pleine de suavité.

Quelquefois, on fait rendre au *violon* des sons nazards, en glissant légèrement l'archet très près du chevalet. Quand c'est l'intention du compositeur que cette qualité de son soit produite, il l'indique par les mots *ponticello, sul ponticello,* mot à mot *sur le petit pont,* nom que les Italiens donnent au chevalet.

Dans les airs de danse espagnole ou italienne, on cherche à imiter, quoique d'une façon assez imparfaite, l'effet des castagnettes, en faisant bondir la pointe de l'archet sur les cordes.

(1) L'étendue de l'ancienne harpe, accordée en *mi* ♭, était de six octaves, à partir de l'octave inférieure de ce *mi* ♭

La clef de *sol* est celle du *violon*. Ses cordes *à vides* (celles qui résonnent sous l'archet sans la pose des doigts), sont accordées à la quinte inférieure l'une de l'autre, au diapason que voici :

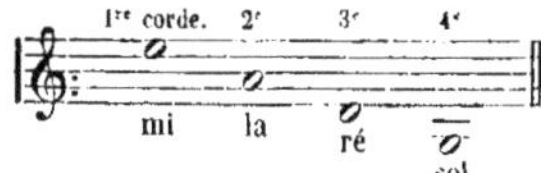

Ces cordes sont de boyau; mais la quatrième est *filée,* comme on s'exprime, c'est-à-dire qu'elle est recouverte d'un fil de laiton très délié.

La première et la plus fine, celle qui donne le *mi,* se nomme *chanterelle.* C'est aussi le nom de la première corde (*la*) de l'alto, du violoncelle, et même de la contre-basse à trois cordes.

L'étendue du *violon,* pour l'orchestre, est de trois octaves, à partir du *sol* à vide; mais le *sol* de la troisième octave est déjà criard et d'une qualité moins agréable à mesure qu'il est donné par une plus grande masse de violons exécutants, surtout dans le *forte.* C'est pourquoi les anciens compositeurs ne passaient pas le *fa* au-dessous. Dans le solo, au contraire, l'artiste, plus libre d'amener à sa guise les sons sur-aigus, et de les nuancer à volonté, augmente cette étendue d'une quarte, et même d'une sixte à l'aigu.

Il est évident qu'on ne peut l'augmenter au grave, à moins que ce ne soit en changeant l'accord de l'instrument, ce que fait quelquefois le *violoniste-solo,* par une combinaison particulière, laquelle a pour but de ren dre l'instrument d'autant plus brillant qu'on lui conserve ses *à vide,* au moyen des gammes diésées; et qu'on les ôte, au contraire, aux autres instruments de l'orchestre, dont on diminue encore l'éclat par les gammes bémolisées qu'on leur donne. Paganini, et, avant lui, Mazas, ancien élève du Conservatoire, usaient volontiers de cette supercherie, du reste très permise.

Les *à vide* RÉ, LA et MI, se font aussi par la pose des doigts sur les cordes voisines : ces notes ont alors moins de brillant, ou de sonorité; mais cette raison est précisément ce qui engage à les faire presque toujours ainsi, afin de mettre d'autant plus d'égalité entre tous les sons de l'étendue générale. Si, au contraire, on veut que ces *à vide* aient momentanément l'éclat de leur timbre naturel, on en avertit en écrivant un zéro au-dessus de la note *à vide.*

Gluck a tiré parti de ce double effet dans un air de danse d'*Iphigénie en Tauride.*

EXEMPLE :

Le *la* des deuxième et quatrième mesures se fait alternativement sur la deuxième corde *à vide,* et sur la troisième, en y posant le doigt. Quelques musiciens se font un jeu de suivre l'intention de l'auteur sur les sixième et huitième mesures de ce fragment, au moyen de positions particulières sur le manche du *violon* : il n'y a pas d'*à vide* alors, mais changement de timbre du même son donné par deux cordes différentes. On voit aussi ce moyen employé dans les *quatuors* d'Haydn et de Mozart.

DE L'ALTO.

L'*alto,* que les Italiens nomment *viola* (viole), est monté aussi de quatre cordes de boyau, dont la dernière est filée de laiton. Leur diamètre est proportionné au *patron,* ou dimension de l'instrument, plus grand que celui du violon ; et les sons qu'elles rendent *à vide* sont à la quinte inférieure des cordes de celui-ci.

En voici l'exemple comparatif :

On voit, par le diapason respectif des clefs, que le *la*, premier son *à vide* de l'*alto*, est à l'unisson du *la* donné par la deuxième corde du violon.

A l'orchestre, la partie d'*alto* est écrite sur la clef d'*ut* troisième ligne seulement.

Dans le *solo*, où les sons aigus prennent une certaine extension, la clef de *sol*, en se joignant à la précédente, fait éviter la multiplicité des lignes postiches.

Plus faible de son que le violon, le timbre de l'*alto* est sombre et mélancolique. Les sons des troisième et quatrième cordes ont même quelque chose de grave et de sévère, qui rend l'instrument propre à doubler les cors dans les *rentrées* ou *conduits mélodiques* écrits pour ces derniers. C'était même une précaution que prenaient les compositeurs du siècle dernier, à cause de la rareté des cors, surtout dans les théâtres de la province.

L'*alto* fait la basse des violons, quand le violoncelle se repose ; ou bien, en concertant avec celui-ci, il complète le *quatuor ;* ou bien encore, il marche avec la basse, soit à l'unisson, soit à l'octave supérieure. C'est ce que veulent dire les mots *col basso* (avec la basse), que l'on rencontre si souvent dans les anciennes partitions ; au temps où l'on considérait la partie d'*alto* comme de pur remplissage. Les modernes, à commencer par Hydn, ont su lui faire sa part d'importance.

L'étendue de l'*alto*, en partant de son UT *à vide*, ou quatrième corde, est communément de *deux octaves et une quinte*. Dans le *solo*, elle est de *trois octaves* et plus.

Dans la première messe de *Requiem*, de M. Chérubini, les violons sont remplacés par des *altos*, mais seulement dans trois morceaux, qui sont l'*Introït*, le *Graduel* et le *Pie Jesu*. C'est l'emploi fait à propos d'un timbre convenable, par la teinte sombre et douce en même temps qu'il répand sur ces morceaux.

Dans son opéra d'*Uthal*, M. Méhul avait aussi fait prendre des *altos* aux violonistes de l'orchestre, et pendant toute la durée de la pièce. On trouva qu'il y avait abus de cet effet ainsi prolongé.

Il n'y a point de violons non plus, mais des *altos* seulement dans un *De profundis* de Gluck.

DU VIOLONCELLE (1).

Doué d'autant de ressources d'exécution que le violon, mais opposé de timbre et de diapason, le *violoncelle* fait la partie inférieure de l'harmonie, qu'il soutient et conduit. Sa marche, généralement posée et régulière, a de la gravité, sans que, pour cela, il soit privé des traits et des arpéges légers, tant dans l'accompagnement que dans le *solo*, auquel il n'est pas moins propre que les deux instruments précédents, puisqu'il en a tous les avantages.

Quand il chante à son tour, ou quand il est solo, la *contre-basse* (qui donne l'octave inférieure des sons du

(1) Comme ce nom fait *violoncello* en italien, et que, dans cette langue, le *c* devant *e* fait *tché*, quelques-uns traduisent maladroitement le mot, et disent *violonchelle*. Nous en avertissons nos jeunes lecteurs, afin qu'ils ne tombent pas dans ce ridicule prétentieux.

violoncelle) l'accompagne convenablement, en faisant la simple basse, tandis que l'alto et le violon remplissent l'harmonie. Dans le quatuor, l'alto même fait la basse, c'est-à-dire remplace le *violoncelle,* quand celui-ci chante dans les cordes élevées.

Quelquefois, on partage les *violoncelles* de l'orchestre pour un duo ou un trio, comme, par exemple, dans l'introduction de l'ouverture de *Guillaume Tell,* de M. Rossini; et les contre-basses, si on le juge à propos, font une partie inférieure en notes posées. Le reste de l'orchestre garde le *tacet,* il se tait.

Les sons *à vide* du *violoncelle* sont ceux de l'alto, mais à l'octave inférieure, à cause de la différence qui existe entre l'un et l'autre, sous le triple rapport du diapason, de la longueur des cordes et de leur diamètre, outre le volume de l'instrument.

Exemple comparatif:

L'étendue générale du *violoncelle* varie entre *deux octaves et une quinte,* dans le simple accompagnement à l'orchestre; *trois octaves* dans la musique de chambre, telle que quatuors et quintettes, et une sixte en sus dans le *concerto.* Exemple:

L'emploi indispensable de ces trois clefs est moins l'effet du diapason de l'instrument que celui de son étendue, en même temps qu'il fait éviter l'emploi trop fréquent des lignes supplémentaires. En outre, ces clefs ont l'avantage de présenter toujours les sons à leur diapason vrai; et l'on doit supposer que la connaissance de ces clefs est familière à celui qui est parvenu à jouer le solo sur le *violoncelle.*

Cependant, des compositeurs, des professeurs même, auteurs de méthodes, retranchent la clef d'*ut,* et abaissent, par supposition, le diapason de la clef de *sol* d'une octave, le rapprochant d'autant de celui de la clef de *fa.* Ils écrivent donc ainsi qu'il suit :

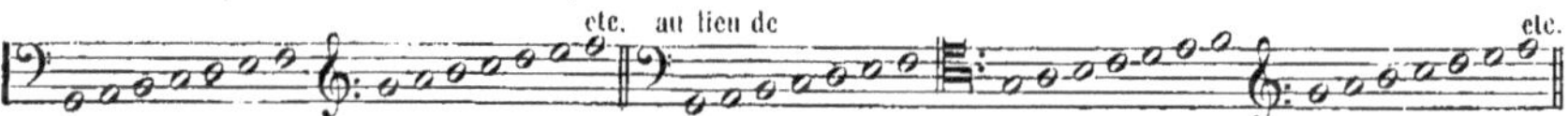

Mais, si le *violoncelle* monte à l'extrémité de son échelle dans l'aigu, il faut nécessairement écrire deux fois les mêmes notes sous le même aspect, et placer au-dessus de cette redite le mot *ottava,* ou son abréviation (8va), comme ceci . . . .

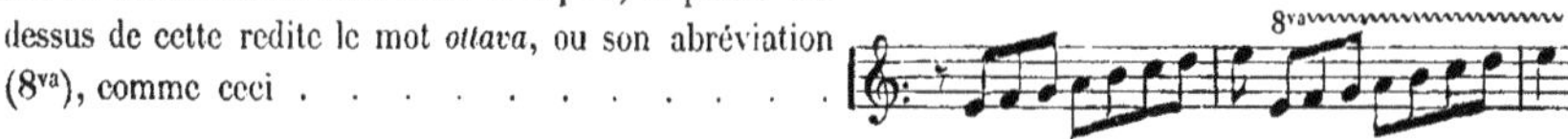

Cet inconvénient, qui se reproduit sans cesse dans la musique spéciale du *violoncelle,* choque à la fois l'œil et la raison; et le bon Duport le sentait si bien, que c'est comme en gémissant qu'il dit : *il faut bien s'y conformer, puisque c'est l'usage* (1).

(1) Dans son excellent ouvrage intitulé: *Essai sur le violoncelle et la conduite de l'archet*, Duport, né à Paris en 1749, y est décédé en 1829. Violoncelliste justement célèbre, il a été donné à peu de musiciens de chanter sur leur instrument avec une plus belle voix, ni avec plus de pureté, de sagesse et de grace.

DE LA CONTRE-BASSE.

La Contre-Basse (*contra-basso*), ce colosse des instruments à archet, en est aussi le plus grave, quant au diapason de ses sons.

Par l'effet même de ce diapason, la contre-basse double toujours le violoncelle à l'octave inférieure; mais la lourdeur du jeu de cet instrument étant en raison de la longueur et du diamètre de ses cordes, l'exécutant est obligé de simplifier à chaque instant les traits vifs du violoncelle; c'est-à-dire de n'en prendre que les notes principales, celles des accords ou de l'harmonie qui accompagnent. Or, pour être à même de distinguer ces notes principales des notes accessoires, il faut posséder une certaine connaissance de l'harmonie; ou bien qu'une heureuse organisation, jointe à l'habitude et à l'intelligence, suppléent à ce qui pourrait manquer d'ailleurs (**A**).

Les compositeurs prennent maintenant la précaution d'écrire une partie de contre-basse indépendante de celle du violoncelle: ils préviennent par là l'effet des prétentions de quelques exécutants qui veulent lutter d'agilité avec leurs *dessus*. Mais ceux-ci ont pour cela quatre doigts et même le pouce dans les extensions; au lieu que sur les volumineuses cordes de la contre-basse, il ne faut pas moins de deux doigts réunis pour faire un *demi-ton;* et, pour un *ton,* les quatre pareillement rapprochés. De sorte que le contre-bassiste est contraint de glisser presque continuellement la main entière le long du manche.

Le pouce ne sert jamais, du moins dans l'accompagnement; car on a joué quelquefois des solos, des concertos, des airs variés sur cet instrument, et le nom de *Dragonetti* est encore célèbre en Angleterre.

En France, la *contre-basse* est généralement montée de trois cordes, dont la dernière est *filée.* Ces cordes sonnent à la *quinte* inférieure l'une de l'autre, et à l'*octave* inférieure des notes  du violoncelle.

Quelques-uns accordent par *quartes,* de cette façon :

D'autres ont des contre-basses à quatre cordes, ce qui est rare chez nous, et commun, dit-on, en Allemagne. L'accord de celles-ci varie au choix de ceux qui les jouent. En fait, pourvu que l'exécutant remplisse convenablement sa partie, ni le compositeur, ni le chef d'orchestre n'ont à s'informer des moyens employés. L'accord de la contre-basse à quatre cordes est généralement celui-ci : 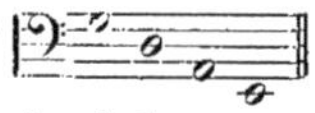 et ces sons sonnent toujours l'octave inférieure des mêmes sons sur le violoncelle (**B**).

On voit, du reste, que c'est encore pour éviter un trop grand nombre de lignes supplémentaires, cette fois au-dessous de la portée, que l'on écrit les notes de la contre-basse dans un diapason que l'on sait n'être pas le sien.

Dans sa plus grande extension à l'orchestre, la contre-basse ne dépasse pas le *fa* au-dessus de la portée, lequel répond au *fa* sur la quatrième ligne, pour le violoncelle.

La puissance de son de la contre-basse peut facilement absorber, comme il peut entraîner les autres portées, si ses exécutants n'ont pas la modération et l'aplomb nécessaires, ou ne savent pas écouter ceux qu'ils accompagnent; moyen si simple pourtant, et non moins certain de ne jamais couvrir ni gêner les parties chantantes.

OBSERVATION.

A la fin du Chapitre XVII de la première Partie de cet ouvrage, il a été dit ce qui suit :

« On a remarqué que les gammes diésées ont un degré de brillant et d'éclat qui manque à celles où les bémols dominent, du moins à l'égard des principaux instruments de l'orchestre. »

Nous allons essayer d'expliquer les raisons que l'on donne de ce fait.

A l'exception du son le plus grave, fourni par la dernière corde des instruments à archet, lequel est nécessairement un *à vide*, le son naturel des autres cordes, nous le répétons, se produit de deux manières : ou pareillement *à vide*, ou sur la corde immédiatement inférieure, en posant le doigt à la hauteur voulue pour faire résonner, mais avec moins d'éclat, l'unisson de la corde supérieure, c'est-à-dire, le son qu'elle donnerait *à vide*.

Toutefois, celui-ci résonnera aussi et comme par sympathie ; car l'expérience a prouvé qu'il suffisait de mettre une seule corde sonore en vibration, pour faire frémir et résonner, quoique plus faiblement, toutes celles qui se trouvent être dans un rapport d'unisson ou d'octave supérieure ou inférieure avec la première ; et l'on conçoit déjà que ces résonnances multiples augmentent la force et la plénitude des sons donnés. Voilà aussi pourquoi les gammes dans lesquelles on conserve le plus de cordes *à vide* ont cet éclat, ce brillant, qu'elles perdent au contraire, plus ou moins, soit par la pose des doigts, soit lorsque, par l'effet des signes altératifs, on est obligé d'en diminuer le nombre ou de ne s'en plus servir.

Ajoutons à cela que plusieurs instruments à vent ont, dans ces mêmes gammes, plus de *sons naturels*, c'est-à-dire provenant du doigté le plus simple, que de *sons factices*, qui dépendent du jeu des clefs ; et que les premiers semblent rentrer dans la série des sons *à vide* dont il vient d'être parlé ; enfin, que la somme de ces sons ne diminue qu'à mesure que les dièses deviennent trop nombreux ; tandis qu'il ne faut que peu de bémols pour les effacer tous.

C'est ainsi qu'on explique la différence d'éclat des gammes diésées par rapport aux gammes bémolisées.

NOTES PARTICULIÈRES A LA CONTRE-BASSE.

(A) En ne faisant que la première note des deux, trois ou quatre temps des mesures indiquées, on rencontre presque toujours juste ; et c'est déjà une donnée, quoique elle ne soit pas infaillible. Le mieux est de connaître les accords qui se font entendre ; les manières dont ils s'enchaînent, et ceux de leurs sons qu'on doit prendre pour suivre le violoncelle dans ses traits, et ne pas faire de fautes contre la mélodie, en allant de l'un à l'autre des accords, des mesures et des temps.

(B) Nous étions plus riches jadis en instruments graves ; car, outre une contre-basse à cinq cordes, dont les sons étaient , le *P. Mersenne* parle d'une viole à six cordes, dont le volume était tel, qu'on y renfermait un jeune page, lequel chantait le *dessus* d'un *duo*, pendant que celui qui jouait l'instrument chantait le ténor. Il cite même un musicien, du nom de GRANIÉ, chargé de remplir cette double fonction aux petits concerts de la reine Marguerite de Valois.

N. B. Pendant longtemps, un descendant de ce Granié a été attaché à l'Opéra de Paris, en qualité d'Accompagnateur.

CHAPITRE XV.

DES SONS HARMONIQUES.

Les instruments à cordes dont il vient d'être parlé, c'est-à-dire le violon, l'alto, le violoncelle et la contre-basse, ont la faculté de rendre des sons d'une nature particulière, en dehors de leur timbre accoutumé. On les appelle *sons harmoniques*.

Beaucoup plus doux que ceux qu'on fait résonner par les moyens ordinaires, le timbre des *sons harmoniques* tient beaucoup de celui de l'*harmonica,* ou d'un verre dont on frotte les bords avec les doigts trempés d'eau.

Pour obtenir ces sons sur les instruments à archet, on pose le doigt à plat et légèrement sur l'une des divisions commensurables, ou partie aliquote de la corde, sans appuyer celle-ci sur la touche ; de manière à ce qu'elle puisse vibrer des deux côtés du point touché. L'archet aussi, que l'on rapproche alors du chevalet, n'appuie que faiblement sur la corde.

Plus les divisions sont simples, plus le *son harmonique* est appréciable et facile à produire, plus aussi la qualité en est pure et limpide.

Le diapason de ces sons n'est pas moins différent de ce qu'il serait, si l'on appuyait le doigt comme à l'ordinaire, aux mêmes divisions.

SONS PRODUITS PAR CES DIVISIONS.

Qu'une corde sonore soit divisée en deux parties égales, chacune de ces parties donnera l'octave supérieure de la corde entière ; de même que le *quart* et le *huitième* donneront la double et la triple octave, c'est-à-dire la quinzième et la vingt-deuxième.

Si l'on ne prend que le tiers de la corde, il donnera la *quinte* à la douzième du son principal, comme le sixième donnera cette *quinte* à la dix-neuvième.

Si c'est le cinquième de la corde que l'on touche *harmoniquement,* le son obtenu sera la *tierce majeure* à la dix-septième de la corde entière.

Les mêmes données, reproduites sur les divers instruments à archet, amènent des résultats analogues, relativement au diapason de chacun.

Les *sons harmoniques* réussissent mieux sur les cordes qui n'ont ni trop ni trop peu de tension : ainsi, ce qui est facile sur la première corde *la* du violoncelle, l'est déjà moins sur la deuxième, *ré,* et ainsi des autres. Il en est de même, mais en sens inverse, sur le violon. C'est-à-dire que sa quatrième corde, *sol,* à un degré inférieur du *la* précédent, est la plus favorable à l'émission des *sons harmoniques.*

Sur la harpe, les sons les plus propres à rendre ces sons harmoniques, se trouvent pareillement entre et sa double octave supérieure Pour les obtenir, on attaque légèrement la corde à son milieu, avec la partie inférieure et charnue du pouce. Chaque corde, ébranlée de cette façon, ne donne et ne peut donner que l'octave supérieure de la corde entière, mais toujours avec la douceur de timbre inhérente à ces sons surnaturels.

Ajoutons que l'exécution des *sons harmoniques* exige tant de précision et de délicatesse dans le *touché* et la conduite de l'archet, qu'on ne les emploie que dans le solo, jamais à l'orchestre.

CHAPITRE XVI.

DES INSTRUMENTS A VENT.

DE LA FLUTE.

La Flute (*flauto*) est le premier des instruments qu'on emploie par couple dans les grands orchestres, et dont les [illegible] musicales sont divisées en supérieure et inférieure, nommées première et deuxième *flûtes.*

Son étendue est de deux octaves et une sixte mineure, à partir du *ré*, sous la portée, la clef étant celle de *sol*. Exemple . . . .

Mais, dans l'accompagnement, on trouve bien de s'arrêter au *sol*, tierce inférieure du *si* ♭, note déjà passablement perçante de sa nature.

Tous les sons intermédiaires entre les deux extrêmes sont praticables, en observant que ceux de la première octave sont un peu faibles et sourds, et ne peuvent être bien entendus que dans le *solo*, ou dans un *piano* général de l'orchestre.

On a aussi, pour les effets bruyants, une petite *flûte*, *flautino*, ou *flauto piccolo*, qu'on appelle en France *octavin*, parce qu'il fait entendre à l'octave supérieure tous les sons des deux premières octaves de la grande *flûte*, plus une tierce mineure. Exemple . . . .

C'est encore pour ne pas s'égarer dans les lignes postiches, que l'on écrit les notes de la petite *flûte* à l'octave inférieure de son diapason réel.

Les gammes diésées sont plus favorables au mécanisme de la *flûte* que les gammes bémolisées ; et, comme celles-ci seraient encore plus difficile d'exécution, et manqueraient davantage aussi de justesse sur l'*octavin*, la fabrication l'a triplé, en ajoutant au diapason de *ré*, qu'on vient de voir, ceux de *mi* ♭ et de *fa*. Or, la gamme principale, ou la plus naturelle de la petite *flûte* comme de la grande étant encore celle de *ré*, c'est, à l'égard de l'*octavin*, l'instrument seul qui transporte, ou, selon la locution habituelle, qui transpose cette gamme de *ré* un *demi-ton* ou un *ton* plus haut.

Exemple : font à l'oreille : et ceux de l'octavin en *fa* : donnent :

N. B. Ce dernier diapason était autrefois celui des musiques militaires, ainsi que des fifres, auxiliaires des tambours. On y joignait le mode majeur d'*ut*, non moins brillant.

Quelques *flûtes* ont le pavillon (la pièce inférieure) plus allongé, c'est ce que les flûtistes appellent la *patte en ut*, parce qu'elle donne ce son grave, ainsi que son *demi-ton* supérieur *ut* ♯, lequel ne s'obtient sur la *flûte* en *ré* que par un certain relâchement des lèvres, mais sans force ni sûreté. Au surplus, l'instrument ayant plus de brillant en *ré*, ceux qui le jouent font peu ou point usage de la patte en *ut*, du moins ceux qui n'ont pas encore adopté la *flûte* dite de Bœhm, dont l'étendue dépasse trois octaves, à partir de cet *ut*, et à laquelle toutes les sortes de gammes paraissent convenir également, avec une justesse plus précise dans toutes (A).

La *flûte*, enfin, est à la fois un instrument doux et brillant, tendre et gai, sur lequel les chants larges et les traits vifs produisent tout leur effet.

Quant à l'*octavin*, il a pour caractère une gaîté bruyante, un éclat strident qui le rend propre aux accents guerriers, aux joies impétueuses des bacchanales, ainsi qu'à imiter le sifflement des vents dans une tempête.

NOTE COMMUNE A LA FLUTE ET AUX INSTRUMENTS A ANCHES.

(A) Ce qui a longtemps nui à la justesse des instruments à vent, tels que flûte, hautbois, clarinette et basson, est la perce de leurs trous longitudinaux, établie pour la plus grande commodité des doigts, mais non calculée d'après les règles de l'acoustique. Ce dernier mode, dont n'avaient pu s'aviser tant d'habiles facteurs, un Genevois du nom de Gordon l'a tenté avec succès. Bientôt après, l'Allemand Bœhm a si heureusement perfectionné l'invention du premier, qu'il a déjà fait oublier son nom. Il est entendu que cette découverte a ses partisans et ses détracteurs. En théorie la méthode de M. Coche, en pratique la belle exécution de M. Dorus, prouvent beaucoup en faveur de la nouvelle flûte. En attendant que le temps ait accordé les parties, on cherche à appliquer le système Gordon ou Bœhm au hautbois et au basson. M. Klosé, professeur de clarinette au Conservatoire, n'a pas hésité à le faire adapter à l'instrument qu'il enseigne.

DU HAUTBOIS.

« Le Hautbois (*Oboe*), dit M. Castil-Blaze, martial ou champêtre, joyeux ou mélancolique, plaît tou-
« jours. Il est l'instrument favori des compositeurs, celui dont l'usage est le plus ancien et le plus fré-
« quent. Sa voix mordante, même dans ses accents les plus doux, se fait entendre au-dessus des violons. »

Ainsi que tous les instruments à clefs, le *hautbois* ne brille pas moins dans le chant que dans les traits; néanmoins, il ne faut pas que le mouvement de ceux-ci dépassent une certaine vitesse.

L'étendue du *hautbois* est de *deux octaves et une quarte*, ou de à

N.B. Dans l'accompagnement, on ne dépasse guère le *ré* de la deuxième octave.

Les notes *si* et *ut* ♯ au grave lui manquaient, avant que de nouvelles clefs les lui eussent données; mais, tous les hautboïstes n'ont pas encore adopté ces clefs. C'est un tort : la lacune d'un seul son dans l'étendue générale de cet instrument est regrettable; et l'absence du septième degré dans la seconde de ses gammes principales (la première est celle de *fa*) est un grand inconvénient.

Comme le son du *hautbois* a quelque analogie avec celui de la musette, on ne manque pas de le mettre en évidence dans les pièces du genre pastoral. Jusque-là, c'est fort bien; mais qu'un artiste, homme de beaucoup de talent, et que l'on regrette avec raison, Brod, se soit avisé de rabaisser son instrument au niveau de celui des Auvergnats, et même d'y conformer trop souvent le style de sa musique et celui de son exécution, voilà ce qui affecte péniblement les gens délicats. On peut, dans un salon, s'amuser un instant d'une semblable transformation, pour ne pas dire d'une pareille caricature : mais du moment où la plaisanterie est prise au sérieux, et par le public et par le musicien lui-même, jaloux de plaire à la multitude, alors le connaisseur se retire.

En effet, ce n'est plus là l'instrument que jouait son maître, M. Vogt, avec un son si pur, si flatteur et si plein; ce n'est pas non plus celui d'un autre de ses élèves, M. Véroust, maintenant professeur au Conservatoire; ce n'est pas enfin le *hautbois* modèle, tel qu'on doit l'entendre aujourd'hui dans l'exécution musicale, portée en France à un si haut degré de perfection.

DE LA CLARINETTE.

La Clarinette (*Clarinetto,* au pluriel *Clarinetti*) est, parmi les instruments à anches, le plus riche, tant par son étendue que par la qualité de ses sons, qui s'unissent si bien à la voix humaine.

Avant l'invention des nouvelles clefs (1), qui ont ôté à la *clarinette* ce qu'elle avait de défectueux sous les deux rapports de doigté et de justesse, cet instrument ne pouvait affronter les gammes qui avaient plus de deux signes altératifs (dièses ou bémols) à la clef. C'est pourquoi, au lieu de la seule *clarinette* en *ut*, dont on abaissait le diapason d'*un ton* et d'*un ton et demi* au moyen d'un *baril* plus ou moins long (2), on en fit

---

(1) Par M. Ivan Muller.

(2) Partie supérieure de l'instrument, celle qui reçoit le *bec* et l'anche qu'on y fixe.

fabriquer trois de dimensions différentes, et l'on eut les clarinettes en *ut*, en *si* ♭ et en *la*. Ces deux dernières servent à diminuer, l'une, la difficulté des gammes bémolisées; l'autre, celles des gammes diésées.

Malgré les perfectionnements apportés en dernier lieu à l'instrument, nous pensons que l'on doit continuer de se servir à l'orchestre des *trois clarinettes*. La raison est que le *timbre*, étant différent dans chacune, le compositeur reste maître de choisir celle qui lui paraît remplir le mieux son intention du moment. Leur étendue, quelle qu'en soit le diapason, est de *trois octaves et une sixte mineure*.

En voici les sons extrêmes, sans lacunes entre eux.

Passé le *ré* au-dessus de la portée, les sons aigus deviennent aigres et criards, et ne peuvent s'adoucir qu'à force d'art. Aussi ne les emploie-t-on que dans le *solo*, où l'instrumentiste est plus à même de les amener avec adresse et de leur donner les qualités qui leur manquent.

On a donné le nom de *chalumeau* à la partie inférieure des sons de la *clarinette*, dans l'étendue d'une douzième environ, ou de . . . .

Ces sons ont un timbre à part, qui semble faire disparate avec ceux qui les suivent en montant; mais, employés pour des accompagnements en arpéges, ils sont d'un bon effet et quelquefois d'un utile secours.

Le célèbre *Weber* a su tirer parti de ces sons du chalumeau pour des chants larges, mais qui devaient être assombris. Tel est celui de sa belle ouverture d'*Oberon*.

M. *Reicha*, dans ses admirables *quintettes* d'instruments à vent, a pareillement employé ces sons pour des chants posés aussi bien que pour des accompagnements en arpéges.

DU BASSON.

Le plus grave des instruments à anches de l'orchestre a reçu des Italiens le nom burlesque de *fagotto* (au pluriel *fagotti*); mais ils le nomment aussi *bassone*, d'où nous avons tiré l'appellation de BASSON.

Son étendue a été longtemps de trois octaves pleines, ou de à

Une clef (soupape) ajoutée d'abord, lui a donné le *si* ♮ au grave ; d'autres adaptées plus tard, ont fourni l'*ut* aigu, en même temps que, combinées avec d'autres trous ou clefs, elles ont rendu moins défectueuses les notes graves *ut* ♯ et *ré* ♭ de la première octave. Nulle lacune n'existe donc plus dans son étendue de *trois octaves et une seconde majeure.*

Dans l'accompagnement à l'orchestre, le *basson* marche tantôt avec le violoncelle et la contre-basse, tantôt avec l'alto et le second violon. Il se marie fort bien aussi avec les différentes sortes de voix. D'un autre côté, il est la basse obligée des instruments à vent, quand ceux-ci concertent entre eux pendant un court repos des instruments à cordes.

Les chants obligés que l'on donne au *basson solo* se renferment ordinairement entre [notation musicale] et [notation musicale]

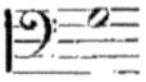

C'est alors que la clef d'*ut* quatrième ligne lui est donnée, et toujours pour les mêmes raisons déjà exposées. Dans cette série de sons, comprenant une dixième mineure, l'instrument a plus de mordant, comme il a aussi plus de charme.

Le caractère du *basson* participe de celui des instruments graves : ainsi qu'eux, il est plus triste que gai ; plus propre au mystère qu'aux accents bruyants.

Les sons de la première octave sont d'un très bel effet dans un mouvement modéré, surtout à mesure que l'on approche du plus grave de tous, dans une progression descendante. Tout grave qu'il est, pourtant, le *basson* ne manque pas de légèreté dans les traits.

OBSERVATION IMPORTANTE.

Comme instrument *solo* proprement dit, venant dans une solennité musicale jouer le *concerto* ou le *thème varié*, le *basson* paraît déplacé à quelques gens peu réfléchis ; et pourtant les noms de *Devienne* (1), d'*Ozi*, de *Delcambre*, de *François Guebauer* retentissent encore aux oreilles des amateurs et des musiciens, comme ceux d'artistes justement acclamés par le public (2). Mais c'est qu'alors on n'était pas encore blasé, saturé de musique, et qu'en outre on avait le bon esprit d'encourager toutes les parties musicales reconnues pour être d'une utilité indispensable dans les orchestres. Présentement, on est devenu exclusif à l'excès : le *piano* et la *voix*, la *voix* et le *piano*, on ne sort plus de là. Le violon même, si répandu autrefois parmi les amateurs, est bien déchu de sa gloire sous ce rapport ; le violoncelle l'est encore davantage ; et, quant à ceux qui cultivent les instruments à vent, on ne les trouve plus que dans les écoles publiques de musique et dans les régiments. Cet état de choses inquiète à bon droit, tant sur l'avenir de l'art musical que sur le sort de ceux qui le professent.

DE LA TROMPETTE.

Les Italiens donnent également à la Trompette les noms de *clarino*, au pluriel *clarini*, ou de *tromba*, au pluriel *trombe*.

Ainsi que plusieurs autres instruments de l'orchestre, la *trompette* se double, avec les désignations de première et deuxième *trompettes*.

Cet instrument, de même que le cor, n'est qu'un long tube ou tuyau métallique, replié sur lui-même, sans trous ni clefs qui permettent de diviser la colonne d'air qu'il renferme. C'est par cette raison que ces deux instruments ne font entendre qu'une série assez bornée de sons éclatants qu'on appelle *naturels*, par

(1) Auteur du petit opéra *Les Visitandines*, Devienne jouait également bien de la flûte et du basson.

(2) De nos jours, M. Jancourt s'est placé très haut dans l'estime publique.

opposition à d'autres sons sourds et ternes nommés *factices*, et qu'on n'obtient qu'en fermant plus ou moins le pavillon avec la main.

Pour obtenir les premiers de ces sons à tous les diapasons des gammes usitées, on allonge ou l'on raccourcit l'instrument au moyen de *tubes mobiles* de diverses grandeurs qui s'y adaptent. C'est ce qu'on appelle ses *corps de rechange*, ou, plus improprement, ses *tons*. (*Voir* l'observation.)

Les sons naturels donnés par la trompette, les seuls qu'on emploie à l'orchestre, sont les suivants :

Ce peu de sons suffit aux *fanfares* à deux et trois *trompettes*. A plus forte raison suffit-il aux notes simples et doubles de l'accompagnement à orchestre. Cette série est même bornée, soit dans l'aigu, soit dans le grave, selon le diapason auquel est fixé la *trompette*, et qui peut rendre trop difficile d'exécution l'un des sons extrêmes de l'exemple donné.

En disant que ces sons émis par la *trompette* en *ut*, et à partir du *sol* grave, sont à l'unisson du violon, on aura le diapason des autres *tubes de rechange*, dont celui d'*ut* tient le milieu. Au nombre de douze, ces *tubes mobiles* sont :

1° Diapasons graves : *sol*, *la* ♭, *la* ♮ et *si* ♭ ;

2° Diapasons intermédiaires : *si* ♮, *ut*, *ré* ♭ et *ré* ♮ ;

3° Diapasons aigus : *mi* ♭, *mi* ♮, *fa* et *sol*.

Autrefois, on avait pour l'orchestre des *trompettes* courbes, c'est-à-dire que, de la branche d'embouchure au pavillon, ses tuyaux étaient légèrement cintrés. Par cette disposition, le pavillon était abaissé et l'éclat des *sons naturels* fort adouci. De plus, cette forme de l'instrument rendait aisée, à ceux qui voulaient jouer le *solo*, la pratique des *sons factices* par lesquels on remplit une grande partie des lacunes qui se voient entre les sons de l'exemple précédent.

En Allemagne, les musiciens qui jouent la *trompette* sont en général fort habiles dans l'emploi des sons factices. En France, non seulement on ne demande ni *solos* ni sons factices, mais comme le bruit est l'effet principal que l'on paraît vouloir retirer de la musique, de bonnes et fortes *trompettes* droites, dites d'ordonnance ou de cavalerie, ont été substituées aux *trompettes* courbes. Il y a plus de trente ans que ce bruit a commencé, et c'est à le rendre progressif que l'on s'est appliqué depuis.

OBSERVATION COMMUNE A CET ARTICLE ET A CELUI QUI LE SUIT.

D'après l'étymologie du mot, il faudrait dire et écrire CORS DE RECHANGE, parce que, dans l'origine, l'instrument appelé *Cor* n'ayant pas d'autre forme que celle de la *trompe de chasse*, il en fallait à l'orchestre un nombre égal à celui des gammes auxquelles on voulait fixer le diapason demandé (1). Plus tard, et pour éviter l'embarras de tant d'instruments semblables pour la forme, différents pour la dimension, des hommes intelligents imaginèrent d'adapter à la branche d'embouchure, ensuite à la coulisse d'accord, dès qu'elle eût été inventée, des tubes particuliers de grandeurs diverses, propres à remplacer tous ces *cors* par un seul, tout en continuant de donner à ces tubes mobiles le nom de *cors de rechange*, que l'on a pareillement adopté pour la *trompette*.

(1) Alors aussi, le nombre des gammes où le cor figurait était beaucoup plus restreint qu'il ne l'est aujourd'hui, ainsi qu'on peut le voir dans les opéras de Duni, Philidor, Grétry, Dézede, Monsigny, etc.

Pour l'un et l'autre de ces instruments, les noms de *tubes mobiles* ou *de rechange* préviennent toute équivoque. Pour tous deux aussi, l'avertissement du diapason demandé est le même, et l'on dit : trompette ou cor en *ut*, en *ré*, en *mi* ♭, etc., ce qui vaut mieux que de se servir, comme quelques-uns le font encore, des sept premières lettres de notre alphabet, ces lettres que les peuples du Nord emploient dans leur solmisation ; encore ne sommes-nous pas allé jusqu'à la huitième lettre, le *ha* allemand, par lequel ils expriment *si* ♭. Les autres, pas plus que celle-ci, n'ont le moindre rapport à l'appellation de nos notes, et c'est encore une superfluité à supprimer, aussi bien pour la clarinette et les tymbales, que pour le cor et la trompette.

DU COR (A).

L'étendue considérable du Cor (quatre octaves), ne permet pas au même individu de la parcourir entièrement, ni d'en poser les sons sous-graves et sur-aigus avec sûreté et dans toutes les circonstances, à moins d'y employer deux embouchures d'un diamètre différent, auquel il n'est pas moins impossible de s'habituer. C'est pour cela que, du moment où l'on a introduit le *cor* à l'orchestre, on a dû partager cette grande étendue entre deux individus, dont l'un, prenant pour lui les sons aigus et intermédiaires, fait la partie supérieure, et s'est appelé *premier cor ;* dont l'autre, joignant les sons graves à ces mêmes sons intermédiaires, exécute la partie inférieure, et s'est appelé *second cor.*

On a dit depuis *cor-alto* et *cor-basse*, se fondant sur l'identité de diapason et d'étendue commune de ces instruments (l'*alto* et la *basse* ou *violoncelle*) avec les *deux genres de cor*, pris séparément (**B**).

Ces deux genres distincts sont également indispensables à l'orchestre, et ne peuvent s'y suppléer, par les raisons qu'on vient d'en donner (1).

Le cor a donc plus d'étendue que la trompette ; mais cette étendue a pareillement ses lacunes, surtout dans le grave ; c'est-à-dire ses *sons naturels* bons à employer, et ses *sons factices*, de moindre usage à l'orchestre, à cause de leur timbre voilé. Il faut par conséquent au *cor*, aussi bien qu'à la trompette, des tubes mobiles ou de rechange qui portent la série de ses notes franches et sonores à tous les diapasons de l'échelle ascensionnelle que voici : *si* ♭ grave, *ut*, *ré*, *mi* ♭, *mi* ♮, *fa*, *sol*, *la* et *si* ♭ aigu.

De nos jours, on a ajouté successivement de nouveaux tubes de rechange, qui sont ceux de *la* et *si* ♮ au grave, et de *la* ♭ à l'aigu. On avait autrefois le cor en *ut aigu*, que la paresse a fait abandonner. Nous l'avons rétabli pour l'exécution de nos *sextuors* (2).

C'est par pure convention que l'on fait usage de la clef de *sol* pour les deux genres de l'instrument, et de la clef de *fa*, quatrième ligne, pour les sons les plus graves du cor-basse, sans que le diapason de ces deux clefs coïncide avec celui des sons qu'on entend, si ce n'est, pour l'une, lorsque le cor est en *ut aigu ;* pour l'autre, quand il est en *ut grave*. Dans tous les autres cas, ce diapason s'élève ou s'abaisse avec celui des tubes de rechange, ce qui explique pourquoi les deux clefs sont en désaccord entre elles, dans leur diapason réciproque (**C**).

En définitive, les sons écrits pour la trompette (celle en *ut* exceptée) et le cor, toujours semblables aux yeux, sont chaque fois différents pour l'oreille, qui sait d'ailleurs les remettre à leur place.

---

(1) De même que le diamètre de l'embouchure est moindre pour le *cor-alto* que pour le *cor-basse*, de même aussi le pavillon de l'instrument doit avoir des proportions analogues.

(2) La partition des trios, quatuors et sextuors pour trois, quatre et six cors, avec des instructions adressées aux jeunes compositeurs sur le parti qu'ils peuvent tirer des cors à l'orchestre, forme un ouvrage à part. (1 volume in-8°, à Paris, chez Schonenberger.)

Le *cor* en *fa* tenant à peu près le milieu entre ceux de *si* ♭ grave et de *si* ♭ aigu, il est facile de se représenter le diapason des autres tubes mobiles, d'après l'exemple comparatif qui suit :

Par extension au grave, le cor-basse fait les six notes que voici : sur le cor au diapason de *mi* ♭, *mi* ♮ et *fa*. Les autres y sont moins propres.

Dans l'exécution, les notes les plus aiguës se retranchent à mesure que le diapason des tubes mobiles s'élève ; et les sons les plus graves augmentent de faiblesse à mesure que ce diapason s'abaisse. Le premier de tous devient même impraticable.

Les notes rondes de cet exemple représentent les sons appelés *naturels*, par opposition à ceux qu'on nomment *factices*, tels que *fa* et *la* notés avec des points, et qui ne s'obtiennent qu'en fermant le pavillon avec la main. Ce moyen dû au hasard, par lequel on maîtrise la colonne d'air de façon à faire rendre à l'instrument des sons étrangers à sa nature, est en même temps ce qui en ternit l'éclat. Toutefois, les deux qu'on voit ici sont depuis fort longtemps d'un usage commun, mais presque toujours pour des *rentrées* obligées (conduits mélodiques) à deux cors, du genre de celle-ci.

EXEMPLE :

D'autres sons naturels et factices, ainsi que des mélanges très variés de timbres (chaque tube de rechange a le sien), ne seraient pas moins utiles aux jeunes compositeurs, s'ils voulaient prendre connaissance des instructions que des hommes spéciaux leur ont données à cet égard. Mais presque tous, par suite d'une négligence volontaire, se renferment dans le petit cercle tracé depuis tant d'années, et se privent par là des ressources qu'ils sauraient employer au besoin, et dont ils feraient jouir le public (2). *Gluck*, *Haydn*, *Beethoven*, *Mozart* et M. *Rossini* leur ont ouvert la voie qu'il ne tient qu'à eux d'agrandir (**D**).

NOTES DE L'ARTICLE PRÉCÉDENT.

(A) Il n'est question dans cet article que du *cor* en usage à l'orchestre depuis un siècle environ. Plus tard, et à propos des instruments nouveaux, nous traiterons du *cor à pistons*.

Les Italiens, fidèles à l'origine de l'instrument, disent encore *corno*, ou *corni di caccia*, *cors de chasse* ; tandis qu'en France, les piqueurs eux-mêmes (valets de chasse) n'appellent pas autrement que *trompe* l'instrument dont ils se servent. Le nom seul de *cor* doit désigner celui dont la musique s'est emparé.

(B) Les *seconds cors* n'ont pas hésité à accepter le titre de *cors-basse* ; mais les autres, du moins la plupart, voyant que le vulgaire attache au nom de *premier* une idée de supériorité qui n'existe point, le préfèrent à celui de *cor-alto* et s'y cramponnent obstinément : effet de ce *bourgeon* dont parle *Topfer*, l'auteur suisse des charmantes *Nouvelles génevoises*.

(C) *Philidor* agissait en homme judicieux, quand il écrivait les parties de cor de ses opéras sur la clef d'*alto*, celle d'*ut* troisième ligne. Par là, tous les sons intermédiaires, presque exclusivement employés alors, ne sortaient pas de leur diapason réel; et si, de son temps, on eût osé parcourir un plus grand cercle de l'étendue générale de l'instrument, nul doute que, dans l'obligation de se servir aussi de la clef de *fa* pour les sons graves, et de celle de *sol* pour les sons aigus, le gracieux compositeur n'eût su accorder le diapason respectif de ces trois clefs comme il se fait entre le violon, l'alto et le violoncelle dans le *quatuor*. De leur côté, les exécutants eussent été obligés de lire les notes qu'ils font réellement, au lieu de leur éternelle gamme majeure d'*ut*.

Malgré le mélange des *sons naturels* et des *sons factices*, peut-être même à cause de ce mélange de clairs et d'ombres qui donne à l'instrument une physionomie toute particulière; enfin malgré ses *infirmités*, ainsi que s'est exprimé M. *Meifred*, professeur de *cor à pistons* au Conservatoire, on n'en convient pas moins de toutes parts que le cor, sans pistons, est l'une des plus belles et des plus séduisantes voix que l'on puisse entendre.

DU TROMBONE.

En italien, *trombone*, augmentatif de *tromba*, signifie *grande trompette*. En adoptant le nom, son genre et son orthographe, on en a simplement francisé la prononciation.

Les Allemands avaient autrefois cinq espèces de *trombones*, qu'ils désignaient par les noms de *canto, alto, tenore, basso* et *contra-basso*. Mais lorsque Gluck fit venir les premiers qu'on ait entendus à Paris, il se borna aux trois intermédiaires, c'est-à-dire aux TROMBONES *alto, ténor* et *basse*. C'est ainsi qu'ils ont été conservés à l'Opéra pendant plus d'un demi-siècle.

Les dimensions de ces instruments et le diamètre de leurs embouchures différaient, et chacun des trois genres restait dans la sphère de son étendue, du moins à l'orchestre. Alors aussi les pavillons des *trombones* étaient renversés, ce qui atténuait la force naturelle et un peu âpre de leurs sons. En outre, et loin qu'on en prodiguât l'usage, ils étaient entendus rarement, dans des morceaux lents, des marches religieuses ou funèbres, des invocations, plutôt que dans ce qui exige de la vigueur, de l'éclat et surtout de la vitesse et de la légèreté.

Leurs sons posés, adoucis, soutenus, répandent une teinte tantôt solennelle, tantôt lugubre, quelquefois déchirante sur les chants qu'ils accompagnent. En général, c'est par cette entente à la fois sage et sobre des instruments selon leur nature, que Gluck et ses contemporains, Sacchini, Piccini, Vogel, Salieri, ont sû produire les plus heureux effets.

Aujourd'hui, tous ceux qui jouent du trombone veulent briller dans le *solo*, le *thème varié*, le *concerto;* faire entre eux assaut de volubilité, de difficultés vaincues; et comme, pour cela, le *trombone-ténor*, plus doux que son alto, plus léger que sa basse, offre aussi une plus grande étendue relative, ils le préconisent aux dépens des deux autres, qu'ils ont définitivement banni de l'orchestre (1). Mais on peut dire qu'en cela ils ont borné à la fois l'étendue et les ressources de l'instrument, en même temps qu'ils ont privé les compositeurs des effets résultant de l'amalgame de ses trois timbres.

Au moins devait-on être préservé de cette réforme dans l'École publique de musique, au Conservatoire... Eh! le moyen qu'il en fût ainsi, lorsque c'est précisément le partisan le plus exclusif du trombone-ténor, homme de talent d'ailleurs, qui professe dans l'établissement! Le directeur sommeillait-il alors? Si sa religion, si celle des compositeurs et des chefs-d'orchestre a été surprise en cela, ils sentiront peut-être un jour le besoin de remettre les choses en l'état où elles étaient, et dont elles n'auraient jamais dû sortir. Ils ont le

---

(1) De celui du Grand-Opéra du moins, où, depuis plus de vingt ans, les trois trombones sont du même genre, c'est-à-dire ténors.

droit de l'exiger, et doivent en user, car c'est dans l'intérêt de l'art dont ils sont les premiers conservateurs (**A**).

L'étendue commune dans laquelle se renferme chaque genre de *trombone*, quant à l'accompagnement, est de deux octaves, sans lacune entre les sons extrêmes notés dans l'exemple suivant, et l'on écrit pour les trois parties de même que pour l'alto, le basson et le violoncelle. 1er EXEMPLE :

A partir de la première note grave du *trombone-basse*, le *mi* ♮, il y a solution de continuité, jusqu'aux six notes sous-graves que voici : 2e EXEMPLE :

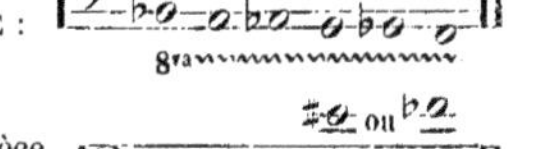

Quant à l'étendue du *trombone-ténor*, pour l'exécution des solos de toute espèce, elle est la suivante, dont on ne donne aussi que les sons extrêmes. 3e EXEMPLE :

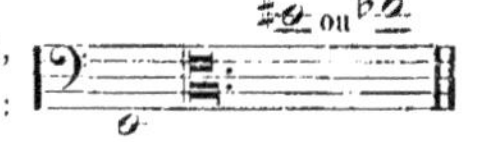

Une aussi grande étendue, sans lacune entre ses deux limites, est fort avantageuse sans doute, si l'on ne prend que rarement les sons aigus, en les amenant avec précaution ; mais s'il faut les tenir et les adoucir à la fois, dans des mouvements lents ; si, d'autre part, les compositeurs emploient une ou plusieurs des six notes sous-graves appartenant au *trombone-basse*, et chaque fois qu'ils le trouveront à propos, le *trombone-ténor* sera-t-il toujours assez assuré de ses moyens, également bien disposé pour le satisfaire dans le premier cas ? en aura-t-il la possibilité dans le second ? Le doute peut être permis à celui qui a acquis une longue expérience sur un instrument dont la nature et les deux genres ont quelque rapport avec le trombone.

La conséquence de tout ceci est que les instruments, quels qu'ils soient, qui concourent à l'exécution musicale au théâtre et dans les concerts, ne sont pas la propriété exclusive de ceux qui les jouent : ils appartiennent encore plus au compositeur qui les met en œuvre, et au public qui veut et doit jouir de tous leurs effets. Loin donc qu'un musicien ait le droit de borner les ressources instrumentales de l'orchestre, il devient coupable de le faire ; coupable envers les auteurs et les auditeurs, comme d'une espèce de larcin dont il les rend victimes.

NOTE COMMUNE AU TROMBONE ET AU COR.

(A) Malgré cette différence des genres dans l'instrument, un seul exécutant les peut enseigner tous trois ; mais il semble convenable que ce soit le *trombone-ténor*, puisque, dans sa plus grande extension, il réunit à peu près l'étendue des deux autres, et, par là, peut mieux prêcher d'exemple.

Il en est de même des deux genres du cor ; c'est-à-dire qu'un bon cor-basse paraît devoir être préféré au cor-alto [1] pour enseigner l'un et l'autre ; la différence d'étendue, dans l'aigu, n'étant que de quelques *demi-tons* ; tandis que, dans le grave, l'un possède deux octaves de sons auxquels l'autre ne saurait atteindre, pas plus qu'il ne lui est donné de faire entendre les *batteries* ou arpèges propres au seul cor-basse. Celui-ci saura donc mieux aussi donner l'exemple avec le précepte aux deux genres de l'instrument. C'est ce que nous croyons avoir prouvé pendant un long professorat au Conservatoire, et ce qu'avaient prouvé avant nous M. Domnich et notre bon maître Joseph Kenn [2].

---

(1) Il est entendu que nous ne parlons que de l'enseignement dans le Conservatoire et ses succursales.

(2) Né à Deux-Ponts, le 20 septembre 1757 ; mort à Fontainebleau, le 16 février 1840. Joseph Kenn mérite de notre justice autant que de notre reconnaissance une mention particulière pour avoir, le premier, fait entendre l'effet si ravissant de trois cors réunis dans ses 36 trios. Ceux de M. Reicha et les nôtres ne sont venus que longtemps après.

CHAPITRE XVII.

DES INSTRUMENTS DE PERCUSSION QUI S'ACCORDENT.

DES TIMBALES (*TIMPANI*).

Les deux sons donnés par les *timbales* répondent communément aux premier et cinquième degrés de la gamme initiale des morceaux dans lesquels on les fait entendre ; et comme ces mêmes sons peuvent entrer dans beaucoup d'accords différents, ceux-ci fournissent autant d'occasions de se servir des *timbales* dans le courant des mêmes morceaux.

On accorde les deux sons des *timbales* soit à la quarte inférieure, soit à la quinte supérieure l'un de l'autre, de manière à ne pas dépasser ces deux notes 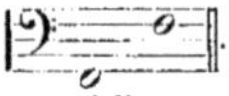. Plus haut ou plus bas, les peaux de l'instrument seraient trop ou trop peu tendues, et les sons qu'elles rendraient seraient moins distincts. C'est donc au tableau suivant que l'on se conforme généralement :

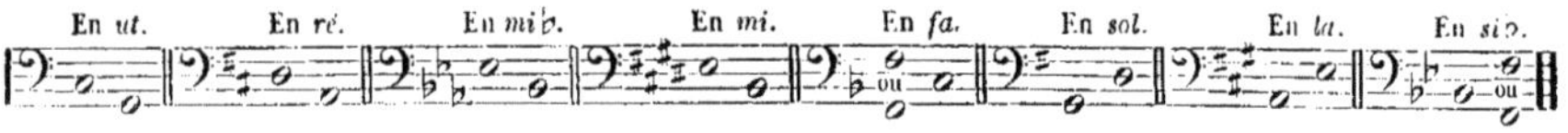

Au moyen du *tremolo* (tremblottant), ou de la répétition très précipitée d'une même note, le timbalier peut nuancer le son du *pianissimo* ou *fortissimo*, et réciproquement. Le *tremolo* s'indique par le mot lui-même, ou par son abréviation suivie d'une ligne en zig-zag, de cette façon : *tr*∿∿∿∿∿∿ s'il doit s'étendre à plusieurs mesures. Si, au contraire, le *tremolo* a peu de durée, on l'écrit en demi, en quart, en huitième de croche, comme dans cet exemple :

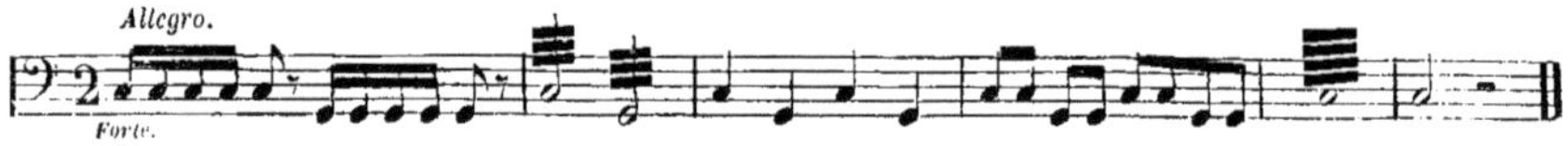

DE LA CLOCHE.

Plusieurs sujets de drames lyriques ont nécessité l'emploi d'une Cloche. Par exemple celui d'*Elisa, ou le Mont Saint-Bernard*, opéra de M. Chérubini.

Il entre dans les connaissances des fondeurs, principalement de ceux qui établissent des *carillons*, de savoir quelles proportions ils doivent donner au volume, à l'épaisseur et au diamètre des diverses parties d'une *cloche*, pour qu'elle rende tel ou tel son. C'est ordinairement le *la* qu'on demande, attendu que pour l'obtenir à ce diapason et s'assurer qu'elle y est conforme, on a la ressource d'une petite fourche d'acier, appelée aussi diapason, et sur lequel les instruments de l'orchestre s'accordent.

Ce son, dans l'emploi dont il s'agit, fait nécessairement partie des accords dont on accompagne les phrases musicales pendant lesquelles la *cloche* est entendue ; et, pour que ce son revienne au temps précis où il est noté, au lieu du batail qui gênerait plus qu'il ne serait utile, on a un petit marteau de fer avec lequel on est plus assuré de frapper toujours en mesure.

Une *cloche* de théâtre est d'un volume trop peu considérable pour qu'elle ait des résonnances sensibles, et ce serait un mal qu'elle en eût. Dans les grandes *cloches* de nos églises, au contraire, ces résonnances existent, et elles sont d'autant plus nettes et faciles à saisir, que la *cloche* est douée d'un plus beau timbre. D'ailleurs, ces résonnances ne suivent pas entièrement les lois qui régissent celles des cordes sonores : ici, elles sont, comme on sait, l'octave supérieure, la quinte à la douzième et la tierce majeure à la dix-septième du son de la corde entière. Là, elles font entendre, le plus communément, la tierce mineure à la dixième, la quinte à la douzième et l'octave *inférieure* du son principal.

Quelques *cloches* pourtant font résonner la tierce ou dixième *majeure*; mais cet intervalle y est toujours un peu bas. Telle est la grosse cloche de l'abbaye de Saint-Denis, près Paris, et dont le timbre est des plus beaux.

Les quatre *cloches* de la belle sonnerie de Saint-Sulpice donnent, chacune, la *tierce mineure* à la dixième pour résonnance la plus sensible. Chacun peut faire ces observations sur toute cloche d'un fort volume ou à son grave; mais, encore une fois, on doit s'arrêter de préférence à celles dont le timbre est franc et d'une belle qualité.

Ce que les musiciens seuls auront pu remarquer, quand plusieurs *cloches* sonnent successivement, ce sont les *fausses relations* inévitables entre le son principal de l'une des *cloches* et la résonnance d'une autre. On nomme *fausse relation*, entre deux parties faisant harmonie, la succession immédiate ou trop rapprochée de deux sons au même degré, mais à un diapason différent; effet des plus choquants dans beaucoup de cas. Il le serait au plus haut degré dans les exemples qui suivent, si les résonnances qui, après tout, ne frappent que les oreilles exercées, n'étaient pas absorbées en partie par les sons principaux de ces *cloches*. Exemple :

CHAPITRE XVIII.

DE QUELQUES INSTRUMENTS EMPLOYÉS ACCESSOIREMENT DANS LES GRANDS ORCHESTRES, ET PRINCIPALEMENT A L'OPÉRA DE PARIS.

DE LA VIOLE D'AMOUR.

Le ballet de *Zémire et Azor*, musique de M. Schneitzhœffer, ainsi que quelques autres pièces, ont donné occasion de faire entendre la Viole d'amour, jouée par M. Urhan, l'un de nos plus habiles musiciens (2).

Sans abuser de cet instrument à archet, on pourrait le mettre plus souvent en évidence : les beaux sons qu'on en tire réunissent le triple attrait de l'harmonica dans l'aigu, du violon dans le *medium* et de l'alto dans le grave.

Cette *viole* est montée de sept cordes qui donnent, par leurs *à vide*, l'accord majeur de *ré* à ce diapason . . . . 

Les sons simultanés sont fréquents, par la facilité qu'on a d'embrasser plusieurs cordes avec l'archet. Les arpéges ne sont pas moins d'usage, et leur effet en justifie l'emploi.

Tout bon violoniste, avec un peu de travail et d'habitude, parvient promptement à jouer de la *viole*

(1) On sait que la répétition des quatre sons de chaque sonnerie se prolonge autant qu'on le juge nécessaire.

(2) Né à Strasbourg, mort à Paris en 1845.

(3) Il y a d'autres manières d'accorder l'instrument.

d'amour ; de même qu'il réussit à exceller sur l'alto. Aussi l'habileté n'est-elle pas rare sur ce dernier instrument ; mais l'autre est bien moins pratiqué, et il est à craindre qu'il ne manque bientôt à la musique.

Deux instruments d'une autre espèce ont été entendus à l'orchestre du même théâtre, savoir : le Glass-cord dans les ***Mystères d'Isis***, parodié de la ***Flûte enchantée*** de Mozart ; et l'Harmonica de Franklin, dans *la Lampe merveilleuse*, opéra de Nicolo Isouart (1).

Ces deux instruments ont le timbre cristallin et pénétrant que l'on tire des verres en se jouant, avec cette différence que sur l'*harmonica* on est libre de poser les sons, de les prolonger ou de les quitter subitement ; au lieu que le *glass-cord* doit être touché avec une extrême légèreté, en faisant sautiller les doigts en quelque sorte ; car n'ayant pas de moyens propres à éteindre les vibrations, il y aurait une perpétuelle confusion dans les sons, si l'on cherchait à les lier comme sur le piano.

Le charme tout particulier attaché à ces instruments, la qualité surnaturelle de leur timbre les rend essentiellement favorables à l'expression d'une musique céleste, comme dans l'opéra de Nicolo, ou à conjurer des esprits redoutés, comme dans celui de Mozart.

DU COR ANGLAIS.

Le Cor anglais (*corno inglese*) est une sorte de hautbois, mais plus allongé, légèrement cintré et recouvert de peau de chèvre jusqu'à son pavillon exclusivement. Cette partie de l'instrument a la forme d'une boule un peu oblongue, et l'ouverture n'en n'est point évasée comme dans le hautbois. Son anche est aussi plus forte. Enfin, le mécanisme du doigté étant semblable sur les deux instruments, c'est le même individu qui joue l'un et l'autre.

L'étendue du *cor anglais* est de *deux octaves et une quarte*, à ce diapason :

Néanmoins on trouve bon de ne pas dépasser le *sol* au-dessus de la portée.

Plus faible de son que le hautbois, à part la différence de timbre ; un peu lourd d'exécution, les mouvements vifs gêneraient le *cor anglais*. C'est dans la romance, dans le cantabile qu'il est bien placé, à cause de sa nature de son, qui le rend propre à l'expression des sentiments tendres, religieux ou tristes.

Les gammes favorites du hautbois, celles d'*ut*, de *fa*, de *si* ♭ et leurs relatives, sont aussi celles qu'affectionne le *cor anglais*. Sa clef est celle d'*ut* deuxième ligne, laquelle présente les sons de l'instrument à leur diapason réel. En général, la clef qui permet de présenter en même temps le diapason d'une voix ou d'un instrument, et de renfermer la plus grande partie de son étendue dans la portée, est celle dont on doit se servir de préférence. Il n'y a d'exception qu'en faveur du cor et de la trompette, et c'est un vice qu'il serait pourtant facile de corriger, ainsi qu'on l'a fait pressentir dans la note (C) relative au cor. Voici un exemple de la manière d'écrire pour le *cor anglais* :

Gamme principale du *cor anglais*, à son diapason réel donné par sa clef d'*ut* sur la deuxième ligne . . . .

Clef de *sol* substituée tacitement, et qui rapporte le doigté du cor anglais à celui du hautbois, semblables l'un à l'autre,

(1) Le *Glass-cord* est un petit instrument à clavier, dont les marteaux soulevés par les touches vont frapper des lames de verre ou d'acier. L'*Harmonica* se compose d'une certaine quantité de soucoupes en cristal, de diverses grandeurs, enchâssées les unes dans les autres et traversées d'un cylindre que fait tourner une manivelle pressée par le pied ; tandis que les doigts, enduits de résine (*colophane*), frottent légèrement la partie latérale des soucoupes, et en tirent des sons simples ou multiples à volonté.

DE LA CLARINETTE-ALTO.

Cet instrument est à la clarinette en *ut* ce qu'est le cor anglais au hautbois, c'est-à-dire à la quinte inférieure, par le fait de son volume et de ses proportions. C'est aussi le même exécutant qui joue ces deux sortes de clarinettes. On voit encore que la musique de la CLARINETTE-ALTO s'écrit sur la clef d'*ut* deuxième ligne, à laquelle l'exécutant peut substituer une autre clef qui lui représente le doigté de la clarinette ordinaire, le même pour toutes deux.

La *clarinette-alto* est d'un caractère grave, et pourtant on peut lui donner des *traits* d'une certaine rapidité, principalement en gammes et en arpéges, et dans toute l'étendue de l'instrument; étendue que l'on borne à trois octaves dans l'exécution ordinaire.

Etendue de la *clarinette-alto* écrite sur la clef d'*ut* deuxième ligne, celle de son diapason réel . . . .

Clef substituée tacitement, parce que l'exécutant y retrouve le doigté de la clarinette en *ut* . . . .

Diapason réel, indiqué d'une autre façon . . . . .

N. B. Aucun son intermédiaire ne manque à cette étendue.

C'est ce même instrument que les Allemands ont nommé *basset-horn*, et les Italiens *corno di bassetto*. Il était de deux espèces : l'une à la tierce inférieure de la clarinette en *ut*, l'autre à la quinte de ce même diapason, ou ce que nous appelons *clarinette-alto*. Cette dernière est aussi celle que l'on devrait toujours entendre quand on exécute le *Requiem* de Mozart, et selon la volonté de l'auteur, qui a bien su la faire connaître, en écrivant sur la partition les mots *corni di bassetto in fa*. Au lieu de se conformer à l'intention de l'illustre compositeur, on a laissé les joueurs de cor anglais s'emparer de cette partie. Cependant l'effet de ce dernier instrument n'est point du tout celui de l'autre; et lorsqu'il s'agit de produire en public les ouvrages des grands maîtres, ou même quelque musique que ce soit, un chef d'orchestre ne devrait pas permettre ces petits envahissements ambitieux de certains artistes, jaloux de se mettre continuellement en évidence.

DU CONTRE-BASSON.

Cet instrument est au basson ce que la contre-basse est au violoncelle; il en donne tous les sons à l'octave inférieure. Sa dimension est proportionnée à ce diapason, et son pavillon est évasé au lieu d'être cylindrique. C'est enfin la contre-basse des instruments à vent et à anches.

A l'époque de la fondation du Conservatoire, sous le nom primitif d'Institut national de musique (1), un professeur du nom de Hostier faisait entendre le CONTRE-BASSON à Paris. Il est fâcheux que cet instrument ne soit pas cultivé par quelques bassonistes, et qu'on en soit privé dans les orchestres.

L'ophycléide (serpent a clefs) dont il sera bientôt parlé, et qu'on a prétendu lui substituer, est loin de donner une idée de la beauté, de la rondeur et de la plénitude des sons du *contre-basson*.

Ozi et Delcambre, célèbres professeurs de basson, excitaient leurs élèves les plus robustes à s'essayer

(1) En 1794, pour former des musiciens (instrumentistes à vent et de percussion), et les envoyer ensuite dans les différents corps d'armée de la République française.

sur ce volumineux instrument. Quelques-uns ont répondu à cet appel de leur maître[1]; mais l'Ecole a eu le tort, non-seulement de ne les point encourager, mais aussi de paraître indifférente à cet égard, et le *contre-basson* a été perdu pour l'orchestre.

DU MÉLOPHONE.

Un homme, fort peu versé dans l'art musical, un ancien horloger du nom de Leclerc, est l'heureux inventeur du MÉLOPHONE, dont le principe mécanique est encore celui des anches métalliques mises en vibration par un courant d'air.

Ainsi qu'il est arrivé si souvent, ce n'est pas l'auteur qui a recueilli le meilleur fruit de ses travaux et de ses longues recherches. Au contraire, ruiné par les nombreux essais qui l'ont amené, après bien des années, au résultat dont nous jouissons aujourd'hui, il lui a fallu vendre et l'invention et le droit de la rendre lucrative par la fabrication. Que du moins son nom ne soit pas oublié (**A**).

La forme du *mélophone* a quelque ressemblance avec la guitare, mais dans de plus grandes proportions, autre que le milieu de la table supérieure est en saillie. Cette partie reçoit intérieurement les anches aux lames d'acier, les soupapes et leurs fils métalliques, correspondant aux touches qui les font mouvoir. La partie inférieure renferme le sommier et le soufflet double, ou à vent continu.

L'exécutant, assis, appuie le bas de l'instrument sur le genou ; la main gauche et le pouce soutiennent le haut du manche, et les quatre doigts pressent les clavettes ou touches qui lèvent les soupapes et font parler les sons. Enfin, la main droite gouverne la soufflerie, au moyen de deux baguettes ou tringles réunies à leur base, qui sortent du corps de l'instrument, et auxquelles on donne le mouvement de *va-et-vient* comme à un archet.

Les sons du *mélophone*, accordés entre eux d'une façon à peu près invariable, comprennent une étendue de *quatre octaves et une quarte*, sans lacune entre eux.

Voici les deux sons extrêmes de cette étendue. Ils en donnent en même temps le diapason. 8va

Une touche particulière, placée sous le manche et mue par le pouce, double à l'octave inférieure les notes simples et même les accords dont le son grave ne dépasse pas le premier degré de la seconde octave, le . C'est dire que les sons simultanés sont aussi une des richesses de l'instrument.

Ses timbres se rapportent assez bien à ceux de la clarinette ordinaire et de la clarinette-alto réunies, avec cet avantage, que, du son le plus grave au son le plus aigu, il n'y a rien d'aigre, de nasillard ni d'incisif, mais toujours du moelleux, de la rondeur et du charme. C'est véritablement la *voix mélodieuse* annoncée par le nom donné à l'instrument. Aussi est-il essentiellement chantant, bien que les traits et les arpéges ne lui soient pas interdits. Toutefois, les mélodies douces et expressives sont plus dans sa nature.

Peu de temps suffira à tout bon *violoniste* pour s'habituer au jeu du *mélophone*, sur lequel il retrouve à la fois son doigté, moins l'embarras du *démanché*, et son archet, avec la plupart des variétés de mouvement de celui-ci.

Plusieurs fois le *mélophone* a été appelé comme auxiliaire à l'orchestre. Ce n'était pas assez : il devait tout d'abord y prendre place ; car, malgré la ressemblance qu'on veut lui trouver avec plusieurs instru-

(1) Entre autres, l'élève Wiennen, fils d'un fabricant d'instruments à anches de Paris.

ments à vent, et même avec le violon et le violoncelle, il n'en diffère pas moins à bien des égards : le métal et le bois, une lame d'acier et un produit animal, l'air faisant vibrer une anche libre, et l'archet frottant une corde sonore, n'auront jamais un timbre semblable.

NOTE POUR L'ARTICLE PRÉCÉDENT.

(A) C'est en 1838 que M. Leclerc a présenté et fait entendre son *Mélophone* au Conservatoire. Un certificat de plus honorables, et qui n'était que juste, signé du directeur, M. Cherubini, et des autres membres du Comité d'examen, lui fut délivré à cet effet.

Placé de nouveau à l'Exposition des produits de l'industrie en 1839, cet instrument, encore perfectionné par son auteur, eut tout le succès qu'il méritait d'obtenir.

CHAPITRE XIX.

DES INSTUMENTS DE CUIVRE A CLEFS, A SOUPAPES ET A PISTONS.

DE LA TROMPETTE, DU COR ET DU CORNET A PISTONS.

Pendant que l'Anglais Holliday-avait l'idée peu heureuse d'appliquer aux instruments de cuivre la perce et les clefs des instruments à anches, d'où sont venus le *bugle* et l'*ophycléide,* le Silésien Blümel (selon la version la plus répandue en Allemagne) vendait aux sieurs Stœlzel et Wiebrecht, musiciens de Berlin, ses premiers essais de soupapes ou *ventiles,* par lesquelles, divisant les tuyaux du Cor et de la Trompette en six parties, ces soupapes, mues chacune par une baguette d'acier, venaient s'interposer entre les orifices intérieurs des tuyaux, qu'elles ouvraient ou fermaient à volonté.

Par cette opération et par la combinaison du jeu alternatif ou simultané des soupapes, on changeait chaque fois le diapason de l'instrument; c'est-à-dire qu'on le baissait au besoin, depuis l'intervalle d'un *demi-ton* jusqu'à celui de *cinq demi-tons.*

Par exemple, le mécanisme des soupapes (au nombre de trois) étant adapté à un cor en *fa,* on obtenait, outre ce diapason pour lequel les soupapes n'agissaient pas, ceux de *mi*, de *mi♭*, de *ré*, de *ré♭* et d'*ut*, en faisant fonctionner tour à tour, soit une seule des *ventiles,* soit deux ensemble, soit même les trois à la fois. C'est ainsi que par des emprunts faits à propos à l'un ou à l'autre des six diapasons, on obtenait toute l'étendue du cor en sons *naturels*, et sans qu'il y eût aucun vide dans cette étendue. Tel est en effet l'avantage, bien grand sans contredit, qui résulte de cette invention.

Plus tard, on donnait à ces soupapes massives et grossières la forme cylindrique du piston, et on les adaptait à la *trompette,* dont plusieurs furent envoyées à Paris (1), où elles ne tardèrent pas à recevoir de notables perfectionnements; mais l'insuffisance de ces perfectionnements était malheureusement encore trop évidente, au point de vue de la sonorité et du manque de justesse de certaines notes, particulièrement de celles qui nécessitaient l'emploi simultané de plusieurs pistons.

C'est alors que M. Meifred, ancien élève de l'Ecole des Arts-et Métiers de Châlons, membre de l'Académie de Musique, et, depuis, nommé professeur de cor à pistons au Conservatoire, fit adapter à cet instrument le système des pistons, à la place des soupapes de l'inventeur, mais au nombre de deux seulement. En outre, il imagina d'ajouter, à certaines branches ou tuyaux, deux petites coulisses pour accorder entre eux les quatre diapasons, dont le rapport était peu exact avant cette adjonction. De plus, ayant égard à nos craintes touchant l'abus que l'on ne manquerait pas de faire des pistons, même à l'orchestre, en transposant avec

(1) En 1820, par M. Spontini, alors directeur de la musique du roi de Prusse.

le seul cor en *fa* les parties d'accompagnement écrites pour des tubes de rechange différents, et le dommage qui en résulterait pour l'art, si les compositeurs perdaient ainsi l'effet particulier attaché au timbre de chacun de ces tubes, M. Meifred eut encore l'heureuse idée de disposer le mécanisme des pistons, de façon à ne pas nuire à l'indépendance de la grande coulisse, et de conserver l'emboîtement qui reçoit les tubes mobiles avec lesquels on varie le diapason du cor.

Enfin, dans les ouvrages qu'il a écrits pour l'étude du *cor à pistons*, le même professeur a bien voulu renouveler les recommandations que nous avions faites antérieurement (1), de ne se servir des pistons, dans le *solo*, que pour les notes factices les plus ternes, et pour celles qui font lacune dans la première octave de l'étendue usitée à l'orchestre, afin de ne dénaturer que le moins possible un si bel instrument.

On connaît l'étendue et le diapason du cor ordinaire, d'après ce qui en a été dit en son lieu. Sous ces deux rapports il n'y a rien de changé dans le *cor à pistons;* mais ce qui est à l'avantage de celui-ci, c'est qu'entre ces deux sons extrêmes . . . . . . et

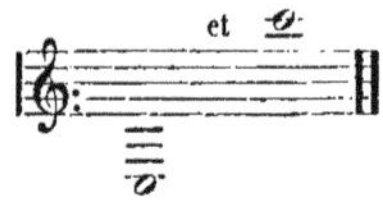

selon la manière d'écrire pour l'instrument, la sonorité, si non l'éclat de tous les sons intermédiaires, étant égale à celle des sons naturels de chaque tube de rechange, ces trois octaves de sons chromatiques peuvent être entendues avec le même succès (2).

Depuis l'importante modification apportée par M. Meifred au mécanisme appliqué au cor (elle date de 1827), et dont le but a été de donner autant que possible à l'instrument ce qui lui manquait, sans lui enlever sa physionomie spéciale, due au mélange intelligent des sons *naturels* et des sons *factices;* sans le priver d'aucun de ses avantages, de nouveaux perfectionnements se sont successivement réalisés. Ces améliorations, et quelques autres encore en voie d'exécution, fruits du temps et de laborieux essais de la part des mécaniciens, des facteurs français et étrangers, aidés par les conseils de plusieurs artistes praticiens, et particulièrement de M. Meifred, ont déjà diminué, nous l'avouons, nos inquiétudes, relativement à l'avenir du noble instrument; car le dernier mot n'est pas dit encore, comme on le verra bientôt.

Le cor enfin, par le moyen de pistons ascendants et descendants, et par le secours de la main placée dans le pavillon, a désormais la possibilité de rendre, de quatre ou cinq manières, tous les sons, *naturels* ou *factices,* compris dans son étendue diatonique, chromatique et enharmonique. Si ces brillantes conquêtes ne sont pas obtenues aux dépens de ses qualités primitives, cet instrument à vent, l'un des plus beaux parmi tous, sera désormais le plus complet.

Puisque le *cornet à pistons* s'est glissé dans nos orchestres de théâtre et de concerts, nous devons en présenter l'étendue, dont le diapason est déjà indiqué par la clef de *sol.* Ses diapasons variables, c'est-à-dire ses tubes mobiles, sont *ré, mi♭, mi♮, fa, sol, la♭, la♮* et *si♭.*

Les sons extrêmes de son échelle non interrompue sont ceux-ci :

N. B. Ainsi que pour la trompette et le cor, cette étendue est restreinte, soit dans le grave, soit dans l'aigu, selon le diapason du tube de rechange.

---

(1) Dans l'*Extrait d'un Traité inédit du Cor à pistons,* publié par nous en 1828 (chez Schönenberger, à Paris).

(2) La manie de tout *pistonner* a frappé jusqu'au trombone, qui n'en avait nul besoin, n'ayant aucun vide dans toute son étendue. Aussi a-t-on reconnu de suite que la qualité des sons en était étrangement altérée, et cette innovation n'a obtenu aucune faveur.

Etendue et diapason de l'ophycléide, introduit pareillement à l'orchestre : 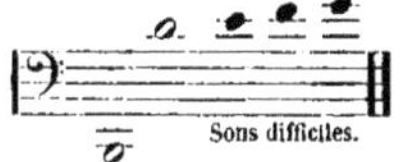

Dans ces derniers temps, on a varié les dimensions de l'ophycléide, que l'on a divisé en *alto, ténor* et *basse*. Veut-on anéantir le trombonne, ne pouvant le *pistonner?*

L'Italie elle-même, la douce et mélodieuse Italie, enchérissant sur le tout, ou voulant que les instruments de cuivre eussent aussi leur *basso profondo*, a fait surgir de son volcan un ophycléide *monstre*, qu'elle a baptisé du terrible nom de *bombarda*.

CHAPITRE XX.

DE QUELQUES INSTRUMENTS USITÉS DANS LES MUSIQUES MILITAIRES.

Les effets bruyants sont à leur place dans la musique militaire, beaucoup plus qu'au théâtre et dans les concerts : ici, l'exécution a lieu dans les limites d'un local resserré, fermé de toutes parts ; là, elle a lieu en plein vent, comme on dit, et l'espace, ainsi que les distances ont bientôt absorbé une partie de son bruit. Il était donc à propos d'introduire dans chaque musique de régiment un ou deux de ces instruments aigus et perçants qui, réunis à ceux de diapason ordinaire, en double l'effet.

Les modes principaux le plus en usage autrefois pour les *marches* et les *pas redoublés*, et généralement pour toute musique militaire, étaient ceux de *fa* et d'*ut* majeur, ainsi que leurs relatifs ; et, comme la partie chantante était naturellement dévolue aux premières clarinettes, on avait, pour les doubler, une petite clarinette en *fa* à la *quinte supérieure* de la clarinette en *ut*.

On se servait aussi d'un octavin au diapason général, c'est-à-dire à la *tierce mineure supérieure* de la petite flûte de l'orchestre.

N. B. On ne devait aucunement songer à l'emploi des grandes flûtes pour les musiques militaires.

Voici l'étendue comparative de la petite clarinette en *fa* et de l'octavin, indiquée par les deux sons qui en forment la limite au grave et à l'aigu.

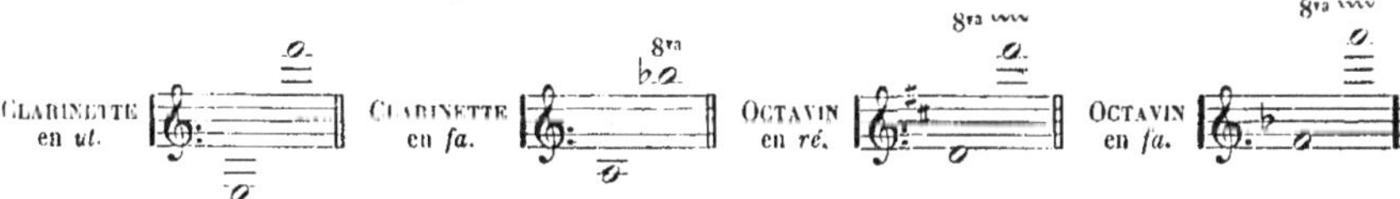

Une sorte de révolution musicale a eu lieu depuis dans les musiques militaires : d'abord en supprimant les hautbois et les bassons ; puis en abaissant le diapason des instruments conservés, et le rendant par là aussi sourd qu'il avait été éclatant jusqu'à l'époque de ce grand changement. On a donc substitué les modes tant soit peu sombres de *mi*♭, *si* ♭, et de *la*♭ surtout, aux modes brillants de *fa* et d'*ut* ; et la petite clarinette, ainsi que l'octavin, n'ont plus été qu'en *mi* ♭.

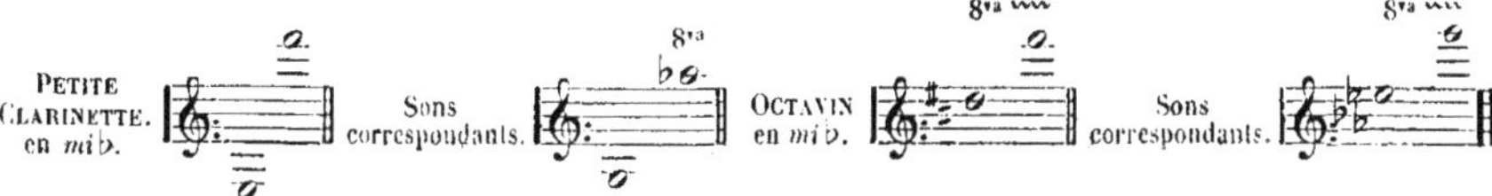

Les clarinettes ordinaires, au diapason de *si*♭, sont remarquablement plus douces qu'à celui d'*ut;* le timbre des trompettes et des cors en *mi*♭ a bien moins d'éclat que celui de *fa;* les autres instruments à vent participent aussi de cet effet assombri que donnent les diapasons abaissés, ainsi que les modes à deux, trois et quatre bémols majeurs et mineurs (**A**).

C'est à l'ophycléide que le basson doit d'avoir été exclu des musiques militaires; et de cette exclusion résultent des conséquences assez graves contre les intérêts de l'art : 1° On se prive d'un timbre qui se marie bien à ceux des instruments à anches plus aigus, qu'il soutient sans les couvrir, outre qu'il semble être inhérent à leur réunion. 2° Par l'effet de ce même timbre, et malgré l'identité de diapason, le basson paraîtrait faire une partie intermédiaire entre les clarinettes et les ophycléides; car, nous n'entendons pas exclure ceux-ci, quoique les derniers venus. 3° S'il plaît au compositeur de donner momentanément une phrase de chant à la partie supérieure, ou d'écrire de ces basses légères, en notes saccadées, en arpéges, en traits, en gammes rapides, le basson saura se plier à toutes ces exigences, tandis que l'ophycléide, dans les mêmes circonstances, ne fera sentir que sa lourdeur, sa rudesse, sa matérialité (**B**). 4° Les musiques des régiments, d'où sortirent en 1790 la plupart de nos maîtres, premiers professeurs au Conservatoire (1), en même temps qu'ils étaient des pépinières de hautboïstes et de bassonistes, offraient une ressource à ceux qui se livraient à l'étude de ces instruments indispensables dans les orchestres, où tous ceux qui les jouent ne pouvaient trouver place. 5° Leur nombre diminue de jour en jour, et l'on sentira bientôt peut-être les résultats de cette légèreté imprévoyante avec laquelle on a écarté des musiques militaires deux instruments aussi précieux que le hautbois et le basson (**C**).

En revanche, on a eu la bizarre idée de faire fabriquer, pour les mêmes corps de musique, des octavins et des petites clarinettes en cuivre, qui ont bien l'étendue et le diapason voulus, mais dont les sons durs et aigres ne participent que trop du métal qui les donne, outre que leur justesse n'est guère plus satisfaisante que leur timbre n'est flatteur.

Puisqu'il a été parlé du *Bugle,* on doit dire que son étendue est de *deux octaves et une seconde mineure.* Sa notation d'usage, c'est-à-dire qui fait éviter l'emploi de deux clefs, est la suivante :  mais le diapason de ces deux notes et de leurs intermédiaires doit se concevoir à l'octave inférieure.

EXEMPLE :

OBSERVATION IMPORTANTE.

On a donné assez légèrement à l'ensemble des instruments à vent d'un orchestre ou d'une musique militaire le nom d'*harmonie.* On s'est fondé sur ce que l'effet attaché aux sons réunis des instruments à vent a paru plus *harmonieux* que celui des instruments à cordes.

Le mot *harmonie* a été également appliqué aux compositions écrites pour les seuls instruments à vent. Enfin, c'est ainsi que l'on nomme la science qui traite de la simultanéité des sons et de l'enchaînement des accords. Voilà donc encore un terme musical avec trois acceptions différentes.

---

(1) Ces régiments étaient, après celui des Gardes-Françaises, ceux que l'étranger mettait au service des rois de France, tels que Gardes-Suisses, Royal-Allemand, Royal-Croate, etc. De là ces noms *teutsche* de plusieurs de nos maîtres, c'est-à-dire de ceux qui ont instruit la première génération de musiciens sortis du Conservatoire, et dont nous nous glorifions d'avoir fait partie.

Certes, la réunion des instruments à cordes dans un *quatuor* d'Haydn ou un *quintetto* de Mozart offre une *harmonie* autrement pure, riche et savante que celle de la plupart des compositeurs de musique militaire; et, dans celle-ci, ou dans celle qu'on a rendu propre au salon, il ne fallait pas moins que les talents d'un Krommer, d'un Reicha, d'un Munch, pour lutter sans trop de désavantage avec les précédents, aidés qu'ils étaient du charme particulier qu'on ne peut refuser aux instruments à vent.

Il semble tout aussi mal à propos de dire qu'une musique quelconque est ou n'est pas *harmonieuse*. Cette expression peut convenir par abstraction à la poésie, mais non au discours musical où elle est implicitement comprise. Le *solo* même suppose des accompagnements et des *tutti* pour reposer l'exécutant principal, tout en suivant le cours et l'enchaînement naturel des idées; or, dans toutes ces réunions de parties, chacune, prise à part, n'est que mélodique; mais dès que deux, trois et plus se font entendre en même temps, il y a nécessairement *harmonie :* bonne ou mauvaise, riche ou pauvre, elle existe.

Le mot *symphonie* n'est pas toujours applicable sans doute aux œuvres de musique à plusieurs parties, surtout quand ils sont composés pour les seuls instruments à vent[1]; mais les Italiens donnent le nom de concert, *concerto, concertato,* à tout ensemble de voix ou d'instruments. Nous pensons que cette appellation conviendrait mieux effectivement à ces réunions de musiciens; et que celui qui se fait entendre particulièrement, quelle que soit l'importance de son morceau, joue un *solo,* non un *concerto;* car, presque toujours, l'orchestre l'accompagne et ne *concerte* pas avec lui. Si, au contraire, plusieurs instrumentistes dialoguent entre eux et se réunissent alternativement en *duo, trio, quatuor,* etc., avec accompagnement d'orchestre, alors ils exécutent une véritable *concertante.*

NOTES DU CHAPITRE XX.

(A) Par une singularité bien remarquable, c'est à l'époque où l'abus du bruit se manifestait de plus en plus sur notre scène lyrique; où la société paisible qui fréquente nos spectacles se passionnait pour le vacarme musical, que l'on cherchait à le diminuer dans les camps, au milieu de tout l'appareil de la guerre. Ainsi, au caractère vif, entraînant et vraiment martial de nos anciennes musiques militaires, jusqu'à 1815 exclusivement, on substituait un caractère tout opposé, celui de la douceur, de la mollesse, de la tristesse même; d'abord, par l'abaissement général du diapason et l'emploi des gammes bémolisées dont il a été parlé; ensuite, par l'usage fréquent des modes mineurs, et l'accumulation prétentieuse des accords dissonants les plus pathétiques; enfin par la teinte sombre et la lourdeur d'exécution inhérente aux instruments de cuivre d'invention moderne, et que l'on a soin de mettre en évidence, plus souvent que ceux dont la nature est essentiellement chantante.

(B) C'est apparemment pour remédier à cette impuissance que, dans les musiques de régiment, le chant est si souvent donné aux basses, et ses accompagnements aux parties supérieures. Ce renversement fréquent de la manière habituelle d'écrire est ce que l'on entend chaque jour, avec force mugissements des trombones et aboiements des ophycléides! Ce n'est pas ainsi que MM. Louis et Fessy écrivaient pour les musiques de la Garde Nationale de Paris; ce n'était pas non plus la manière d'un Munch, d'un Beer, d'un Krommer, et même, quoique à une moindre hauteur, de Michel Guebauer, dont nous avons déjà parlé.

(C) M. Carafa, membre de l'Institut et professeur de composition au Conservatoire, s'est empressé de réparer le mal, en appelant des maîtres de hautbois et de basson dans l'Ecole régimentaire placée sous sa direction (le Gymnase musical). Mais naguère on a brusquement supprimé cette école, et l'on a envoyé ses élèves dans les classes du Conservatoire. De sorte que, cette dernière institution, destinée à peupler de virtuoses les orchestres de Paris et de la province, doit maintenant s'occuper à former des musiciens de régiments, instruits autrefois dans ces régiments mêmes par leurs chefs de musique.

(1) On peut en excepter les Suites de M. Krommer à douze et seize parties. De même, les morceaux composés par M. Reicha pour dix instruments, tant à cordes qu'à vent, et qu'il a intitulés *Diecetti,* sont de véritables symphonies.

CHAPITRE XXI.

DES INSTRUMENTS QUI NE S'ACCORDENT PAS.

Lorsque l'on tend les peaux du tambour et de la grosse caisse, ce n'est pas dans l'intention de fixer le son toujours inappréciable de ces instruments, mais pour le rendre plus intense, pour faire qu'il porte à de plus grandes distances.

Le son des cymbales, du triangle, du chapeau chinois étant tout aussi indéterminé que celui du tam-tam, n'étant que du bruit en un mot, la manière d'écrire pour ces instruments est assez arbitraire. On n'a pas même à leur donner de clefs, puisqu'il n'y a pas de diapason à établir; il suffit d'indiquer, dans un interligne quelconque de la portée, les valeurs approximatives des coups à frapper, et de mesurer le tout.

Les coups précipités du triangle, de même que ceux de la caisse roulante, se marquent avec le signe du trémolo, *tr*~~~~~~. Si, au contraire, ces coups sont frappés à distance, on leur donne les valeurs ordinaires, et l'on écrit ces valeurs, ou leurs abréviations, ainsi que les silences qui les doivent séparer.

N. B. Certaines expressions étaient appliquées autrefois au jeu des instruments : si l'on disait encore *jouer* du violon, de la basse, de la flûte, etc., on croyait devoir dire : *toucher* de l'orgue, du clavecin, *pincer* de la harpe, de la guitarre; *sonner* la trompette, la trompe de chasse; *donner* du cor, *battre* la grosse caisse, *blouser* les tymbales, etc.

« L'affectation de ces termes propres, dit J.-J. Rousseau, tient de la pédanterie. Le mot *jouer* devient « générique et gagne insensiblement pour toutes sortes d'instruments. » L'on a eu égard à l'observation critique du philosophe, et le mot *jouer* est presque le seul dont on se serve actuellement.

CHAPITRE XXII.

DU CHEF D'ORCHESTRE.

Que ne peut-on, dans l'exécution musicale, cacher les moyens et ne donner que les résultats! Pourquoi faut-il que l'on voie, à la tête d'un orchestre de théâtre ou de concert, un homme qui, armé d'un archet, ou de tout autre moyen de signal, gesticule incessamment; tourne la tête à gauche, à droite; frappe du pied, s'agite, se fatigue et ne fatigue pas moins le public, qu'il distrait de cette attention, de ce recueillement qu'exige l'audition de toute bonne musique. — Il indique et maintient le mouvement, dit-on; il bat la mesure. — Les exécutants n'ont-ils donc pas le sentiment de cette mesure? Ce sont pourtant des artistes d'élite. — Oui, mais les uns retiennent, les autres entraînent; ceux-ci ont la précision avec la froideur du métronome; ceux-là se laissent emporter par l'exaltation et l'enthousiasme; d'autres enfin se négligent, ont peu de régularité, et le fini de l'exécution dépend surtout d'un parfait ensemble.

Il est notoire que, pour obtenir cet ensemble, il faudrait qu'une seule et même impulsion animât ces nombreux musiciens; qu'elle fût de tous les instants, et voilà précisément ce qui est impossible. Il faut bien alors qu'ils se laissent guider par l'un d'eux, qu'ils se choisissent un *chef* et subordonnent à sa seule pensée, à sa volonté unique toute la responsabilité de l'exécution. Un conducteur d'orchestre est donc un inconvénient inévitable, une nécessité qu'il faut subir; et celui qui sait gouverner, pour ainsi dire, de l'œil seulement, ou dont les gestes sont le moins apparents, est certainement celui qui trouble le moins les jouissances du public et lui conserve le mieux ses illusions.

Les qualités que doit posséder un bon chef d'orchestre sont très multipliées. une grande régularité dans les mouvements, mais dont il sait s'écarter à propos; dans certains moments beaucoup de calme et de sang-froid, dans d'autres non moins de chaleur et d'entraînement; il doit savoir se maîtriser, afin de maîtriser les autres d'autant plus à son gré. L'œil et l'oreille toujours attentifs, du regard, il gourmande la paresse, de même qu'il encourage le zèle et l'ardeur. Ses seuls instants de repos apparent sont le *laisser-aller,* après qu'il a donné le branle à toute la masse. Il doit être au moins bon harmoniste, si même il n'est compositeur; lire facilement les partitions les plus compliquées; les étudier autant qu'il est nécessaire pour que sa mémoire en embrasse l'ensemble aussi bien que les détails, et pour que l'esprit, le style, le caractère propre, le mouvement précis de chaque morceau lui soient toujours présents.

Le Conservatoire de Paris a vu s'élever dans son sein l'homme qui a réuni ces talents divers, ces rares qualités. C'est Habeneck aîné; et le plus bel orchestre de l'Europe, au dire même des étrangers, celui de la Société des Concerts, n'avait pu se choisir un chef plus capable (1).

Dans les concerts, et d'après l'arrangement en hémicycle donné aux exécutants, les violonistes étant en première ligne, il est naturel que ce soit le plus rapproché du public qui ait la conduite de l'orchestre. De la place qu'il occupe, il voit tous ses collègues, de même qu'il est vu de tous. Ce n'est pas dire qu'à un violoniste seul appartient le droit de diriger l'exécution, ni qu'il y soit plus apte qu'un autre. Hélas! on a vu quelquefois les plus habiles dans le *quatuor* et le *concerto* faire une triste figure comme conducteurs : c'était l'orchestre qui les conduisait, et qui les voyait à regret sortir de leur spécialité, où ils étaient au premier rang.

Dans nos théâtres lyriques, ce chef est assez mal placé : près de l'entre-deux de la rampe, tournant le dos à ceux qu'il dirige, il ne peut exercer sur eux cette surveillance continuelle qui les oblige tous à s'employer également; et puisque, même au Grand-Opéra, l'on ne craignait pas de porter atteinte à l'illusion en établissant un *souffleur*, du moins devait-on profiter de l'occasion pour fixer la place du chef d'orchestre à l'une des extrémités de l'orchestre, tous les musiciens lui faisant face, ainsi que cela se pratique si judicieusement en Italie, et même au Théâtre Italien de Paris (**A**).

NOTE.

(A) Pendant une longue suite d'années, l'orchestre de l'Opéra fut conduit au signal du petit bâton de son chef. Celui-ci, présent à tout, prévenait les uns et les autres de leurs *rentrées obligées;* secourait au besoin la mémoire des acteurs; avertissait les choristes, et tout cela se passait presque à l'insu du public, surtout avec un Rey, un Persuis, hommes supérieurs en ce genre. Mais dans ces temps néfastes où plus d'un trône s'écroulait, où d'autres se relevaient, certain premier violon, chef de pupitre, voulut aussi régner à son tour, et faire de son archet un sceptre d'une nouvelle espèce. Cette innovation fit grand bruit : les fils d'Euterpe se partagèrent en deux camps; on disputa beaucoup; quelques uns s'injurièrent, se défièrent comme Grecs et Troyens, et peu s'en fallut que leurs glaives, si pacifiques jusque-là, ne vissent enfin le jour (2). Toutefois on négocia, il y eut Congrès, et le roi légitime des instruments finit par l'emporter. Il ne donna pas un exécutant de plus, ainsi qu'on avait eu soin de l'insinuer (et qu'avait-on besoin d'un vingt-cinquième violon?) mais seulement un *archet* qui, haut élevé, ne laisse pas un moment le public en doute de la mesure et de ses temps.

---

(1) M. Girard en a été le digne successeur.

(2) Nicolo et Spontini.

CHAPITRE XXIII.

DE L'ACCORD DES INSTRUMENTS.

C'est encore le chef d'orchestre qui préside à l'accord des instruments.

Le son unique, d'après lequel on prend cet accord, est le *la*. Il a été choisi de préférence à tout autre son pour deux raisons : 1° parce que, au diapason ordinaire et commun, il est en général la note la plus grave des voix de basse, et la plus aiguë des voix de dessus, parmi les choristes. Plus haut, celles-ci crient ; plus bas, celles-là deviennent sourdes ; 2° parce que cette même note est donnée *à vide* sur le violon, l'alto, le violoncelle et la contre-basse.

Une petite fourche d'acier, qu'on appelle *diapason*, fournit ce *la*, lequel ne peut varier que très insensiblement, et par le seul fait de la température : il montera par le froid qui condense les corps ; il baissera par la chaleur qui les dilate ; mais, encore une fois, la différence sera trop minime pour que l'on doive en tenir compte. D'ailleurs, les mêmes causes produisant des effets semblables sur les cordes sonores, celles-ci sont toujours disposées à se mettre en équilibre avec le diapason (1).

Il n'en est pas de même avec les instruments à vent, soit de bois, soit de cuivre, et sur lesquels la température agit en sens inverse. Aussi a-t-il fallu leur donner des moyens particuliers de hausser ou de baisser leur étendue générale, de façon à se mettre à l'unisson des précédents. Pour ceux de cuivre, ce sont des *coulisses d'accord,* avec lesquelles on raccourcit ou l'on allonge l'instrument selon le besoin. Dans ceux de bois, ce sont les pièces, les compartiments même de l'instrument que l'on rapproche ou que l'on écarte.

Le diapason a été altéré plus d'une fois dans son degré d'élévation, et toujours il a tendu à s'élever davantage (**A**). Celui qu'on avait du temps de Gluck était très-certainement plus bas qu'il n'est de nos jours, ce qui explique pourquoi ses rôles paraissent écrits trop haut. Gluck ne pouvait faire cette faute. Le *diapason* qui servait à l'Opéra-Comique, et que nous possédons depuis 1800, est d'un demi-ton au-dessous du diapason moyen d'aujourd'hui ; car celui-ci n'est pas précisément le même à la chapelle, dans nos théâtres lyriques et à la Société des Concerts, quelque minime que soit la différence. Au surplus, depuis que l'on s'est persuadé que l'exécution aurait d'autant plus de *brillant* que l'accord général serait plus élevé, le diapason a disparu : le chef, dépossédé de son droit, ne prend plus le *la* de la fourche d'acier ; il le reçoit du hautbois, pour le transmettre à tout le reste de l'orchestre. Si les clarinettes et les bassons, si les cors et trompettes ne peuvent atteindre ce *la,* ainsi que cela est arrivé plus d'une fois, on fait couper les coulisses des instruments de cuivre, ce qui équivaut à les gâter, à les rendre faux, en leur ôtant leurs proportions. On a même été, et nous l'avons vu, jusqu'à renouveler tous les instruments à vent. C'est avec de telles condescendances pour des artistes qui ont su se rendre influents, que l'on use de bonne heure les voix les mieux constituées ; que l'on fatigue outre mesure les instruments à vent, et que les instruments à cordes sont plus criards qu'ils ne sont *brillants* (2).

NOTES.

(A) En 1739, dit le docteur Lichtenthal, Euler calculait que l'*ut* de la clef de *fa* au-dessous de la portée, donné par le tuyau de huit pieds, faisait 128 vibrations par seconde. En 1771, il le trouve faisant 125 vibrations dans

---

(1) Celui qui sert pour l'accord du piano d'accompagnement dans les théâtres lyriques est presque toujours un peu plus élevé que celui de l'orchestre, afin qu'arrivés sur la scène, les chanteurs s'y trouvent d'autant plus à l'aise, quant aux sons aigus de leur voix.

(2) Mme Branchu, M. Dérivis père, et d'autres, auraient chanté dix ans de plus, sans l'élévation successive du diapason.

le même temps. Les expériences de Sarti, en 1776, lui en donnent 131. Le docteur Chladni, dans son *Traité d'Acoustique*, publié à Paris en 1809, trouvait, à son tour, que ce même *ut* variait entre 136 et 138 vibrations. »

CHAPITRE XXIV.

DES ETUDES MUSICALES COMMUNES AUX CHANTEURS, AUX INSTRUMENTISTES ET AUX COMPOSITEURS.

L'étude du solfége est indispensable à quiconque se destine à la pratique de la musique, quelle que soit la partie de cet art à laquelle on se voue plus tard.

La vocalisation et le chant proprement dit ne concernent que ceux qui embrassent cette dernière spécialité.

On a déjà dit que l'étude bien dirigée du solfége rend moins pénible la tâche des professeurs d'instruments, lesquels n'ont plus à s'occuper que d'en enseigner le mécanisme ou la manière de les faire parler; d'indiquer les moyens d'en égaliser les sons; de donner à leur ensemble l'apparence d'une voix belle et pure, et de se servir de cette voix pour chanter avec le goût, la grace et le style le plus distingués. Cette tâche, on le voit, est encore assez compliquée, et l'on sent tout ce qu'elle demande de temps, d'application, de soins constants de la part du maître et des élèves.

Dans le monde, l'étude de la musique, pour beaucoup d'enfants, commence par le piano. Comme de sept à huit ans la main est généralement assez développée pour les premiers exercices du clavier, le maître, après une instruction préalable mais très concise sur les signes musicaux, le nom des notes de la gamme majeure d'*ut* et la place qu'elles occupent sur la portée ainsi que sur le clavier, aux deux clefs de *sol* et de *fa*, le maître, disons-nous, pose de suite les doigts de l'enfant sur les touches, sauf à lui faire connaître les autres signes à mesure qu'ils se présentent, et à l'instruire des règles et principes de l'art au fur et à mesure que l'occasion y donne lieu.

L'embarras de lire à la fois sur deux clefs différentes et de faire agir simultanément les doigts est plus apparente pour des hommes faits que pour les enfants : malgré leur légèreté et leurs distractions, ils ont la mémoire si prompte, si heureuse, que les difficultés qui ne tiennent qu'à cette faculté ont bientôt disparu. En outre, il y a, pour le piano, un nombre si prodigieux de morceaux ou études pour tous les degrés d'avancement, que leur choix et leur progression bien entendus, conduisent promptement l'élève au degré de force où le travail lui devient agréable. A quoi l'on doit ajouter, que la pose si naturelle, si commode du corps; le peu de fatigue que donne l'exercice des doigts sur le clavier, exercice que l'on prolonge à peu près impunément, contribuent beaucoup à accélérer les progrès. Aussi n'y a-t-il aucun instrument sur lequel on entende un plus grand nombre de ces petits prodiges qui étonnent le commun des auditeurs, mais qui ne prouvent à d'autres que la grande facilité d'un instrument au jeu duquel l'exécution mécanique des doigts a la plus grande part, puisque les sons s'y trouvent tout formés; que la qualité et surtout l'égalité de ces sons dépendent de l'ouvrier qui a fabriqué le piano; et leur justesse, de celui qui l'accorde.

Sur tout autre instrument, au contraire, et avant de songer à acquérir la volubilité permise à sa nature, il faut passer un long temps à former les sons, avec l'archet sur les uns, avec le souffle sur les autres; à leur donner la beauté, la pureté, la sûreté dans toute leur étendue; la justesse d'intonation qui dépend d'une oreille préalablement exercée aux rapports des sons; à se rendre propres enfin toutes les qualités exigibles.

Sans se faire une spécialité du piano, nous pensons qu'il devrait être commun à tous les musiciens (1). D'une part, il repose de l'instrument principal qu'on a adopté sans en retarder les progrès ; d'autre part, sa pratique est indispensable aux études d'harmonie et de composition. Les musiciens allemands s'essaient dans leur jeunesse sur un ou deux instruments à corde et à vent. De là cette facilité qu'ont leurs compositeurs d'écrire convenablement pour tous, ayant pris, soit par expérience, soit par analogie, une connaissance suffisante de leur mécanisme, et de ce qui est conforme à leur nature, comme de ce qui s'en écarterait trop. Nos jeunes prétendants à la scène lyrique ne sentent peut-être pas assez l'utilité de ces études, superficielles sans doute, et qui ne conduisent guère qu'au plus simple accompagnement ; mais qui leur sont bien utiles du moment où ils écrivent pour l'orchestre.

CHAPITRE XXV.

DES ÉTUDES PROPRES A FORMER LE COMPOSITEUR.

On n'apprend pas à composer, comme l'a fort bien dit M. Fétis ; car on ne peut enseigner à concevoir des idées musicales ; mais on guide le jeune compositeur dans la contexture de celles qui lui sont propres, d'après ce que le style et le goût ont de plus rationnel ; dans leur liaison la plus simple, dans leur développement, dans leur retour fait à propos, dans l'enchaînement des modulations et la gradation des effets. Indépendamment du sujet qu'il traite, le discours musical doit présenter un tout homogène, où chaque pensée tienne à celles qui précèdent et se lie naturellement à celles qui suivent, de façon à ce qu'elles aient entre elles un air de famille ; un tout enfin qui ait son exposition, ses développements, ses épisodes et sa conclusion.

Avec le temps, la pratique suivie des règles prescrites au compositeur les lui rend tellement familières et habituelles, qu'il les observe sans y penser. Il n'en est donc point gêné, ainsi que le prétendent ceux qui ignorent ces règles, ou qui veulent s'en affranchir. Elles n'obligent aucunement l'imagination à cheminer pas à pas, à suivre les lenteurs d'un calcul qui la paralyserait ; mais une fois l'œuvre achevée, la raison, le jugement, la convenance viennent y appliquer leur examen critique ; et s'ils approuvent quelques écarts heureux, ils en censurent d'autres, et avertissent l'auteur qui s'est fourvoyé, en lui signalant les incorrections échappées à sa plume, dans un vol précipité ou trop audacieux.

Les règles, assurément, ne sont point des entraves ; car celles-ci précèdent et s'interposent, et, dans ce cas, elles contrarient indubitablement ; tandis que la saine critique, fruit de l'observation, de la réflexion et des bonnes études, n'arrivent qu'après coup, pour rectifier les erreurs de détails et assurer aux compositions toutes les qualités de fini et de perfection permises aux ouvrages de l'homme. En définitive, les règles bien observées donnent du prix et de la durée aux conceptions musicales ; les rendent classiques, les élèvent au rang de modèles.

Les études du jeune compositeur forment trois classes distinctes au Conservatoire de Paris, savoir : l'*Harmonie*, le *Contre-point* avec la *Fugue*, et la *Composition* proprement dite, c'est-à-dire vocale et instrumentale, sauf les réflexions que cette dernière devait nous suggérer.

(1) C'est le seul qui convienne au chanteur ; encore lui défend-on un travail trop prolongé sur cet instrument : le sien est si délicat, qu'il ne saurait veiller avec trop de soin à sa conservation.

La première de ces classes fait connaître que l'Harmonie ne consiste pas seulement dans la connaissance des accords et de leur enchaînement, ainsi que dans l'art de moduler, mais aussi dans l'accompagnement des basses chiffrées et non chiffrées, et dans celui de la partition. De plus, on y apprend à écrire des parties supérieures sur des basses données, et, contrairement, à faire de bonnes basses sur un chant prescrit, puis à y joindre des parties intermédiaires, qui doivent aussi avoir leur élégance, et ne sentir que le moins possible le remplissage.

Dans la deuxième classe, on traite du *Contre-point*, appelé ainsi, parce que, avant l'invention des figures de notes, on se servait de simples *points* pour indiquer les sons et leur place dans la portée. Or, quand la musique était à plusieurs parties, il y avait nécessairement des *points* contre des *points*, d'où, par contraction, l'on a fait le mot *contre-point*. D'après cette explication, on aurait raison de dire que toute musique est du *contre-point* ; mais ce nom, consacré à la musique scolastique, où la science a plus de part que l'imagination, en exprime mieux l'objet. C'est, en général, une harmonie fort simple (pour des voix seulement), ou plutôt un composé de plusieurs mélodies superposées, une réunion de chants divers en une puissante unité, établie sur une période de *plain-chant*, que l'on écrit alternativement à chacune des parties, au nombre de deux, de trois, de quatre, et plus encore. On nomme cette quasi-composition *Contre-point des cinq espèces* (**A**). Ce sont d'abord des valeurs égales, ou *rondes* contre *rondes* (1); puis deux *blanches* contre une *ronde;* ensuite, quatre *noires* avec des notes de passage aux temps faibles, moyen admis aussi pour les *blanches ;* après cela, des *blanches* faisant syncopes et amenant un genre particulier de dissonances; enfin le mélange de ces quatre espèces, ou ce qu'on appelle du nom particulier de *contre-point fleuri*, ou de la cinquième espèce. D'autres nomment ce dernier *Contre-point à la Palestrina*, du nom de son inventeur.

Les études qui suivent sont :

1° Les *Imitations libres*, où plusieurs parties font entendre alternativement le même dessin de notes, le même fragment mélodique à des intervalles différents, ainsi qu'à des distances plus ou moins rapprochées dans l'entrée de chaque partie.

2° Le *Contre-point renversable* à trois et quatre parties, dont chacune peut également se placer au-dessus, aux parties intermédiaires, et faire bonne basse.

3° Les *Imitations contraintes*, nommées aussi *Canons*, où la même mélodie, dite par plusieurs parties, mais qui n'entrent que l'une après l'autre, sert à la fois de chant et d'accompagnement. D'autres fois, ce sont plusieurs mélodies distinctes, exécutées tour à tour par chacune des parties. Il y a des *canons* de bien des sortes.

4° La *Fugue* enfin, avec ses sujets simple, double ou triple; ses développements, ses épisodes, ses *stretti*, ou rapprochements, resserrements progressifs des sujets, quelquefois en *canons;* ses pédales et sa conclusion (2). Tels sont les objets dont on s'occupe dans la deuxième classe.

La troisième, prenant les sujets formés dans les deux premières, s'occupe : premièrement, de l'union des paroles avec la musique, dans le *récitatif*, les *airs*, *duos*, etc., morceaux d'ensemble, *finals* et *chœurs*, avec accompagnement d'un orchestre plus ou moins complet, selon l'exigence des cas ; deuxièmement, de la musique instrumentale. Mais, s'il faut le dire, cette partie n'est guère envisagée que sous le rapport des

(1) La *carrée* est admise pour les mesures finales, et dans le cas où l'on croit devoir se servir de la mesure double, ou à $\frac{2}{1}$.

(2) La *pédale* est un son *tenu* à la basse, sur lequel les sujets, entiers ou tronqués, se reproduisent encore, avec une harmonie à laquelle le son *tenu* est parfois étranger.

accompagnements du chant (1). On semble alors ne considérer dans l'élève que le futur compositeur d'opéra. Tout au plus lui donne-t-on quelques notions sur le diapason et l'étendue commune des instruments, ainsi que sur la forme vulgaire d'une ouverture ; après quoi on le renvoie aux ouvrages des maîtres en ce genre.

Quant aux formes nombreuses que peut affecter la musique purement instrumentale, depuis le simple *duo* jusqu'au *concerto* accompagné, depuis le *quatuor* jusqu'à la *symphonie*, il n'en est nullement question. C'est un grand tort, et l'on doit dire que le Conservatoire ne sera pas entièrement une école modèle, tant que l'on n'y aura pas ouvert une *Classe de composition instrumentale.*

Quelques maîtres de la troisième classe font faire à leurs élèves un court résumé de l'*harmonie* et du *contre-point*, attendu qu'ayant embrassé ou conçu un système particulier de nomenclature, de classification et de façons de dire qui leur sont propres, ils veulent que leurs élèves, pour les mieux comprendre, se familiarisent avec leur manière de présenter et d'expliquer les détails des diverses parties de la musique, dans ce qu'elle a de scientifique. D'ailleurs cela retarde peu les élèves, et ce n'est jamais un mal de revenir momentanément sur les études qu'on a faites ; d'examiner chaque objet important sous différentes faces.

Si la diversité des opinions et des méthodes est un inconvénient eu égard aux écoles publiques de musique, cet inconvénient ne tire pas à conséquence ; car l'essentiel n'est pas dans la façon d'envisager les choses, mais dans leur application et leur réussite. Quelle que soit la théorie reçue par l'élève, s'il a du génie il se fera bientôt une pratique à lui, de même qu'il aura un style, des tournures mélodiques et harmoniques, des combinaisons de coupes et d'instrumentation qui lui seront particulières, qu'il aura pareillement puisées dans son imagination. Il sera original enfin, et se verra beaucoup d'imitateurs, sans avoir imité personne.

Le savant professeur Reicha a fourni aux études du jeune compositeur, outre ses *Cours d'harmonie* et de *haute composition*, deux branches de plus, et qui n'existaient pas avant lui. Nous voulons parler du *Traité de mélodie, abstraction faite de l'harmonie*, et de l'*Art du compositeur dramatique.*

Qu'il nous soit permis de dire succinctement notre opinion sur ces deux ouvrages, et qu'on nous pardonne de ne pas y applaudir également.

DU *TRAITE DE MELODIE*, PAR M. REICHA.

La mélodie, avons-nous dit, est le fruit de l'imagination, une invention. Elle est le résultat d'un don de la nature, d'une heureuse inspiration, quelquefois d'un moment d'enthousiasme, d'un éclair de génie. On abonde en preuves : les mélodies de J.-J. Rousseau, celles de Beffroy de Rigni, plus connu sous le pseudonyme de Cousin-Jacques ; la *Marseillaise* de Rouget de Lisle, et ce nombre effrayant de Romances, de Valses, de Quadrilles dont on est inondé, font voir combien la mélodie est naturelle à l'homme, et que les mélodistes nés sont plus communs qu'on ne pense. A Venise, plus d'une barcarole est l'œuvre d'un simple gondolier (C). Mais, après tout, ces productions ne sortent pas d'un cadre étroit et borné : ce sont des chansons, des rondeaux, de petits airs en duo, des vaudevilles en grand.

Le compositeur sérieux, et vraiment digne de son titre, parcourt un champ plus vaste. Par les développement qu'il sait donner à deux ou trois idées fondamentales, il étend à son gré le cercle qu'il leur destine. Parfois même il s'abandonne aux conceptions les plus grandioses. Or, personne ne croira que l'on puisse se passer de la science et des règles pour conduire à bonne fin un *Opéra*, une *Symphonie*, une *Messe*, un

(1) Ou ce qu'on appelle l'*orchestration*, autre expression moderne, qui fait éviter les circonlocutions.

Oratorio, aussi bien que s'il s'agissait d'une romance, d'une contredanse, ou de ce que Mozart appelait une *Opérette* (1). Et cette science, ces règles ne concernent pas moins la conduite du chant simple que celle des parties qui lui servent de cortége. En effet, quelque naturelle que soit la *mélodie*, quelque liberté qu'on doive laisser à l'imagination, elle n'en a pas moins ses lois qu'il faut savoir respecter. Les anciens eux-mêmes, qui n'ont envisagé et pratiqué la musique que sous le rapport mélodique, dont notre *plain-chant* est un reste informe, les Grecs avaient leur *mélopée*, ou recueil de règles pour la composition du chant. M. Reicha a donc pu faire un *Art mélodique,* de même que Boileau a fait un *Art poétique.*

Ces ouvrages, on le sait, ne donnent point d'imagination à ceux qui ne sont pas nés poètes ou musiciens, mais si, au contraire, la nature les a favorisés du don de l'invention, ils apprennent dans ces traités à en régler l'essor, selon la diversité et l'importance des genres de composition dans ces deux arts.

DE *L'ART DU COMPOSITEUR DRAMATIQUE*, PAR LE MÊME.

Un ouvrage de ce genre était sans contredit l'un des plus utiles que l'on pût offrir aux méditations des jeunes musiciens qui se destinent à la composition dramatique. Mais, à notre avis, ce devait être une œuvre de pure érudition et de critique raisonnée. Les modèles étaient nombreux, soit parmi nos compositeurs, soit parmi ceux de l'Allemagne et de l'Italie qui ont consacré une partie de leur vie à enrichir nos deux scènes lyriques. Les partitions des uns et des autres fournissaient d'amples matériaux et les plus beaux exemples qu'on pût offrir à la jeunesse.

Pourquoi faut-il qu'au lieu d'écouter les conseils de l'amitié, et par une de ces faiblesses qui affligent la nature humaine, le bon Reicha ait voulu prendre dans ses deux ouvrages (sur des poèmes trop faibles pour assurer le succès de sa musique) ce qu'il eût trouvé avec bien plus d'abondance et de variété dans ceux de ses confrères morts ou vivants.

On a reproché la même faiblesse à Grétry; mais quand celui-ci publiait ses *Essais sur la musique*, et longtemps après, ses ouvrages étaient encore au *répertoire* ou dans la mémoire de ses contemporains, et l'on pouvait facilement comparer les exemples aux préceptes. Au contraire, les deux opéras de M. Reicha, *Nathalie* et *Sapho,* n'ont paru qu'un instant sur la scène, pour disparaître, hélas! sans retour, et *Philoctète* n'a pas même été représenté. Cependant l'*Art du compositeur dramatique* ne renferme pas moins d'utiles leçons : l'ouvrage d'un tel maître ne pouvait être sans intérêt.

Un *Cours de littérature musicale ancienne et moderne* est donc un ouvrage à faire. Appelons de tous nos vœux l'homme de loisir assez savant en musique, à qui ses propres essais auront donné assez d'expérience et laissé assez d'impartialité pour entreprendre un pareil travail.

Quelques uns ne manqueront pas de dire que l'étude réfléchie des bonnes partitions, leur audition fréquente, ainsi que les conseils d'artistes expérimentés, peuvent tenir lieu de l'ouvrage dont nous signalons le besoin. Cette étude et ces conseils seront bons et utiles sans doute; cependant le maître ne peut pas tout dire, de même que l'élève ne peut pas tout voir, tout discerner. En outre, si le premier est de feu pour ses devanciers, il est souvent de glace pour ses contemporains, quand la jalousie ne le rend pas injuste envers eux, puisque c'est encore là un des mauvais penchants de l'homme. D'un autre côté, la reconnaissance du disciple le porte volontiers à recevoir aveuglément les influences de son école. Ces mots : *le maître l'a dit.*

---

(1) Le *Devin du village*, les *Prétendus*, les *Pommiers* et le *Moulin*, le *Rossignol*, etc., pièces si peu dignes de notre première scène lyrique, sont des opérettes.

seront toujours d'un grand poids sur l'esprit de la jeunesse. Mais enfin c'est de la reconnaissance, et nous sommes loin de vouloir affaiblir ce noble sentiment, si honorable pour l'élève, si doux au cœur du maître !

NOTES DU CHAPITRE XXV.

(A) La *musique libre* (celle qu'on entend au théâtre et dans les concerts) est bien différente de la *scolastique*, laquelle défend la plupart des choses que l'autre se permet; outre que la première est, ou purement instrumentale, ou joint les voix aux instruments. Néanmoins, lorsque celle-ci se borne au *quatuor* ou au *quintette* instrumental, on doit chercher encore à rendre chaque partie aussi mélodique, aussi chantante qu'on le peut ; à faire des unes et des autres un assemblage de mélodies superposées qui s'harmonisent reciproquement, et dont chacune ait son degré d'intérêt.

(B) M. Reicha disait à ses élèves que *celui qui sait faire une bonne fugue peut entreprendre toutes sortes de compositions.* M. Cherubini a fortifié cette opinion par les lignes suivantes, extraites de son *Cours de Contre-point et de Fugue*, page 106 (1). « La fugue, dit-il, est le type de tout morceau de musique : c'est-à-dire, que tel morceau « que l'on compose, pour qu'il soit bien conçu, bien régulier, pour que la conduite en soit bien entendue, il « faut que, sans avoir précisément le caractère de la fugue, il en ait l'esprit. »

(C) Lorsque, vers la fin du dix-huitième siècle, tout privilége était aboli, le drame, la comédie et l'opéra-comique étaient joués au petit théâtre du Palais-Royal, dit de *Montansier*. Cousin-Jacques y donna plusieurs pièces intéressantes comme poème, et assez agréables comme musique purement vocale. Du reste, incapable d'ajouter une simple basse à ses chants, c'était l'un des directeurs de ce théâtre, excellent musicien (2), qui se chargeait de faire des accompagnements aux mélodies du poète, et de composer les ouvertures de ses *opérettes.*

CHAPITRE XXVI.

DES FORMES DIVERSES DE LA MUSIQUE INSTRUMENTALE.

Les seuls instruments qui agissent à la fois par la *Mélodie* et par l'*Harmonie* sont l'*Orgue*, le *Piano* et la *Harpe*, placés ici d'après leur degré d'importance. Ceux-là peuvent se passer d'auxiliaires.

Sur un instrument à archet on fera bien momentanément de l'harmonie à deux parties, en sons tenus, c'est-à-dire un chant accompagné d'une partie inférieure, au moyen de la double corde; mais si l'on veut que cette harmonie soit continue, variée, avec des valeurs différentes à chaque partie du *duo*, il faudra de toute nécessité avoir recours à un accompagnement, ne fût-ce que celui d'un instrument semblable. A plus forte raison, celui qui joue d'un instrument à vent a-t-il besoin d'un compagnon, s'il ne veut pas être réduit au rôle de *vocalisateur* (3).

Les pièces composées pour un instrument quelconque, ainsi que les *duos* pour des instruments semblables ou différents, prirent d'abord des formes diverses, sans intention de liaison ou d'homogénéité entre eux ; avec la seule variété des oppositions de mode, de mouvement, de mesure, de caractère et d'expression,

---

(1) Chez Troupenas, rue Vivienne, à Paris.

(2) Foignet, père du harpiste de ce nom.

(3) Ce mot n'est pas français, nous le savons; mais il est utile, il abrége, et nous l'employons. Ceux de nos dictionnaires dont la publication remonte à un demi-siècle environ, ne contiennent pas le mot *sonorité*, dont les musiciens avaient besoin et qu'ils ont inventé. Le verbe *vocaliser* et ses dérivés *vocalises*, *vocalisation*, sont déjà passés dans le langage musical, en attendant qu'ils figurent dans nos vocabulaires.

selon le caprice ou l'inspiration du moment. Ensuite on imagina de composer l'œuvre d'un brillant *Allegro*, avec ou sans introduction, et dont la première partie se répétait. Il était suivi d'un *Adagio*, *Andante* ou *Romance*, c'est-à-dire qui en avait le caractère; puis on terminait par un *Rondeau*. C'est ainsi que l'on a procédé longtemps dans les pièces appelées *Sonates* (1).

Plus tard, le *Menuet*, d'un mouvement modéré, fut ajouté aux morceaux précédents. Enfin, le *Final* (*Allegro* ou *Presto*) fut inventé, et remplaça le *Rondeau*, de même que le *Scherzo* (*badinage*), ou *Menuet* vif, a succédé au *Menuet* lent, appelé aussi *Menuet de cour*, parce que ce caractère de musique fut consacré pendant longtemps à une sorte de danse toute de grâce et de noble maintien. En ce genre, les menuets d'Exaudet, de Fischer et de Grétry ont joui d'une certaine renommée (**A**).

Les quatre morceaux dont il vient d'être question offrent la plus avantageuse variété de mouvement et d'opposition qu'on ait pu trouver. On s'y est arrêté, et cette forme est devenue celle de toutes les œuvres importantes de musique instrumentale.

Le *Piano*, en appelant d'autres instruments à dialoguer avec lui, s'est adjoint particulièrement le *Violon*, puis le *Violoncelle*, et l'on sait quels chefs-d'œuvre en ce genre de *duos* et de *trios* sont sortis des mains d'Haydn, de Beethoven, de Mozart. Ces mêmes auteurs, ainsi que Boccherini et, de notre temps, M. Onslow, réunissant *violons*, *altos* et *violoncelles*, ont fait ces belles collections de *quatuors* et de *quintettes* que les connaisseurs ne se lasseront pas d'admirer.

Dans le *sextuor*, le *septuor*, l'*octuor* et le *nonetto*, l'on a opéré la fusion des instruments à vent et à cordes; mais déjà la *Symphonie* avait été, sinon inventée, du moins perfectionnée, et sa forme arrêtée par Haydn.

Des essais de *trios* et de *quatuors* furent tentés en faveur des instruments à vent; mais rien de saillant et de durable n'en est resté. Eler et Catel eux-mêmes s'y sont évertués en pure perte, et nous avons entendu le dernier (il venait d'entendre les *quintettes* de Reicha), prier instamment qu'on ne jouât plus ce qu'il avait écrit en ce genre. Le vrai talent est seul capable d'une pareille modestie. Il appartenait à Reicha de doter enfin les instruments à vent d'une musique susceptible de rivaliser avec celle des instruments à cordes. Ses *quintetti* pour flûte, hautbois, clarinette, cor et basson, l'ont placé à la hauteur des plus grands maîtres.

La *Symphonie* est la pièce capitale de la musique de concert; c'est le morceau le plus caractéristique des grandes réunions de musiciens en dehors du théâtre. Comme second morceau de *facture* offert au public dans ces mêmes assemblées, il a fallu recourir aux *Ouvertures d'opéra*.

A la *Société des Concerts*, et pour augmenter le répertoire de musique instrumentale, on a fait revivre, entre autres morceaux remarquables, les plus beaux airs de danse des ouvrages de Gluck, sans les détacher des scènes auxquelles ils se lient. On a livré ainsi à l'admiration publique ce qui était inconnu jusque-là à la génération actuelle, et que le théâtre n'offre plus à celle qui l'a précédée. La forme de l'*Ouverture* a été longtemps celle d'un premier morceau de symphonie, avec ou sans introduction. Gluck, Mozart, Vinter, Vogel, et les compositeurs français Méhul, Berton, Catel, Cherubini (2), ont su donner le plus grand intérêt à cette forme, qui n'a été un peu variée dans ces derniers temps, que par les imaginations si riches, si fécondes, d'un Weber et d'un Beethoven.

Pour ce qui est du caractère que doit prendre une *Ouverture*, en tant qu'elle est le préambule d'une action dramatique, deux opinions ont été émises à ce sujet dès le temps du philosophe de Genève, qui les

---

(1) Le mot tant cité de Fontenelle : *Sonate, que me veux-tu?* s'explique aisément : ou la *Sonate* était mauvaise, ou, si elle était bonne, Fontenelle ne sentait pas la musique, ce qui n'est pas rare parmi les savants.

(2) Venu en France à l'âge de 26 ans, M. Cherubini ne l'a plus quittée que momentanément ; et s'il n'était pas Français de fait, il l'était par les doux liens de famille; il l'était aussi par le cœur, et s'en glorifiait.

a appréciées en ces termes : « Quelques musiciens, » dit-il, « se sont imaginé bien saisir les rapports « entre son ordonnance et celle du corps entier de l'ouvrage, en rassemblant d'avance dans l'ouverture tous « les caractères tracés dans la pièce, comme s'ils voulaient exprimer deux fois la même action, et que « ce qui est à venir fût déjà passé. Ce n'est pas cela : l'*Ouverture* la mieux entendue est celle qui dispose « tellement les cœurs des spectateurs, qu'ils s'ouvrent sans effort à l'intérêt qu'on veut leur donner dès le « commencement de la pièce. »

Le docteur Lichtenthal, dans son *Dictionnaire de musique*, et bien d'autres avec lui, sont, à cet égard, de l'avis de Jean-Jacques.

Parmi les morceaux de concert pour un ou plusieurs instruments obligés, on a 1° le *Concerto*, avec accompagnement de tout l'orchestre ; 2° la *Symphonie-concertante* à deux violons, ou pour violon et violoncelle, ou bien pour deux, trois et quatre instruments à vent, ce qui n'exclut pas le concerto pour chacun d'eux ; 3° le *Thème* ou l'*air varié*, l'un composé, inventé; l'autre pris à quelque mélodie en vogue. Ceux-ci ont dépossédé le *concerto*, en attendant qu'ils soient remplacés à leur tour par quelque nouveauté. Qui sait alors si le *concerto* ne reprendrait pas faveur ? Quelle composition est plus propre à mettre en évidence le talent et les diverses qualités du virtuose, en supposant qu'il possède toutes celles qui lui peuvent mériter de justes éloges dans les trois caractères de ce morceau d'élite? Bien faite et bien exécutée, une œuvre de cette espèce n'ouvre-t-elle pas une double carrière de gloire au musicien? Il suffit de citer les noms d'un Viotti, d'un Kreutzer (Rodolphe), d'un Duport, d'un Romberg, pour réveiller de beaux souvenirs.

Au lieu de terminer le concert par un dernier morceau de symphonie pris au hasard, ainsi qu'on l'a fait tant de fois, pourquoi ne composerait-on pas des finals de musique instrumentale, de même qu'on en fait pour terminer un acte d'opéra ? Et si l'on a admis trois styles de musique, pour l'église, pour le théâtre, pour la chambre, pourquoi n'en admettrait-on pas un quatrième propre aux concerts? Mais il faut le répéter, la composition instrumentale exige des études particulières dont on ne s'occupe pas assez en France.

Quant à la musique vocale dans les concerts, on ne sait encore que reproduire les *airs, duos, trios*, etc., dont nos oreilles sont rebattues au théâtre. Ne serait-ce pas donner un puissant encouragement à la poésie lyrique, trop négligée de nos jours, que de faire écrire pour ces solennités musicales, soit des cantates, soit d'autres petits poëmes (que l'on peut varier à l'infini), sur lesquels s'exerceraient des compositeurs, et qui formeraient peu à peu le fonds de musique vocale de nos concerts (**B**)?

Dans les théâtres où, comme à l'Académie impériale de musique, les *ballets-pantomimes* sont des parties essentielles du spectacle, la musique instrumentale prend toutes les formes et les expressions qui peignent le mieux les situations de la pièce et les sentiments des personnages que le chorégraphe met en scène ; et comme la couleur locale lui est aussi essentielle qu'au poète et au musicien, il indique à celui-ci les fragments de musique caractéristique qu'il devra prendre à tel ou tel opéra connu ; les mélodies devenues populaires, qui retracent ou rappellent des situations particulières; de même que des airs de danse du pays où l'action se passe, ou des imitations de ces airs; enfin tout ce qui peut aider le public à saisir les idées de l'auteur d'un *ballet d'action*.

Dans un tout autre genre, on sait ce que sont les *marches militaires* et les *pas redoublés*. Quant aux morceaux de fantaisies destinés à ces mêmes musiques de régiments, et si improprement appelés *d'harmonie*, ils sont presque toujours empruntés aujourd'hui aux opéras en vogue ; car il y a et il y aura toujours plus d'*arrangeurs* que de compositeurs.

Telles sont les formes de la musique instrumentale, dans les différentes circonstances où elle sait se suffire à elle-même.

NOTES DU CHAPITRE XXVI.

(A) Le *menuet* de symphonie, petit allegro à trois temps et à reprises, aurait trop peu d'étendue par rapport aux trois autres morceaux, s'il n'était pas suivi d'un *second menuet*, dont le mouvement et la mesure sont semblables. Le mode seul est différent, d'autant mieux qu'il fait retour au premier, par lequel on termine ce double *menuet*. Le nom de *trio* a toujours été affecté à ce deuxième menuet, parce que, dans les anciens *quatuors* à deux violons, alto et violoncelle, une partie se taisait, et l'harmonie n'était plus qu'à trois. Il est de fait qu'on en trouve des exemples dans les premiers *quatuors* d'Haydn. Au surplus, quelle que soit l'origine du mot, il est contradictoire depuis longtemps, aussi bien dans le quatuor et le quintetto que dans la symphonie, où tout l'orchestre contribue à l'exécution de l'un et de l'autre *menuets*. Il serait donc mieux de dire *second menuet*, et mieux encore d'enchaîner celui-ci au premier, sans lui donner aucun nom ; car M. Reicha en a fait jusqu'à trois dans ses quintetti d'instruments à vent, soit qu'il les séparât, revenant chaque fois à l'initial, soit qu'il les enchaînât avec tout l'art qu'il savait y mettre ; ce qui, de manière ou d'autre, donne à ce morceau un assez grand développement.

D'autres variétés ont été introduites dans ce genre de composition par Beethoven, principalement dans ses dernières symphonies ; ou plutôt, c'est le véritable scherzo substitué au menuet.

(B) Les *lauréats* surtout, ces *grands prix de Rome*, comme on les appelle, trouveraient là à leur retour l'occasion de se faire connaître et juger de nouveau par le public. Ils s'entendraient et se jugeraient eux-mêmes, école si profitable aux jeunes compositeurs. Ils entretiendraient ainsi leur verve et leur enthousiasme juvéniles, et se lasseraient moins promptement de frapper aux portes de nos théâtres lyriques, hélas! pendant des années, avant qu'elles ne leur soient ouvertes. Combien de jeunes artistes, faute des moyens de faire entendre leurs productions, se sont découragés ; et, désespérant de parvenir au terme de leurs efforts, pressés par le besoin, se sont livrés aux fastidieux travaux de l'orchestre et des leçons, ces deux sépulcres du génie musical!

Là, pareillement, les jeunes poètes seraient mis en demeure d'établir leur réputation ; mais comme Apollon et Plutus marchent rarement de compagnie, il faudrait que des récompenses pécuniaires fussent accordées aux uns et aux autres, avec discernement et impartialité : elles honoreraient également et ceux qui les recevraient, et le gouvernement qui en serait le dispensateur.

CHAPITRE XXVII.

DE L'ACCOMPAGNATEUR ET DE L'ACCOMPAGNEMENT.

Ces deux mots étant entendus de plusieurs façons, les explications qui suivent ont pour objet d'en fixer les véritables acceptions.

Dans quelque genre de musique que ce soit, tout exécutant qui ne fait pas la partie principale, celle de la mélodie prédominante, accompagne nécessairement.

Bien accompagner, dans ce cas, consiste à modifier la force des sons de manière à ne pas couvrir le chant, ou la partie chantante, mais de la soutenir ; à ne pas mettre surtout une expression prétentieuse et déplacée sur des notes de simple *accompagnement*, de pur remplissage quelquefois. Il faut enfin savoir écouter, entendre distinctement le récitant, puisque c'est, comme on l'a déjà dit, le plus sûr moyen de le bien seconder.

Le professeur de solfége, de chant, ou d'un instrument quelconque, *accompagne* nécessairement celui qu'il instruit, et auquel il doit l'exemple aussi bien que le précepte. Mais l'*accompagnateur* proprement dit est le *pianiste* habile qui sait réduire instantanément les partitions les plus compliquées aux proportions de son instrument. Cet *accompagnateur* doit joindre au double talent de bon pianiste et d'excellent lecteur, une connaissance profonde de l'*harmonie ;* beaucoup d'aplomb, et une attention continue à suivre le chanteur sans trop lui céder, à le soutenir sans le gêner, ainsi qu'à lui rappeler l'intonation et le mouvement s'il en est besoin, mais à l'insu des auditeurs, autant que faire se peut.

Cette sorte d'*accompagnement* a lieu, soit au théâtre et à huis clos, dans les auditions d'essais, ou les répétitions préparatoires d'ouvrages nouveaux ; soit dans le monde, aux séances musicales particulières; soit même dans certains soi-disant concerts, où quelques-uns se donnent le ridicule de venir chanter ou jouer d'un instrument, et de se faire accompagner par un simple *piano*, lorsqu'ils ont derrière eux un orchestre qui se repose.

Celui qui joue maintenant le petit *orgue d'accompagnement* placé dans le chœur de nos églises, est aussi un *accompagnateur*. De même que le précédent, il doit avoir une parfaite connaissance de l'*harmonie*, indépendamment des qualités qui en font un exécutant au moins passable. Il doit encore être versé dans la science du *plain-chant* (science tout-à-fait en dehors de la musique), et le savoir accompagner dans les trois circonstances où ce plain-chant est donné aux *basses*, aux *ténors* ou aux *dessus*.

C'est mal à propos que l'on a donné le nom de *maître d'accompagnement* à celui qui, muni de son *violon*, guide les jeunes personnes du monde dans l'exécution des œuvres composées pour le *piano* ou la *harpe*. Il est *maître* sans doute en ceci, que son érudition musicale lui fait désigner le choix à faire et la gradation à suivre dans la succession des morceaux que l'élève doit étudier. Il lui en donne le mouvement précis, lui fait observer les nuances, maintient la mesure, retient ou anime à propos, fait sentir ces expressions particulières qui ne s'écrivent pas toujours, mais que le sentiment musical révèle à l'initié, lequel l'inculque, s'il peut, au sujet qu'on lui donne à perfectionner.

Il l'avertit aussi des endroits où, n'ayant plus la partie chantante mais accompagnante, il doit modérer son jeu, s'effacer même et écouter le récitant, s'il veut être écouté à son tour, quand les rôles viennent à changer.

Sous ce rapport seulement, le maître enseigne l'art de bien accompagner, mais dans tout le reste sa fonction est celle d'accompagnateur. Il n'est donc pas *maître d'accompagnement*. Ce dernier nom est plus justement accordé à ceux qui enseignent l'*harmonie*, par la double raison qu'on apprend sous ce maître à accompagner un chant, ou une basse donnée, par des accords convenables, ce qui constitue l'harmonie même ; et que l'on y joint l'art d'accompagner les *basses* chiffrées et non chiffrées, ainsi que la *partition* (1). Telles sont les diverses acceptions des mots *accompagnateur* et *accompagnement*.

CHAPITRE XXVIII.

DE LA TRANSPOSITION.

Transposer un morceau de musique, c'est élever ou abaisser le diapason de sa gamme initiale, et par conséquent celui des autres gammes dans lesquelles il module, afin de le rendre plus favorable à la voix d'un chanteur. Car ce ne sont pas les morceaux d'ensemble, encore moins les chœurs qui subissent la *transposition ;* ils s'y refusent même rigoureusement; et, en fait de musique instrumentale, celui qui s'aviserait de proposer le changement de diapason d'un *quatuor*, d'une ouverture ou d'une symphonie, passerait pour un barbare ou pour un insensé. Les seuls coupables de ce tort fait à la couleur d'un morceau de musi-

(1) Ici encore, le titre de *professeur d'harmonie* fait éviter l'équivoque.

que accompagnée, couleur qui tient en grande partie au diapason des *gammes* choisies par le compositeur : ces coupables, disons-nous, sont les chanteurs et chanteuses, réputés *premiers sujets* dans les théâtres.

Deux causes les portent à agir ainsi : l'une est la petite ambition de représenter des personnages qui ne sont pas de leur emploi ; comme, par exemple, quand un ténor veut remplir le rôle de *don Juan*, écrit pour un *baryton*. Dans ce cas, on élève le diapason des airs donnés à cette seconde voix, la première ne pouvant atteindre, ou émettre franchement les notes graves de l'autre.

La seconde cause a pour objet de dissimuler des moyens usés, des cordes aiguës, dégénérées ou perdues, tout en conservant les rôles auxquels on a cessé d'être propre. Alors on fait baisser le diapason des airs.

Dans ces deux circonstances, il est clair que la *transposition* devient générale, ce qui d'ailleurs n'embarrasse nullement chaque musicien en particulier, lequel n'a à s'occuper que de sa partie ; et l'on doit lui supposer l'habitude de lire également bien sur toutes les clefs, la parfaite connaissance de leur diapason, et le degré de prévision nécessaire pour transformer, dès qu'il le faut, le *bémol* en *bécarre*, celui-ci en *dièse*, *et vice versa*.

Cependant, les instruments à cordes, dans les extensions à l'aigu, perdront de la douceur qu'on aura voulu leur donner ; ou, dans le grave, ils seront forcés, parfois, de prendre à l'octave supérieure les notes qui dépasseront leur dernier *à vide*. De leur côté, les instruments à vent, par les mêmes raisons et par celle du doigté, pourront se trouver fort gênés. Mais c'est surtout l'accompagnateur au *piano* qui a les plus grandes difficultés à vaincre ; car il a jusqu'à quatre, cinq et six clefs à substituer à celles qu'il voit, et si ce n'est simultanément, c'est au moins successivement ; et pourtant les clefs sont et seront toujours les guides les plus sûrs pour transposer.

L'oreille bien exercée et heureusement douée de l'accompagnateur, ses connaissances harmoniques, son intelligence, sa mémoire, si l'ouvrage lui est connu, l'aideront sans doute dans l'analogie des changements de gammes ; mais ce n'est pas moins le *nec plus ultra* de son art que de sortir, sans trop de chûtes, de ce labyrinthe, où les pierres d'achoppement se rencontrent à chaque pas.

A la vérité, il suffit à plusieurs de se figurer chaque partie baissée ou haussée du nombre de demi-tons demandé ; et, sans plus se préoccuper d'aucune clef de *transposition*, ils cheminent avec cette simple donnée toujours présente à leur esprit. Plus d'un pianiste se fait un jeu de ces transpositions. Ce n'est pas néanmoins sans s'y être exercé au préalable par un travail long et persévérant (1).

Deux moyens ont été trouvés et adoptés, l'un pour diminuer la difficulté de l'accompagnement, comme lecture, l'autre celle de la *transposition*. Le premier est tout simplement la réduction écrite, ou l'arrangement pour le *piano*, conformément à ce qu'aurait à faire l'accompagnateur sans cette réduction ; et ce sont les partitions modernes, si compliquées, si chargées de détails d'orchestre, qui ont fait une nécessité de cette réduction. Le deuxième moyen, que l'on doit au génie inventif de M. Roller (2), est renfermé dans l'instrument même, dans son *piano-transpositeur*, dont le clavier mobile glisse à volonté de droite à gauche et de gauche à droite, et porte les marteaux sur des cordes supérieures ou inférieures à celles qu'ils touchent dans l'état normal du clavier. Alors le *pianiste* exécute les morceaux tels qu'il les voit écrits ; l'instrument seul en change le diapason au gré du chanteur, lequel n'a pas davantage, et dans aucun cas, à s'inquiéter de transposition, de clefs changées, de substitution des signes altératifs entre eux.

---

(1) C'était un don de la nature chez le frère aîné de M. Bertini, à qui nous avons vu présenter par M. Reicha un recueil de fugues manuscrites. Non seulement il les exécuta sans broncher une seule fois, mais il s'amusa ensuite à en transposer plusieurs à différents intervalles. Du reste, ses compositions, que lui seul pouvait jouer, étaient fort excentriques.

(2) Célèbre facteur d'instruments, inventeur des *pianos droits*, qui ne lui doivent pas moins leurs perfectionnements.

Toutefois, le *piano-transpositeur* est peu, trop peu répandu pour que le pianiste y compte au point de négliger l'exercice de la *transposition*. D'abord il faut complaire aux amateurs, lorsqu'ils désirent chanter de ces airs qui ont une valeur musicale, indépendante de leur valeur dramatique, et qu'ils ne pourraient pas toujours chanter sans en changer le diapason. Ensuite, il ne faut pas moins qu'un chanteur de profession, en qui même l'on suppose du talent, puisse aborder certains morceaux composés pour les qualités exceptionnelles de quelque virtuose extraordinaire, et que le compositeur qui, dans ces morceaux, avait cherché un succès pour lui-même, ne voie pas son œuvre oubliée.

Enfin, il est de toute nécessité de connaître la *transposition* pour écrire ou simplement lire les parties des instruments à diapasons mobiles de l'orchestre, tels que clarinettes, cors et trompettes, et surtout de la plupart des instruments modernes introduits dans les musiques militaires.

CHAPITRE XXIX.

DES STYLES OU CARACTÈRES DISTINCTIFS DES DIVERSES COMPOSITIONS, ET MANIÈRE DE LES EXPRIMER SELON LES PAYS, LES LOCALITÉS ET LES INDIVIDUS.

Les styles généraux de la musique ont été divisés en trois classes, à cause 1° de l'objet spécial qu'on s'y propose; 2° de la couleur particulière que réclame cette spécialité, et 3° du lieu affecté à son audition. C'est ainsi qu'on a le style d'église, *musica da chiesa;* de théâtre, *da theatro;* de chambre, *da camera.* M. Choron y joignait un quatrième style, celui de la musique purement instrumentale, et ce savant avait parfaitement raison.

L'esprit des deux premières (la musique d'église et celle de théâtre), a été défini d'une façon assez remarquable par le docteur Lichtenthal, dans le parallèle que voici: « 1° Le sujet de la première est général, puis« qu'elle exprime les sentiments de la multitude réunie dans le temple; tandis que celui de la seconde est « relatif aux sentiments particuliers qui font le sujet de chaque scène. 2° L'objet de la musique sacrée porte « le caractère de l'infini : c'est la Divinité elle-même; celui de la musique de théâtre est l'homme selon ses « qualités et ses actions. 3° Le but de la musique religieuse est de concentrer tous les sentiments des fidèles « en un seul, la piété; aussi les mouvements lents, la musique artificielle et tout ce qui porte à la médita« tion en forme la base. La musique mondaine, au contraire, a pour but de reproduire une variété de senti« timents qui lui permet de traiter avec plus de liberté les mélodies et les rhythmes. »

Par opposition au *style libre*, propre au théâtre et à la musique instrumentale, on a nommé *style sévère* celui de la musique destinée à l'église, parce qu'il exige de l'élévation dans les idées mélodiques, en même temps que de la simplicité, de la correction et de la pureté dans l'harmonie. Les mouvements vifs, les accents légers ou passionnés n'y sont point à leur place; les ornements multipliés, les traits de vocalisation, les licences harmoniques et le luxe des modulations ne s'y doivent montrer qu'avec une extrême réserve. Au contraire, les sons tenus, liés; les mélodies douces et onctueuses; le *contre-point fleuri*, tempéré selon l'exigence des époques; les imitations scientifiques, mais gracieuses et de bon goût dans le choix des dessins imités; la Fugue enfin, avec toutes ses ressources, voilà ce qui est dans les convenances du style religieux, et qui explique ce qu'a entendu le docteur Lichtenthal par *musique artificielle* (**A**).

Quant à la musique de chambre, ou de salon, elle se compose de toute celle qui n'exige pas des masses de voix et d'instruments. Ainsi, pour le chant, depuis la romance jusqu'au morceau d'ensemble; pour le partie instrumentale, depuis le *solo* jusqu'au *diecetto*, tout est à sa place dans un salon, de même que tous les styles peuvent y être admis.

Il est encore d'autres *styles*, ou de certaines couleurs et manières données aux productions de l'art musical ainsi qu'à leur exécution, et qui tiennent, soit au pays, soit au génie plus ou moins original du compositeur, soit à l'individualité de l'exécutant.

L'Italie a toujours été essentiellement mélodiste, tout en laissant une grande liberté d'exécution aux voix faciles de son peuple de chanteurs.

L'Allemagne a beaucoup accordé à l'harmonie, sans avoir moins de mélodies, mais d'un caractère plus arrêté, plus ferme et qui laisse moins de prise aux ornements.

En France, on a cherché à réunir les qualités des deux écoles, en y joignant, comme points essentiels, l'expression dramatique, ainsi que les convenances théâtrales, et l'on y a réussi. A l'Opéra-Comique, on a généralement penché vers l'école italienne; mais l'école allemande convenait mieux à l'Opéra sérieux, et c'est Gluck que d'abord on a pris pour modèle.

Une nature particulière d'idées musicales; de certaines tournures mélodiques et harmoniques; une façon d'écrire, propre à chacun, distinguent les compositeurs entre eux et sont le *cachet* par lequel on les reconnaît. Le Sueur, Méhul, Chérubini, Catel, Berton, Boïeldieu ont chacun un *faire* qui leur est propre; et de nos jours MM. Auber, Rossini et Meyerbeer, placées au premier rang, ne se ressemblent pas plus dans leurs œuvres que dans leur physionomie.

Enfin, chaque exécutant, pris isolément, a son style, ou sa manière de sentir et d'exprimer sa musique et celle des autres. Quand il est assez habile pour se placer en première ligne, et qu'il se fait remarquer d'ailleurs par les ouvrages théoriques et pratiques dont il enrichit son art, dans la spécialité qu'il a choisie, alors il fait *école;* c'est-à-dire qu'il devient modèle pour tous ceux à qui il transmet ses principes, sa manière, son *style*. Les écoles de Rode, de Kreutzer, de Baillot ont été renommées au Conservatoire de Paris. Ce dernier, particulièrement, n'a point vu de supériorité lui disputer la palme de l'exécution dans les quatuors et quintettes, parce que nul n'a su comprendre au même degré que lui le style propre de chaque auteur, et y conformer le sien : simple, naïf et spirituel avec Boccherini, ce Lafontaine de la musique; calme gracieux et pur avec le pieux Haydn; élégant et passionné avec Mozart; énergique et grandiose avec Beethoven, sublime avec tous, Baillot savait se transformer tour à tour en chacun de ces hommes divins : se grandissant de toute leur hauteur, il semblait improviser leurs œuvres, lorsqu'il n'en était que le plus digne et le plus véritable interprète. Tel a été ce type des grands musiciens.

NOTE DU CHAPITRE XXIX.

(A) On a paru reconnaître que la musique d'église, telle que l'a si bien conçue et si admirablement composée M. Chérubini, était celle qui convenait le mieux à notre époque et à nos exigences.

Tout en admettant que le style *a capella* (de chapelle) doit être grave et pompeux, nous désirons néanmoins qu'il nous plaise dans sa majesté; que de certaines graces, compatibles avec sa destination, y prennent la place de cette sévérité roide et contrainte de la musique du seizième siècle. Le contre-point à la *Palestrina* n'est plus fait pour nos goûts actuels; pour ce besoin d'émotions qui fait que nous les cherchons partout et jusque dans le sanctuaire. Cette disposition de notre esprit à la mondanité, portée jusqu'en de pareils lieux, est un mal, un grand mal sans doute; mais à qui s'en prendre, si ce n'est à ceux qui l'ont fait naître?

FIN DE LA DEUXIÈME PARTIE.

LE

PROFESSEUR DE MUSIQUE

PARTIE SUPPLÉMENTAIRE

OU

NOTIONS TRÈS SUCCINCTES D'HARMONIE.

AVANT-PROPOS.

Il a été fait mention dans le courant de cet ouvrage, de l'effet des sons simultanés, de celui des accords consonnants et dissonants qu'ils produisent et de l'influence de plusieurs d'entre eux, soit pour faire distinguer le mode réel de son relatif, soit pour assurer les cadences qui déterminent ces modes; soit enfin pour moduler, c'est-à-dire pour enchaîner les unes aux autres des gammes diverses. Puisque l'harmonie est devenue l'inséparable auxiliaire de la mélodie, l'instruction de notre lecteur resterait imparfaite si on ne lui donnait pas quelques notions sur l'usage qu'on fait en musique des sons simultanés ou de l'harmonie.

Quant à faire un cours raisonné de cette science, d'après un traité *ex professo*, nous dirons à ceux à qui l'étude de notre Théorie aura profité, ou qui antérieurement auraient acquis, avec une certaine habitude du clavier, quelque facilité de lecture musicale sur les deux clefs de *sol* et de *fa*, qu'ils peuvent, isolément encore, étudier avec fruit notre ***Nouveau** Traité théorique et pratique des* ***Accords***, etc. (1)

Ici, après avoir présenté un aperçu de l'origine et des progrès de cette partie scientifique de la musique, on fait voir que les consonnances sont données par la nature même, ainsi que le prouvent les résonnances des cordes vibrantes; et que certains tubes de métal renferment dans l'ensemble de leurs ***sons naturels***, outre les mêmes consonnances, d'autres sons qui ont permis de former les quatre accords dissonants les plus doux, comme ils sont aussi les plus fréquemment employés.

Après cela, on se borne à donner une idée de ce que l'art et le temps ont ajouté à ces produits, tant pour augmenter le nombre des accords que pour les modifier, en varier les effets et enrichir l'harmonie.

---

(1) Chez Alexis Quinzard, éditeur et marchand de musique, à Paris, rue du Dauphin, nos 9 et 11, près les Tuileries

ORIGINE ET PROGRÈS DE L'HARMONIE.

La musique chez les Grecs anciens semblait être parvenue à son apogée, lorsque Pythagore et, plus tard, Aristoxène, disciple d'Aristote, donnèrent chacun un exposé de leur doctrine sur cet art : celui-ci fixant tous les intervalles par la précision du calcul, l'autre voulant qu'on ne s'en rapportât qu'au jugement de l'oreille (**A**).

Leurs diagrammes par *quarts de ton ;* celui des Egyptiens et Arabes modernes par *tiers de ton* que nous a fait connaître Villoteau, ressemblent bien peu à notre gamme ou échelle divisée en douze demi-tons, et surtout à notre *accord tempéré.*

Chez eux, horreur de la simultanéité de sons différents; chez nous, besoin d'harmonie. Mais comment le goût nous en est-il venu? Quand s'est-il fait sentir? M. Fétis, dont personne ne conteste le savoir et l'érudition, nous l'apprend dans l'un des numéros de sa *Revue musicale.*

« L'*Harmonie*, qui a commencé au xe siècle, dit-il, n'était composée que de *quartes*, de *quintes* et d'*octaves*, « ce que nous rejetons positivement aujourd'hui. Cela est venu de ce que les maîtres d'alors mêlaient sans « cesse à leurs principes ceux de la musique des Grecs, sans songer que si les anciens considéraient la « *tierce* et la *sixte* comme dissonantes, ils n'employaient les intervalles regardés comme consonnants que « successivement, mélodiquement.

« Les écrits de *Gui d'Arezzo*, de **1022**, ne citent encore que des exemples de ce que les musiciens de « temps nommaient *diaphonie*, *triphonie*, *tétraphonie* (à deux, trois et quatre parties), la réforme de cette « *cacophonie* ne s'étant opérée que dans la seconde moitié du XIe siècle.

« Cette réforme ne se fit pas de suite, mais peu à peu ; et l'introduction de la *tierce* et de la *sixte* donna « naissance enfin à une *harmonie* en rapport direct avec la composition de la Gamme. »

Longtemps incertaine et timide, cette harmonie prit le nom de DÉCHANT, ou mieux DISCANT, de DISCANTUS, *double chant.* Mais l'une des parties était improvisée aux cadences finales des périodes seulement ; et quand une troisième voix s'unissait à celles qui faisaient déjà *tierce majeure* ou *mineure*, elle n'osait encore y ajouter que l'octave supérieure du son grave. Aussi, le premier qui s'avisa de remplir l'accord par la *quinte* de ce son grave, dût-il passer pour un bien hardi novateur.

Une autre sorte d'improvisation a été celle que, plus tard, on a appelé *chant sur le livre*, quand deux ou trois chanteurs, placés au LUTRIN, *harmonisaient*, *fleurissaient* surtout à qui mieux, et chacun à sa façon, le *plaint-chant*, réservé aux voix graves. Toutefois, pour que la confusion n'allât pas trop loin, on avait établi quelques règles, non écrites, mais verbales et qui se transmettaient par tradition (**B**)

L'orgue, introduit de bonne heure dans les églises, dût aider singulièrement aux découvertes harmoniques, par la facilité que procure tout instrument à clavier de faire entendre plusieurs sons à la fois. C'est aussi ce qui arriva. On n'a employé d'abord que les accords consonnants, le majeur et le mineur, en nous d'égales valeurs à chaque partie, autrement dit, *note contre note*. Cette harmonie, quand elle est bien écrite, loin qu'elle soit à dédaigner, suppose du mérite dans celui qui la sait composer, et son effet, moins commun pourrait-on dire, que celui qui permet le mélange des dissonances, est tout puissant sur la multitude, comme il paraît aussi plus digne de son objet. Par exemple, est-il un être assez dépourvu d'oreille, assez barbare en musique, pour rester froid et insensible à l'audition de la sublime *Prose des morts* (*Dies iræ, dies illa*) etc., lorsqu'on la chante en *faux-bourdon* aux services funèbres d'apparat ? Quelle grandeur, quelle majesté dans cette harmonie si simple ! quel respect, quel recueillement elle inspire ! Le *de profundis*, plus simple encore, n'est pas moins beau, moins pénétrant.

C'était probablement d'une sorte de *chant sur le livre*, d'un abus de broderies porté jusques à la profusion, dont le *pape Marcel II* (au XVIe siècle) fut tellement scandalisé, qu'il allait supprimer toute espèce de musique dans les églises, lorsque *Palestrina*, inventeur d'un genre nouveau et mieux approprié au culte, vint défendre avec un si grand succès la cause de l'*harmonie*; et, par la seule éloquence de son plaidoyer musical, fit absoudre l'art des méfaits qui ne devaient être imputés qu'à ceux qui prétendaient l'embellir, et qui, de fait, le deshonoraient.

L'usage qu'il fit des dissonances par *retards*, des syncopes, des notes de passage et des imitations dans l'entrée des parties, ainsi que dans le courant des phrases, donna lieu aux théoriciens d'imaginer le *contre-point des cinq espèces*, pour enseigner à mettre en œuvre cette nouveauté du grand maître, dont la musique, dite à la *Palestrina*, n'est autre chose qu'un *contre-point fleuri*, ou de la *cinquième espèce*.

Vers le même temps, l'établissement du *drame lyrique*, ou la représentation des scènes de la vie humaine, son union avec la musique instrumentale qui la soutient, l'embellit et cherche à imiter ses accents passionnés; l'opéra enfin vint affranchir le compositeur des entraves que lui imposait la sévérité du style religieux de ce temps; et l'harmonie, avec son instrumentation, avec son luxe d'accords et de modulations commença à prendre l'essor (1).

Selon la marche ordinaire des choses, on le sait, l'art naît d'abord; la pratique, les essais, l'expérience le conduisent lentement, mais progressivement, vers un but qu'il n'aperçoit pas encore. Puis arrive le théoricien qui recueille les faits, classe les matériaux, établit des règles, pose des principes, et la science est créée.

---

(1) On sait qu'en Italie, dès le XVe siècle, et en France au XVIIe, ce sont des prélats, des cardinaux; des hommes tels que Trissino, Angelo Politiano, Baccelini Bibiena, Giotti, Richelieu, Mazarin, qui ont élevé les premiers théâtres; composant eux-mêmes tragédies, comédies, opéras, et encourageant les poètes, les acteurs, les musiciens et les chanteurs. On vit alors disparaître les *mystères, moralités*, etc., dont les sujets, tirés de l'Écriture sainte et mis en action, étaient joués sur les places publiques et dans les carrefours. Des Noëls, la plupart venus de l'Église d'Orient, formaient toute la musique de ces pièces, souvent plus scandaleuses qu'édifiantes, par les bouffonneries qu'on y avait introduites, afin de retenir des spectateurs bientôt las d'un sérieux trop continu.

THÉORIE DES ACCORDS

BASÉE SUR LES RÉSONNANCES DES CORDES SONORES, OU LES PRODUITS DE LEURS VIBRATIONS, AINSI QUE SUR LES RÉSULTATS DE LA COLLISION DE L'AIR DANS CERTAINS TUBES DE MÉTAL.

SECTION I.

DES VIBRATIONS DE LA CORDE SONORE.

Quand une corde sonore est mise en mouvement dans sa totalité, on s'aperçoit qu'elle décrit alternativement une courbe en deçà et au-delà de sa ligne droite ou de son point de repos. Ces courbes sont appelées *Vibrations transversales*, et le son que ce double mouvement fait entendre est le plus grave que la corde entière puisse donner, quel que soit son diapason ou son degré de tension (**C**).

Que ce soit, par exemple, la quatrième du violoncelle, sur laquelle les vibrations sont plus aisément aperçues, le son sera *ut*, placé au diapason de la figure **1** du quinzième Tableau; et les oscillations affecteront le mouvement de la figure **2**; c'est-à-dire que la corde *a-b* décrira alternativement les courbes *a c b* et *a d b*.

Si l'on partage la même corde en deux parties égales, non en appuyant le doigt sur la touche, mais au contraire en l'y posant légèrement, afin de laisser la communication libre de l'un à l'autre côté de la corde, alors ses deux parties résonneront, auront chacune le double mouvement ou leur vibration simple, et donneront l'octave supérieure de la corde entière, comme figure 3. Ces vibrations seront conformes à la figure 4, où les courbes suivent alternativement les lettres *a d c g b*, et *a f c e b* (1).

Que si l'on ne prend que le *tiers* de la corde, alors elle vibrera en trois parties, comme figure 5, et sa résonnance donnera le *sol* à la **12**^e^ du premier son, figure 6. Ici les courbes sont: *a c i e l g b*, et *a h d k f m b*.

Il en est de même du *quart* de la corde, lequel donne la double octave du premier son à la 15e; du *cinquième*, qui donne la *tierce majeure* à la **17**^e^; du *sixième*, qui donne l'octave du tiers, et ainsi de suite.

En général, tous les sons provenant des résonnances d'une corde sont conformes au nombre des parties aliquotes vibrantes, ou comme **2**, **3**, **4**, **5**, **6**, etc., sont à l'unité, que désigne la corde entière.

SECTION II.

DE LA RÉSONNANCE SIMULTANÉE DES CORDES SONORES QUI SONT ENTRE ELLES DANS UN RAPPORT ANALOGUE.

Dans un instrument à cordes, si le son donné par l'une d'elles se trouve être l'aliquote d'une ou de plusieurs autres, celles-ci résonnent naturellement, sans être touchées, à l'unisson de cette aliquote. Ce fait, connu depuis longtemps, a été consigné par *Duport* dans son ouvrage déjà cité. Voici ce qu'il dit à ce sujet (2) :

« La note [note] faite sur la troisième corde en tirant l'archet avec fermeté et le levant ensuite, fait « résonner l'octave de la quatrième à l'unisson de cet *ut* donné par la troisième : et l'on s'aperçoit que « la vibration est double. (*Voir* figures **3** et **4**).

---

(1) Ceci doit rappeler ce qu'on a dit, chapitre XV de la deuxième Partie, relativement aux *sons harmoniques*, qui sont aussi un résultat particulier de la manière de vibrer des parties aliquotes d'une corde.

(2) Il faut se rappeler ici que l'accord du violoncelle, ou le rapport de diapason de ses quatre cordes, est comme figure 7 du quinzième Tableau.

« Le [musical notation], pris sur la troisième de la même façon que le précédent, fait résonner la quatrième à « la 12e du son grave qui lui est naturel, c'est-à-dire à l'unisson du *sol* ci-dessus. La vibration est triple « dans ce cas. (Figures 5 et 6.)

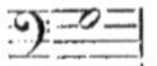

« Le même *sol*, pris sur la deuxième corde, fait entendre une résonnance de plus; car, indépendam- « ment de la quatrième qui résonne par la 12e, la troisième résonne aussi par son octave. Voilà donc trois « cordes en vibration pour rendre le même son, ce qui lui donne beaucoup de rondeur et de plénitude (1).

« Enfin, la 15e ou double octave, la 17e, la 19e et la 22e ou triple octave (figure 8), faites sur la pre- « mière corde ou chanterelle, fait vibrer la quatrième en cinq, six et huit parties. Mais dès la première de « ces divisions, les vibrations cessent d'être visibles (2). »

Si ces instructions prouvent ce que nous avons déjà dit de la résonnance des cordes qui sont entre elles dans un rapport analogue, ce qui suit ne prouve pas moins la résonnance simultanée de plusieurs sons dans une seule et même corde; simultanéité dont chacun peut se convaincre, en faisant résonner l'un des sons graves du *Piano.* Car la corde sur laquelle on expérimente doit avoir assez de longueur pour que ses oscil- lations, peu rapides, permettent à l'oreille de saisir les différents sons engendrés par le principal. Encore faut-il choisir son temps, selon le conseil donné par le P. MERSENNE dans son *Harmonie universelle.*

« Dans le silence d'une nuit tranquille, dit-il, le musicien, sur sa *viole* (3), peut entendre distinctement « quatre sons différents du naturel, et qui suivent la raison des nombres 2, 3, 4 et 5 (1 étant le principal), « savoir : le premier à l'octave aiguë; le deuxième à la 12e; le troisième à la 15e ou double octave; et « le quatrième à la 17e majeure. » (Fig. 9.)

Ces sons, on le voit, sont encore les mêmes que ceux des parties aliquotes d'une corde quelconque.

SECTION III.

SONS PRODUITS PAR LA COLLISION DE L'AIR DANS LES INSTRUMENTS A VENT.

« Un tube ou tuyau, dit *Chladni* (4), peut être ouvert par les deux bouts, ou fermé à l'une de ses ex- « trémités. On pourrait même supposer un tuyau fermé par les deux bouts, mais avec un trou au milieu, « dans lequel on soufflerait comme aux flûtes. Dans ces différents cas, la colonne d'air renfermé est le corps « sonore qui fait des *vibrations longitudinales*, lorsqu'elle a été mise en mouvement par les soufflets de l'or- « gue, ou par le souffle de l'homme dans les instruments à vent. »

« Il n'y aura pas de son si l'on souffle simplement; car cela ne produira qu'un mouvement progressif « de l'air, qui n'est pas un son : il faut que l'air, entrant par une fente étroite (l'embouchure, quelle que soit « sa forme), ou ébranle une lame élastique dont les vibrations provoquent celles de l'air contenu dans le

---

(1) Qu'on se rappelle encore ce qui a été dit des sons ou cordes *à vide*, à propos du brillant et de l'éclat des gammes où ces *à vide* sont fréquemment employés.

(2) Parce que les oscillations devenant plus précipitées à mesure de l'augmentation d'acuité des sons produits ou résonnants, les courbes se rapprochent et se multiplient avec trop de vitesse pour qu'il soit possible de les apercevoir.

(3) Le nom de *Viola* (viole) est encore donné en Italie à tous les instruments à archet. On y joignait autrefois une indication particulière sur la manière de les tenir, comme *Viola di braccio, de bras* (violon). *Viola di gamba, qui se tient entre les jambes,* (violoncelle). Il est évident que c'est celui dont parle ici le P. Mersenne. *Viola di ginocchio, appuyée sur le genou,* instrument intermédiaire par rapport aux précédents. Tel est celui dont joue Paul Veronèse, dans son beau tableau des *Noces de Cana.*

(4) Traité d'Acoustique.

« tube, ou au moins qu'une lame mince d'air, poussée avec force, se brise contre le bord tranchant d'un « corps anguleux, et passe presque au sens de l'axe devant la colonne d'air. »

« Les anches des hautbois, clarinettes et bassons sont les lames élastiques dont il est question ; les lèvres, « que l'on serre et roidit plus ou moins, font aussi la fonction d'une anche à l'égard des instruments tels « que flûte, cor, trompette, etc. »

« Les manières de vibrer, et les séries de sons qui en résultent, sont différents si le tuyau est ouvert ou « bouché ; mais dans toutes il se fait alternativement des dilatations et des condensations de l'air, de sorte « que chacune de ses parties s'approche et s'éloigne successivement des nœuds de vibration ; et ceux-ci « forment des espèces de cloisons qui opposent la même résistance qu'un corps solide aux couches d'air « mobile qui les frappent d'un et d'autre côté. »

On voit, par ce qui précède, comment le son se produit dans les tubes, soit de bois, soit de métal, soit de toute autre matière (1). Il y a pourtant cette différence que, dans les premiers, la collision de l'air ne donne et ne peut donner qu'un seul et unique son, tant que les doigts conservent la même position par rapport aux trous et aux clefs. Tout au plus fait-on, malgré soi, l'octave inférieure du son qu'on a voulu faire, ce qui s'appelle *octavier* (**D**).

Sous ce rapport, le tube de métal semble être mieux partagé ; car si les résonnances du son grave d'une corde sonore sont restreintes et restent plus ou moins dans l'ombre, elles ont au contraire force et éclat dans toute l'étendue du tube de métal, savoir : dans le trombone, à chacune des sept positions de sa longue coulisse ; dans la trompette et le cor, à tous les diapasons donnés par leurs tubes mobiles.

Ces sons qui répondent, ainsi que ceux de la corde vibrante, aux aliquotes du plus grave d'entre eux, fournissent plus ostensiblement encore de quoi construire, non seulement l'accord parfait majeur, mais aussi le mineur, et, comme on va le voir, les quatre accords dissonants dont l'effet est le plus agréable à l'oreille, même lorsqu'ils sont frappés spontanément (**E**).

SECTION IV.

RÉSUMÉS DES INTERVALLES ET ACCORDS DONNÉS, ET PAR LES RÉSONNANCES DE LA CORDE VIBRANTE, ET PAR LES SONS NATURELS DU TUBE DE MÉTAL.

On a vu, figure 9, que les résonnances d'une corde sonore mise en vibration dans toute sa longueur, font entendre, outre le son de sa totalité, celui qui lui est propre : 1° son *octave* à la 8ᵉ ; 2° sa *quinte* à la 12ᵉ ; 3° sa *double octave* à la 15ᵉ, et 4° sa *tierce majeure* à la 17ᵉ. La figure 10 du quinzième Tableau, lettre *a*, présente ces quatre sons dans l'ordre de leur succession, et la lettre *b* de la même figure les fait voir sous l'aspect de leur simultanéité.

En rapprochant la 12ᵉ et la 17ᵉ du son grave, (figure 10, lettre *c*), ce qui a lieu à chaque instant dans la pratique, on a tous les intervalles appelés *consonnants*, au nombre de sept, et qui sont l'*octave*, la *quinte*, la *quarte*, les deux *tierces* et les deux *sixtes* majeures et mineures. (Figure 10, lettre *d*.)

Maintenant, on va voir dans les sons naturels de la trompette (figure 11), que, indépendamment de ceux dont sont formés les sept intervalles de la figure 10, lettre *d*, il y a deux autres sons (*si* ♭ et *ré*), lesquels, réunis aux inférieurs, et toujours en relation de tierces superposées, fournissent les cinq accords de la

---

(1) On sait qu'il y a des flûtes en cristal, dont M. Laurent, de Paris, est l'inventeur et le fabricant.

figure 12. Ne voit-on pas aussi, dans ces accords, trois intervalles nouveaux, savoir : ceux de quinte diminuée *mi-si*♭ ; de septième mineure *ut-si*♭, et de neuvième majeure *ut-ré?*

Mais le cor, beaucoup plus riche d'étendue et de *sons naturels* que la trompette (*voir* figure 13), outre les intervalles et accords que l'on vient de voir, renferme dans ses sons sur-aigus un accord de plus, en ne prenant aussi que ceux qui sont en relation de tierces superposées, et laissant les intermédiaires. Cet accord est celui de *neuvième mineure mi-sol*♯*-si-ré-fa.* (Figure 14.)

Voilà donc *six accords,* parmi lesquels deux seulement sont consonnants. Les quatre autres, à cause de la quinte diminuée, de la septième mineure et des deux neuvièmes majeure et mineure, dissonent sans doute, mais d'une façon si douce, qu'entendus inopinément, ils n'ont rien que d'agréable à l'oreille, quoique saisissants de leur nature. Tout ce qu'ils exigent, c'est d'être immédiatement suivis d'un autre accord sur les notes duquel les dissonances trouvent à se reposer, ou, comme on dit, font leur *résolution.* (*Voir* la figure 15, lettres *e f g h*, pour la résolution la plus simple et la plus ordinaire de ces quatre accords dissonants (1) (**F**).

Si le vœu de la nature, en ceci, est que nous jouissions de ses dons, elle nous permet aussi d'en user à notre gré : de choisir, de modifier, d'étendre ou de restreindre, de mêler ou de séparer. C'est donc moins un ou deux accords qu'elle nous donne, qu'une série d'intervalles qu'elle met à notre disposition. Et comme elle étend à des diapasons divers le son producteur de ces mêmes accords, ainsi que les résonnances des corps sonores en général, elle semble nous inviter à les approprier à notre usage. En définitive, si elle ne nous fait entendre que deux accords, elle nous donne de quoi en faire vingt autres.

C'est ainsi qu'en essayant de reproduire des accords de trois, de quatre et de cinq sons sur les sept degrés de la gamme, et de placer alternativement à la partie grave les différents sons de ces accords, on a obtenu, d'une part, des *septièmes* et des *neuvièmes* dissemblables entre elles, autant qu'avec celles des figures 12 et 14, quant à la nature et à l'amalgame des tierces superposées ; et que, d'autre part, on a recueilli de nouveaux effets de la mutation des sons de ces accords, ou de ce qu'on a appelé leurs *renversements.* (*Voir* les figures 16 à 21 du quinzième Tableau et les observations y annexées.)

Les *altérations* que l'on fait subir à une ou plusieurs notes d'un accord ; les sons qui, en se prolongeant, deviennent autant de *retards* de ceux que l'oreille réclamait ; les *notes de passages*, les *syncopes*, les *anticipations ;* enfin les successions d'accords divers sur un son tenu à la partie grave, et qu'on nomme *pédale* ou *tenue ;* toutes ces variétés et modifications constituent l'*Harmonie artificielle*, appelée ainsi par opposition à l'*Harmonie naturelle*, que *Catel*, auteur de ces dénominations, n'a composé que des six accords des figures 12 et 14.

On peut supposer, avec assez de probabilité, que les *notes de passage,* dont l'imagination des chanteurs ne tarda pas à *fleurir* le plain-chant, donnèrent naissance aux accords dissonants, ceux de septième surtout.

Par exemple, dans la formule de *cadence parfaite* (repos de la période musicale), si l'on n'y admet que des accords de trois sons, l'une des parties, celle qui double la note grave de l'avant-dernier accord, par suite de la position prise, descend de *tierce*, mais de manière à rendre un peu vague la chûte de cette partie. (Figure 22, lettre *a.*)

Si, au contraire, on remplit l'intervalle de *tierce* par une note de passage, ce changement, tout léger

---

(1) Ces résolutions, qui se font dans le mode et la gamme auxquels appartient plus spécialement chaque accord dissonant, sont appelées *résolutions régulières,* par opposition aux *résolutions exceptionnelles*, ou *trompeuses* pourrait-on dire, lesquelles ont lieu sur d'autres accords.

qu'il est, donne déjà plus de grâce à la conclusion de cette partie (fig. 22, lettre *b*); et cette note passagère, introduite dans l'accord majeur du 5e degré de la gamme, donne la septième mineure provenant des sons successifs du tube de métal.

Il n'est pas moins permis de supposer que l'origine des autres septièmes est provenu d'emplois pareils des notes de passage. (Fig, 22, lettre *c*.)

D'autres accords dissonants peuvent fort bien aussi avoir été le résultat de *petites notes*, de *port de voix*, d'*altérations*, etc.

Ainsi, que l'on fasse la cadence figure 23, lettre *d*; ensuite, que l'on ajoute l'*ut* comme petite note supérieure du *si*, la même harmonie n'en sera pas moins bonne. (Figure 23, lettre *e*.)

Que cette petite note soit d'un quart de la valeur du *si*, ou qu'elle en soit la moitié, la différence est peu de chose, et, de cette façon, permise et usitée, l'agrément est plus moderne, plus selon notre goût présent. (Figure 23, lettre *f*.)

De là encore à unir cette petite note à celle qui la précède, comme ferait une *préparation*, il n'y a qu'un pas, et l'on obtient alors, par cette prolongation, le *retard de tierce*, connu sons le nom d'*accord de quarte et quinte*. (Figure 23, lettre *g*.)

Les *retards* de sixte, d'octave et autres, n'auraient-ils pas enfin une origine semblable? (*Voir* figure 24, lettres *a b c d e f g*).

Quant aux *altérations*, voici une anecdote que le doyen des inspecteurs de l'enseignement au Conservatoire, Gossec, racontait à ses élèves.

Un chanteur, à certain endroit de son motet (1), avait à formuler un repos ou *cadence imparfaite* sur le 5e degré de la gamme mineure, repos amené par les accords de la figure 25.

Ayant prié l'organiste, son accompagnateur, de ne faire à cet endroit que les notes inférieures de l'harmonie et de lui abandonner les supérieures, il lui fut permis d'exécuter ce qu'il avait conçu en méditant sa partie, c'est-à-dire ce qui est noté figure 26.

Le passage fut admiré et devait l'être à sa naissance; mais chacun s'en étant emparé, on le prodigua, comme il arrive et comme il arrivera toujours. Il est devenu banal.

Cette anecdote, à laquelle le conteur paraissait ajouter foi, ne pèche pas du moins contre la vraisemblance. En la supposant authentique, les théoriciens du temps ne manquèrent pas apparemment d'apercevoir dans le passage élégant du chanteur deux accords nouveaux dont ils devaient enrichir l'harmonie, savoir : ceux de *quinte* et de *sixte augmentées*, dont la préparation, par les mêmes sons non altérés, fut longtemps obligatoire (2).

C'est ainsi que, par des recherches, des essais, des expériences réitérées, on a, de loin en loin, découvert des effets nouveaux plus ou moins heureux. Puis des novateurs sont venus enchérir sur le tout par leurs licences, passablement excentriques quelquefois. Cependant, quand ces novateurs ont du génie; quand leurs ouvrages offrent des beautés réelles à l'admiration publique, leurs excentricités mêmes, inaperçues du vulgaire, ne tardent pas à être reçues, au moins dans un silence de bon ton, par ceux-là même qu'elles avaient le plus choqués. Alors le théoricien s'empare de ces données; il en tire des conséquences, en déduit

(1) Morceau de musique religieuse en dehors de l'office, et exécuté par un seul chanteur.

(2) En écrivant le passage du chanteur dans une partie intermédiaire, et en ajoutant une quatrième partie, on a pu former deux accords non moins usités aujourd'hui : 1° celui de *quarte et sixte augmentées*; 2° celui de *sixte augmentée avec quinte inaltérée*. (Figures 27 et 28.)

des règles, des préceptes ; il classe enfin ces richesses dans ses ouvrages didactiques, selon sa manière de les envisager, et les études sont dirigées d'après ces dépôts des connaissances acquises, jusqu'au temps où l'art et la science, enrichis de nouveau, provoquent d'autres méthodes, font concevoir de nouvelles théories.

Nous devons donc présumer que cet ouvrage, ainsi que selui qui en est la suite (1), pour être les derniers venus aujourd'hui, ne seront pas les derniers qu'on publiera sur les mêmes matières. D'autres viendront qui feront plus, qui feront mieux surtout. Nous nous en félicitons par avance, et pour l'art et pour ceux qui le cultivent. Mais s'il nous était permis de penser que nos études, nos réflexions, notre expérience nous avaient conduit à la découverte de quelques vérités utiles, nous nous serions cru blamable de ne les avoir pas dites. C'était un devoir de notre profession ; c'était surtout un besoin de notre sollicitude pour cette jeunesse studieuse qui n'a pas cessé de nous inspirer tout l'intérêt qu'elle mérite.

NOTES DU SUPPLÉMENT.

(A) « Quant à moi, » disait Grétry, « qui n'ai pas l'honneur d'être mathématicien, je me suis fait Aristoxé-« nien. »

Grétry avait raison en un sens, et tout musicien doit être sectateur d'*Aristoxène* plutôt que d'*Aristote*, quand même il excellerait dans les mathématiques. Néanmoins, si, à cause de l'accord par tempérament, le musicien moderne imite *Aristoxène* dans l'égalité qu'il donnait à tous les demi-tons, il s'éloigne de ce principe à l'égard des instruments à sons mobiles, tout en faisant le contraire de ce que faisait Aristote ; car celui-ci, au dire des érudits, aurait rapproché la note diésée du son inférieur, de même qu'il aurait porté vers le supérieur la note bémolisée. Or, c'est précisément le contraire que nous faisons et que nous devons faire.

(B) J.-J. Rousseau assure qu'*il faut beaucoup de science, d'habitude et d'oreille dans ceux qui exécutent le chant sur le livre.* On peut le croire. « Cependant, » ajoute-t-il, « il y a des musiciens si versés dans cette sorte de chant, « qu'ils y commencent et *poursuivent* des fugues, quand le sujet peut en comporter, sans confondre et croiser « les parties, ni faire de fautes d'harmonie. » C'est ce que l'on conçoit plus difficilement.

Quand un organiste ou un pianiste improvise une fugue sur un sujet qui lui est donné, si, quelque savant qu'il soit dans son art, il ne peut se flatter de produire un morceau tout à fait irréprochable, comment sera-t-il possible à deux ou trois individus, entraînés chacun par une imagination plus ou moins originale, de faire mieux, de faire même aussi bien ? Au temps du *chant sur le livre*, passé de mode depuis longtemps, la science musicale était peu avancée en France ; quelques règles étaient à peine établies, et les oreilles, moins exercées, étaient aussi plus accommodantes. Et puis, Rousseau avait-il fait des études musicales assez sérieuses pour bien juger du mérite d'une fugue ? Il est permis d'en douter.

Dans les *Psaumes*, appelés aussi *Chorals*, on procède bien encore par valeurs égales, comme dans le *plain-chant* ; mais en y semant çà et là quelques notes de passage, syncopes et dissonances, tant naturelles qu'artificielles, quoique avec réserve (2).

Les Italiens nomment indifféremment ce genre de musique *corale* et *canto fermo*, chant ferme, constant, soutenu. Les sujets qu'on donne à traiter aux élèves, dans l'étude du *contre-point des cinq espèces*, portent également le nom de *plain-chant* ou de *canto fermo* ; et, dans le cas où l'on donne une certaine étendue au *contre-point fleuri* (de la 5e espèce), c'est alors que l'on peut mêler aux dissonances permises et aux imitations de toutes sortes, des canons de plusieurs espèces ; et même, si le sujet le permet, des expositions de fugues, mais non des *fugues suivies*, ainsi que Rousseau le prétend. On voit plutôt le contraire : c'est-à-dire un CANTO FERMO *composé après coup*, et ses phrases, très arbitraires, distribuées dans le courant d'une fugue toute faite.

---

(1) Notre *Nouveau Traité théorique et pratique des Accords*, etc.

(2) Le Dr. Lichtenthal, qui donne les principes de composition des chorals, dit que Luther leur a fait faire un grand pas, en écrivant lui-même la musique de ses psaumes.

(C) Chaque courbe ou oscillation simple n'est comptée que pour une *demi-vibration* par Sauveur (1), qui veut l'*aller* et le *retour* pour une vibration entière, ou *vibration acoustique* ainsi qu'il l'appelle. Chladni, au contraire, donne le nom de vibration à chaque courbe ; mais cela revient au même ; car lorsque ces deux savants viennent à considérer l'*ut* (figure 1 du quinzième Tableau) comme unité, et chacun des *ut* supérieurs comme une nouvelle puissance de 2, si Sauveur donne 64 vibrations par seconde pour la production de l'*ut* 1, Chladni lui donne 128 vibrations, ou oscillations simples dans le même temps, ce qui est parfaitement égal. C'est en effet le nombre de vibrations qui convient à l'*ut* 1, ou unité, d'après le diapason moyen, au sujet duquel Chladni fait cette utile réflexion : « La hauteur à laquelle on accorde les instruments n'a pas toujours « été la même en différents pays et à différentes époques. Depuis le temps d'Euler et de Marpurg (2), on a monté « toujours un peu, en tendant les cordes des instruments ; et à présent, dans beaucoup d'orchestres, on a sur- « passé le nombre de vibrations qui résulteraient pour l'*ut* 1 des puissances de 2. Cependant on peut encore « les adopter comme un terme moyen. »

Cette réflexion de Chladni dit assez combien il serait facile de revenir à un diapason uniforme et invariable, lequel empêcherait les voix communes de crier, les instruments à vent de fatiguer autant ceux qui les jouent, en même temps qu'il ménagerait les oreilles des auditeurs.

(D) Cet inconvénient est pourtant moindre que celui qui fait *canarder*, comme on dit vulgairement, accident que l'on impute à l'instrumentiste, quoiqu'il en soit fort innocent. Le souffle répand dans l'instrument, la clarinette par exemple, une vapeur qui ne tarde pas à se changer en une eau claire et limpide qui coule le long des parois intérieures du tube, et qu'on a soin de rejeter ; mais on n'en a pas toujours le temps, et s'il arrive qu'un globule de cette eau pénètre dans l'un des trous et le bouche au moment où il devrait être ouvert, cela suffit pour produire ce cri rauque et désagréable, tout à fait en dehors des sons ordinaires.

(E) Ce n'est que successivement sans doute que les *sons naturels* du cor et de la trompette sont entendus de chacun. Néanmoins, un fait réel existe, et notre propre expérience nous l'a confirmé : c'est qu'en donnant une grande énergie à l'émission de la première modale du cor en *ut* grave, sa douzième et sa dix-septième résonnent assez sensiblement, si non l'octave et la quinzième, absorbées sans doute par leur trop grande analogie avec le son principal.

Ce fait étant vrai et facilement appréciable sur le tuyau d'orgue de 16 pieds, il devait l'être aussi sur le cor en *ut* grave, lequel, déployé en ligne droite, a précisément cette longueur. Du moins en était-il ainsi il y a moins d'un demi-siècle. Mais, présentement que le diapason s'est élevé à peu près partout, et plus encore que ne le fait entendre Chladni, le cor en *ut* grave n'a plus la même longueur, et ses autres tubes mobiles ont nécessairement éprouvé des diminutions proportionnelles.

(F) Chladni prétend qu'il n'est pas conforme à la nature de vouloir faire dériver *toute l'harmonie* des vibrations d'une corde, et surtout *de la coexistence de quelques sons avec le fondamental*. C'est pourtant ce que nous avons osé faire, du moins en partie, non pour *toute l'harmonie* (3). Car s'il est prouvé jusqu'à l'évidence qu'une corde sonore mise en vibration fait résonner, avec le son qui lui est propre, ceux de ses aliquotes, quoi de plus rationnel que de baser au moins l'harmonie des consonnances sur les données de la nature elle-même ? N'est-ce pas au contraire se conformer à ses lois, ou plutôt y obéir ? accepter ce qu'elle nous offre si généreusement ; en user selon son intention peut-être ? car l'harmonie nous a toujours paru chose divine.

Et que pourrait-il y avoir encore d'erroné à se servir des sons naturels et successifs du tube de métal (les mêmes que les aliquotes de la corde sonore, ou ceux que M. Catel a tiré des divisions du monocorde), pour y puiser ces quatre accords dissonants, dont la douceur est telle, qu'on peut les croire également dans la nature ? Et, dans ce cas, il ne faudrait accuser que les bornes de nos facultés auditives, de l'impuissance où nous serions de saisir, dans les résonnances de la corde vibrante, d'autres sons que ceux des consonnances.

Les cordes graves du piano, établies dans de certaines conditions dues au hasard peut être, ou qu'il serait

---

(1) Mathématicien français, né en 1653, mort en 1716. Il était membre de l'Académie des Sciences.

(2) Euler, mathématicien suisse, et Marpurg le prussien, savant en théorie musicale, sont l'un et l'autre du XVIIIe siècle.

(3) *Voir notre Nouveau Traité théorique et pratique des Accords.*

difficile d'expliquer, donnent la septième mineure à la vingt-unième. Quelques uns disent avoir entendu la neuvième majeure à la vingt-troisième. Pourquoi cela ne serait-il pas ? Rien ne semble plus probable au contraire que cette similitude entre les données de la nature, ou les résonnances des cordes vibrantes ; les sons naturels du tube de métal, sans le concours d'aucun moyen artificiel ; et les divisions du monocorde, objet de pure science.

FIN DES NOTES DE LA PARTIE SUPPLÉMENTAIRE, ET FIN DE L'OUVRAGE.

PARIS.
IMPRIMERIE DE L. TINTERLIN ET Ce,
RUE NEUVE-DES-BONS-ENFANTS, 3.

www.ingramcontent.com/pod-product-compliance
Ingram Content Group UK Ltd.
Pitfield, Milton Keynes, MK11 3LW, UK
UKHW020254180726
13839UKWH00001B/317

9 782329 588223